赤十字のふるさと

ジュネーブ条約をめぐって

北野 進——著
Kitano Susumu

雄山閣

スイス・ジュネーブ市の高台にある赤十字国際委員会（CICR・仏語、ICRC・英語）

ジュネーブ市ベルデン通り12番地にあるアンリー・デュナンの生家

HEIDEN
«Dunant-Haus» mit Dunant-Museum - einst Vorderländer Bezirkskrankenhaus
Als Fabrikantenhaus vor dem Dorfbrand von 1838 erbaut. Von 1874 bis 1967 regionales Spital. - Letzter Zufluchtsort Henry Dunants von 1892 bis 1910. Der Journalist Georg Baumberger entreisst ihn hier 1895 der Vergessenheit. Der Rotkreuzgründer empfängt 1901 den ersten Friedens-Nobelpreis und stirbt in diesem Hause am 30. Oktober 1910.

入口左側にあるドイツ語の説明版 「“デュナンハウス” デュナン博物館。かつて昔の地方病院とともに」と記されている。

アンリー・デュナンが晩年の18年間を過ごした病院。今はデュナン記念館。

デュナン記念館←

スイス東北端の村ハイデン

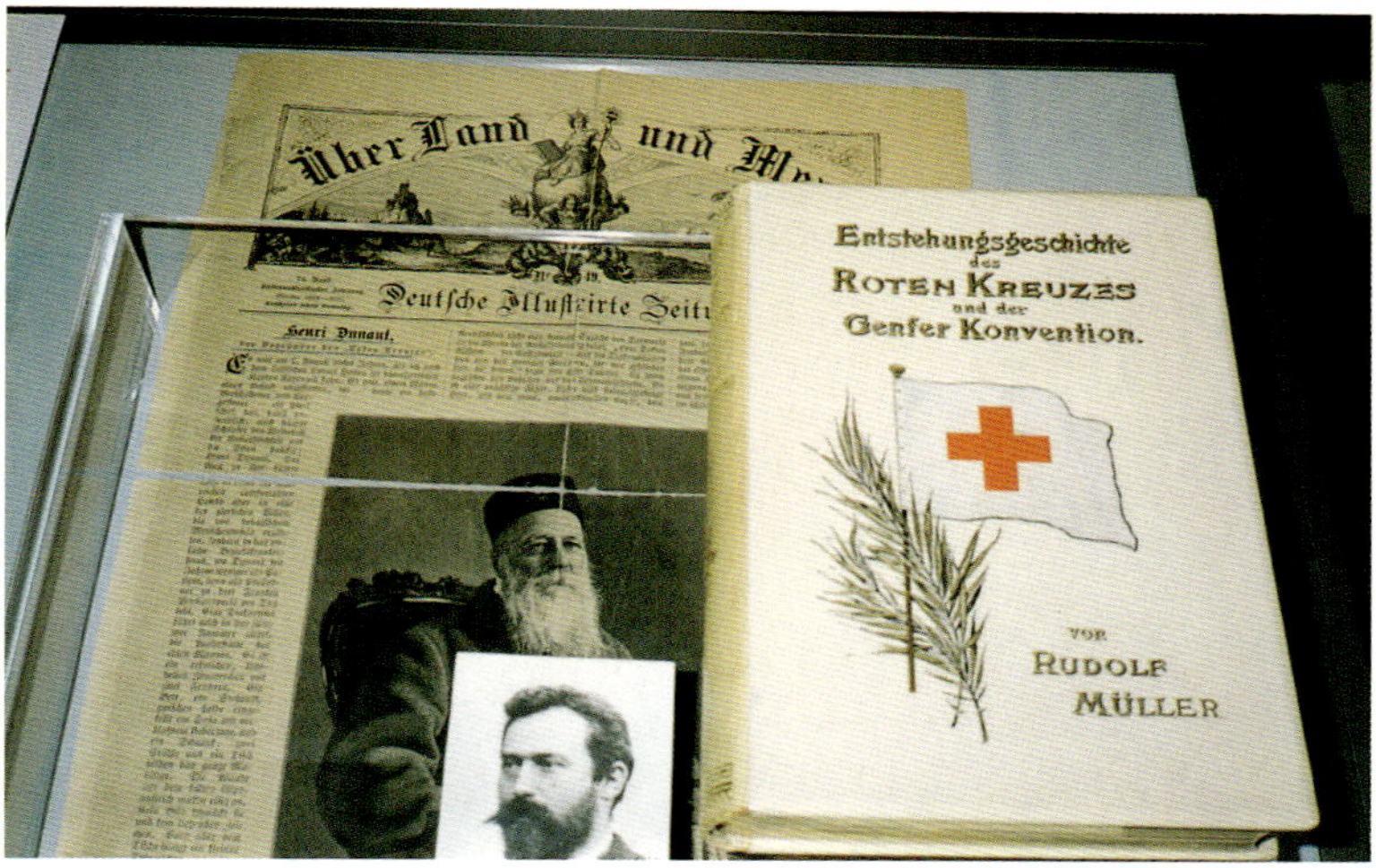

アンリー・デュナンの生存を報道した新聞「ユーバー ランド ウント メーア」(1895年)
とルドルフ・ミュラー著『赤十字とジュネーブ条約の起源と成長の歴史』(1897年発行)
のドイツ語の金文字が光っている（デュナン記念館開館日1998年７月１日 著者撮影）。

記念館には、アンリー・デュナンが晩年に愛用した
椅子やステッキなどが保存展示されている。

アンリー・デュナンの墓　チューリッヒ市に没
後20年（1930年）市民の協力により建立された。

糸杉の丘に立つソルフェリーノの砦　標高210ｍの丘に23ｍの四角柱の塔が1202年に建設された。1859年６月のソルフェリーノ戦の当時、オーストリア軍の参謀本部があった場所。塔に残る多くの弾痕から激戦を偲ぶことができる。

イタリア北部ソルフェリーノの糸杉の並木道の正面に赤十字広場が1959年（100周年記念）につくられた。そこには赤十字・赤新月社連盟加盟国の国名が各国産の石に刻まれている。

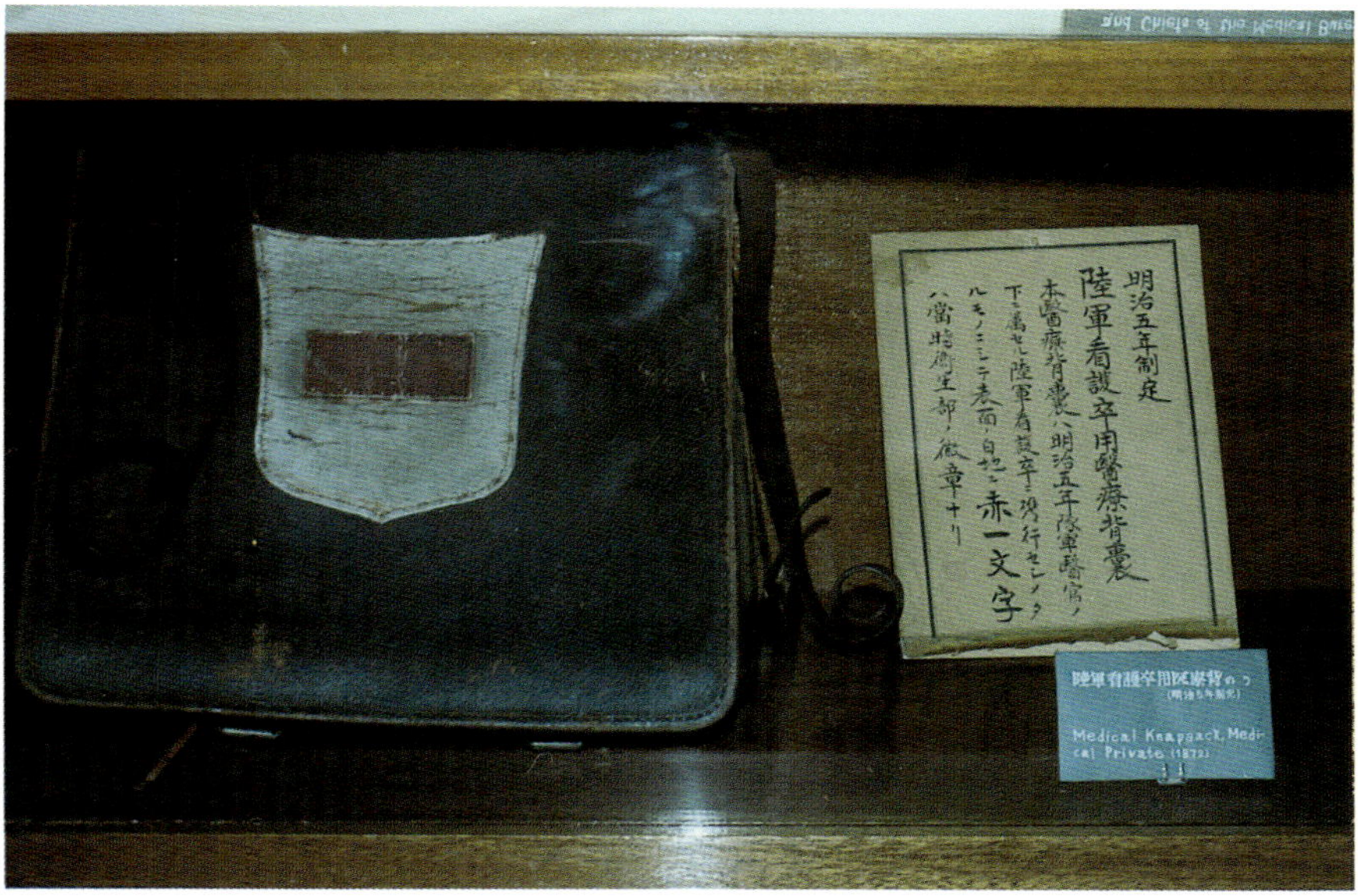

明治 5 年（1872）制定の標章「赤一字」をつけた背嚢（陸上自衛隊衛生学校・資料館「彰古館」所蔵）。

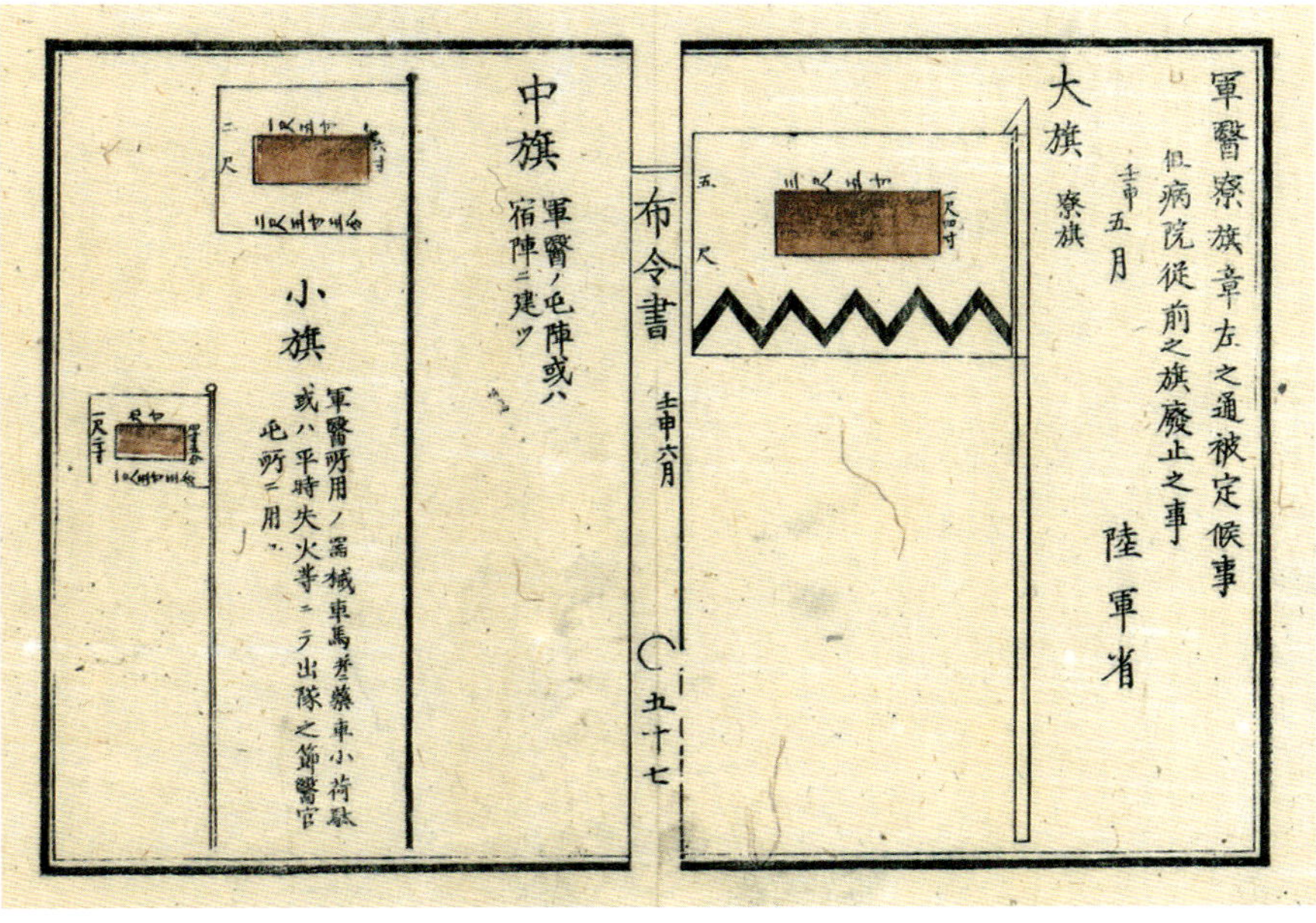
軍醫寮旗章左之通被定候事
但病院従前之旗廢止之事
壬申五月
陸軍省

大旗
寮旗

布令書
壬申六月
五十七

中旗
軍醫ノ屯陣或ハ宿陣ニ建ツ

小旗
軍醫所用ノ器械車馬並藥車小荷駄或ハ平時失火等ニテ出隊之節醫官屯所ニ用ユ

軍医寮旗章「赤一字」の布令書（著者所蔵）

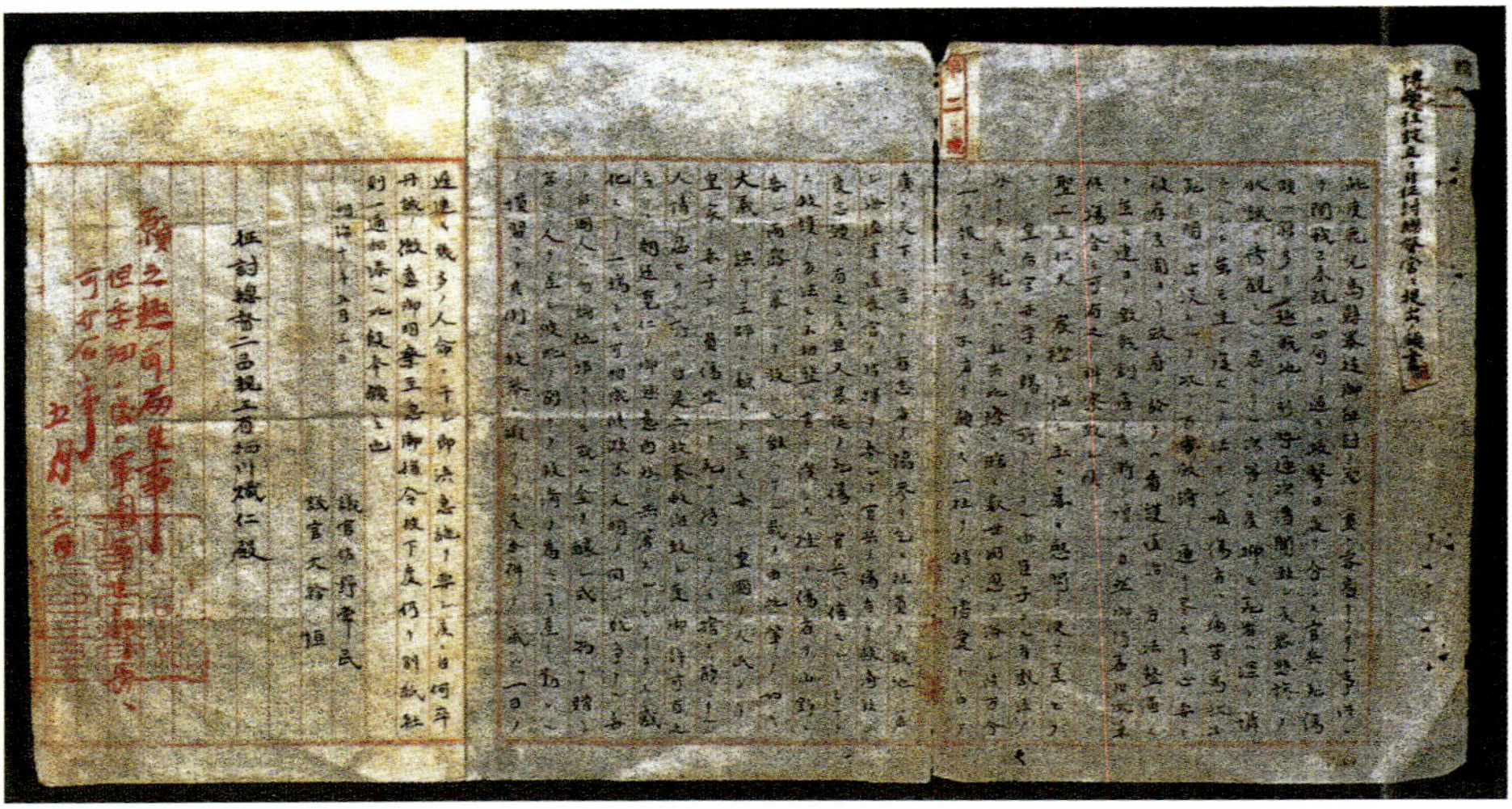

熊本にいた征討総督有栖川宮熾仁親王殿下に提出した博愛社設立の請願書。朱書には「願之趣聞届候事　但委細ノ儀ハ軍團軍医部長、可打合ノ事　五月三日」と記されている。

熊本洋学校教師館（ジェーンズ邸　現日赤記念館）の２階の一室において有栖川宮熾仁親王殿下が許可された。

西南戦争の「田原坂附近の戦略図」の説明板　図中に「篠原国幹戦死地」とか「乃木少佐負傷地」など詳細に記入されている。

明治10年（1877）の西南戦争の激戦地・田原坂　博愛社（日本赤十字社の前身）の活動は熊本で始まった。

佐野常民の生まれた佐賀県川副町の佐野記念館　入口左側に「佐野常民先生像」があり、館内には資料が展示されている。

長野県臼田町の五稜郭・龍岡城跡に建立された記念碑　五角形の赤石には「大給恒　YUZURU OGYU　1839〜1910　日本赤十字社をつくり育てた人　日本赤十字社長野県支部創立100周年記念　1989」と深く刻まれている。

『赤十字のふるさと』刊行に寄せて

日本赤十字社副社長　近衞忠煇

この度、赤十字とその歴史に造詣が深く、既に幾つかの著書を公刊しておられる北野進先生が、これまでの研究を更に一歩進めて『赤十字のふるさと』を刊行される運びとなった。喜ばしい限りである。本書はこれまで詳らかにされてこなかった、わが国が最初のジュネーブ条約（赤十字条約）に加盟した一八八六年当時の、時代的背景に迫ろうとする野心作である。

日本赤十字社の前身の博愛社は、西南戦役の最中の一八七七年に設立されているが、国際的に承認されるためには、政府がジュネーブ条約に加盟していることが条件であったために、一八八六年の加盟を待ってその翌年に承認を受け、日本赤十字社と改称して国際赤十字の一員となっている。

一八六四年のジュネーブ条約は、戦傷病者の救護に当たる人員、施設、機材に、赤十字の標章を使用することを求めているが、各国の救護委員会が平時に、その使用を認められるかどうかは定めていない。一八六九年に赤十字運動推進の母体であったジュネーブの国際負傷軍人救護常置委員会のモワニエ会長がオランダを訪問した際、現地の救護委員会が赤十字を名乗っていることに触発され、ヨーロッパ各国の委員会にも同じく赤十字の名称を使うよう呼びかけると同時に、自らの委員会も赤十字国際委員会と改称して今日に至っている。その後イスラム諸国では赤十字の代わりに赤新月が用いられるようになり、現在の条約の下では、各国の救護委員会は平時から、赤十字社ないし赤新月社を名乗ることが許されるようになっている。

北野先生が取り上げられた一八六四年のジュネーブ条約は、わずか一〇カ条の短いものであった。それが今では五五九カ条にものぼる大部で精緻なものに発展している。わが国は講和条約締結時に、一九四九年の四つのジュネーブには加盟したものの、それに伴う国内法の整備は行なわれず、一九七七年の二つの追加議定書には未だ調印すらしていない。

そして最近、有事法制整備の議論の中で、この問題が初めて真剣な検討の対象とされるようになった。冷戦後激動する国際情勢の下で、平和憲法をもつわが国ですら安穏としてはいられなくなったということだが、紛争時における、人道の最も基本的なグローバルスタンダードであるジュネーブ条約や追加議定書を遵守する上で必要な国内法の整備すらできていないならば、国際社会に向かっていかに人道や平和を説いたところで、説得力をもつことは到底できまい。アフガニスタンに次いでイラクでも、ジュネーブ条約に違反する非人道的行為の数々が明かるみに出た。国際社会に今求められるのは新しい法典ではなく、人類の度重なる失敗と悲劇に学んで作られたすでにある条約を、真摯に守ろうとする固い決意のみである。

先生のご著書が、先人たちの英知に改めて学ぶきっかけを提供して下さるものと期待している。

平成十五年五月八日

■目　次

まえがき

日本がジュネーブ条約（赤十字条約）に調印したのは百年以上も前の一八八六年（明治十九）六月五日のことであった。しかし、「ジュネーブ条約調印の前後」の足跡を記述した文献はなかった。私の著書『続・日本赤十字社をつくり育てた人々―日赤歴史未知の断面―ジュネーブ条約加盟の前後』（一九七八年発行、アンリー・デュナン教育研究所）が最初の公刊文献であろう。その後『大給恒と赤十字』（一九九一年発行、銀河書房）の中にその論考を収録した。

一八七七年（明治十）発足の博愛社（日本赤十字社の前身）が十年後の一八八七年（明治二十）に日本赤十字社と社名を改称し、質的転換をはかる方向へ歴史は展開した。それから百年以上もジュネーブ条約に支えられて、今日の日本赤十字社へと大きく発展してきた。約一世紀の歴史の流れを振り返るとき、明治時代の鹿鳴館時代、一八八五年（明治十八）から一八八六年の調印へ向けて歴史的空白と未知の断面が存在していた。

ちなみに『日本赤十字社史稿』（明治四十四年発行）、『日本赤十字社発達史』（明治四十一年発行）などの日本赤十字社史の重要文献には調印の日付だけを本文に記録しているが、年表には何も記録しなかった。ジュネーブ条約調印の前後の記述が明確でない。日赤歴史に鹿鳴館時代の不思議なブランクがあることを以前から注目していた。この問題は困難な研究課題であったが、何時かは解明しなければならない問題であり、日本赤十字社創立百周年に相応しい仕事に違いないと思っていた。

一筋の流れの極めて重要な位置を占める一八八五、六年の「日赤歴史未知の断面―ジュネーブ条約加盟の前後―」について、謎の足跡を適当な機会に探究してみたいと考えていた。一九七七年四月、アンリー・デュナン教育研究所（主幹・橋本祐子）から出版された自著『日本赤十字社をつくり育てた人々―大給恒と佐野常民―』の二人の初代副総長（当時の総長は東伏見嘉彰親王、のちの小松宮彰仁親王殿下。東京上野公園内・動物園手前の騎馬銅像の人）などについて執筆中にひらめいたことである。それ以来、研究テーマに設定していた。ジュネーブ条約加盟という新局面に対して、何時・誰が・どのような方法によってジュネーブと接触していったかという素朴な疑問からであった。

「ジュネーブ条約加盟の前後」の歴史の軌跡を示す幾つかの点の存在（発見）を連結して、一筋の線につなげる新史料が出現すれば、それは、やがて一つの広がりをもつ面を構成していくであろう。そして明治十八年（一八八五）の謎の断面が立体的構造の中に浮き彫りにされるかもしれない。このような探究への構想をもち続けていた。日本に第一級史料が見当たらないので、ジュネーブに保存されているかもしれないと直感した。

たまたま約二十五年前の一九七七年、アンリー・デュナン教育研究所では「訪欧調査団」を派遣することになった。そのメンバーの一人として謎の新史料の発掘を心に秘めて出発した。このとき幸運にも、ジュネーブの赤十字国際委員会（英語ICRC、仏語CICR）において発見できた新史料は、歴史の空白の年、一八八五年から一八八六年を補完する外交秘密文書であった。

この新史料をもとに考察したものが前述の自著と「日赤史未知の断面―ジュネーブ条約加盟の前後―」（赤十字新聞、昭和五十三年（一九七八）一月～三月号連載）と本書の「第五章　赤一字から赤十字へ」（信濃毎日新聞、昭和五十八年（一九八三）五月十六～二十五日連載）の論考である。また本書の「第八章　史料編」に収録した外交秘密文書の第一級史料・フランス語文書の翻訳はアンリー・デュナン研究家の村上直子さんの協力によるものである。なお国際的赤十字人・橋本祐子女史（一九七二年、アンリー・デュナン章受賞者、一九九五年に八十六歳で死去）が長い間かけて築き上げてきたジュネーブの人々との国際的交流に支えられていることを特記しておきたい。

私が解明した歴史の軌跡は、量的には過去の百年ほどの歴史の一パーセントに違いないが、質的には博愛社から日本赤十字社へ飛躍する重要部分である。赤十字の創始者アンリー・デュナンの提唱した「人道」と「中立」の原則に基礎づけられる「ジュネーブ条約」はあらゆる国際人道法の原点にあり、平和への一里塚であるといってよい。ジュネーブ条約なしに赤十字は存在しないのである。ちなみに日本赤十字社が発刊した『人道―その歩み　日本赤十字社百年史』（一九七九年発行、非売品）には、明治十九年（一八八六）六月五日に日本がジュネーブ条約に調印したことを記録しなかった。何故であろうか、何時の日にか補訂していただきたい。歴史に残る日本赤十字社百年史のために誠に残念である。

赤十字の創始者アンリー・デュナンはジュネーブ条約の推進者であり、第一回ノーベル平和賞（一九〇一年）の受賞者である。このことは「世界をつなぐ赤十字」の活動が平和活動そのものであることを象徴している。ジュネーブ条約に調印した翌年の一八八七年（明治二十）に日本赤十字社と社名を改称して国際的関係をもつことになった。それ以来、一世紀以上を経過した現在、赤十字とジュネーブ条約とはますます重要であり、日本の国際貢献のために、赤十字を通じて世界に貢献することを改めて考えてみたいのである。

たまたま二〇〇一年のノーベル平和賞は国連アナン事務総長に贈られた。赤十字の創始者アンリー・デュナンの受賞（一九〇一年、第一回）から百年がたった。本書『赤十字のふるさと―ジュネーブ条約をめぐって―』によって、「赤十字とは何か」、国連との違いを改めて考える史料に役立てば幸いである。

北野　進

赤十字のふるさと

―ジュネーブ条約をめぐって―

第一章　赤十字のふるさと

Ⅰ　はじめに

赤十字発祥の地・イタリア北部のソルフェリーノ、赤十字の創始者アンリー・デュナン（第一回ノーベル平和賞受賞者）の生地・ジュネーブ、晩年の地・スイス東部のハイデンなどを、私が訪れたのは一九七三年（昭和四十八）であった。その四年後、一九七七年にはアンリー・デュナン教育研究所（主幹・橋本祐子）の調査団のメンバーとして再び訪れる機会を得た。当時、発掘した史料によって「日赤史未知の断面―ジュネーブ条約加盟の前後―」（赤十字新聞に昭和五十三年（一九七八）一月～三月号連載）を執筆したことがある。

その後、それに加筆した『続・日本赤十字社をつくり育てた人々―日赤歴史未知の断面―ジュネーブ条約加盟の前後』という題名の本が一九七八年九月にアンリー・デュナン教育研究所から公刊された。それ以来、すでに長い歳月が流れているが、平成十年（一九九八）六月二十六日（金）～七月三日（金）に、「イタリア赤十字トーチライト行列とハイデンのアンリー・デュナン記念館開館式典参加の旅」として三度目の「赤十字のふるさと」を訪ねることになった。

毎年、日本の新緑の五月には赤十字運動強調月間として募金活動をはじめ、さまざまな行事が展開されている。五月一日は日本赤十字社の創立記念日（明治十年（一八七七）西南戦争のとき博愛社として発足）であり、五月八日は赤十字の創始者アンリー・デュナンの生誕日（一八二八年五月八日）を記念して世界赤十字デーとしている。五月十二日はナイチンゲールの誕生日といった次第である。人道・中立・博愛などを旗印に、世界の人類に奉仕貢献する赤十字活動が広く世界の各地に展開されている。この章では「赤十字のふるさと」として、その原点を少し眺めておきたい。

2　赤十字の創始者アンリー・デュナン

赤十字の創始者はスイス人のアンリー・デュナンである。日本では看護婦の鑑となっているナイチンゲールが赤十字の生みの親であると誤解されてきた。日本にはナイチンゲールに関する読み物は多いが、アンリー・デュナンについての書物が少ないので、そのような結果を招いたのであろう。その歴史的な背景には、かつて戦争の時代に、赤十字精神の大きな柱である人道・中立・博愛などの平和主義の思想が不適当であったからかもしれない。

アンリー・デュナンは一八二八年五月八日、スイスの西端にある美しいレマン湖のほとり、ジュネーブの街に生まれた。父親ジャン・ジャック・デュナンと母親アンヌ・アントワネットとの恵まれた家庭の子として呱々の声をあげた。アンリー・デュナンの誕生が、将来の波瀾に満ちた人生とともに、世界の赤十字の偉大な組織の創造につながるとは誰も予測できなかった。

スイスの由緒ある旧家出身の父親は実業家であり、スイスの連邦政府の代議員やジュネーブ区裁判所の判事をつとめた名士であった。母親はジュネーブ・ゼネラル病院長であったアンリー・コラドンの娘であった関係から、祖父の名前アンリー（ＨＥＮＲＩ）にちなんで、アンリー・デュナンと名付けられた。のちに青年期になってからＨＥＮＲＩのＩをＹに変えてＨＥＮＲＹを用いるようになったといわれている。

このアンリー・デュナンは、少年時代には名門校・ジュネーブ学校「コレージュ・ドゥ・ジュネーブ」においてキリスト教や歴史などを勉学した。同時に社会奉仕青年団体やＹＭＣＡの創設にも関係し、ボランティア活動の基盤を培っていた。そして二十一歳で銀行「ポール・ルラン・エ・ソーテ」に就職した。その後、二十五歳のころ北アフリカのアルジェリアに派遣され、開発事業（製粉会社設立）に従事した。

たまたま、三十一歳のときイタリア北部のソルフェリーノを訪れて以来、三十六歳まで赤十字思想のひらめきから組織の創設へ尽力した。そして全財産を使い尽くして、金もなく、妻もなく、三十九歳のとき破産宣告を受けることになった。生まれ故郷のジュネーブを去り、パリの裏町やロンドンにおいて貧しい生活を送っていたようである。六十歳近くなって故郷への郷愁を感じてか、しかしジュネーブに帰ることもできずに、スイス東部にあるボーデン湖（オーストリアやドイツとの国境）の見えるハイデン村の下宿屋・パラデスリーに三年半ほど下宿生活をしていた。家主が下宿屋を廃業したので、一〇キロメートルほど離れた山向こうのリンデンビュールの下宿屋に転居、一年半ほど下宿生活を継続した。

その五年間の下宿生活のあとの晩年、十八年間は医師のアルテル博士の配慮によって老人専門福祉病院（養老院）で世話になっている。あるとき、病院を訪れたゲオルグ・バウムベルガーという新聞記者によって、その老人が行方不明の赤十字の創始者アンリー・デュナンに相違ないと報道された。それが契機になって一九〇一年、七十三歳のとき第一回ノーベル平和賞を受賞した。その九年後、一九一〇年十月三十日にハイデン村の老人専門福祉病院の三階の一室において波瀾に満ちた生涯を終えた。

アンリー・デュナン（27歳ころ）

アンリー・デュナンの遺言書によれば、その賞金の利子の一部は生前に世話になった人々の謝礼として詳細に記されている。残りの金額の半分はスイスの博愛事業に、他の半分はノルウェー博愛事業に充てることを明記していた。

前述したように、橋本祐子女史（調査団長）とともに、私は一九七三年にハイデンの病院を訪れた。そのときには一階の一室にアンリー・デュナンの記念室があった。晩年に使っていた遺品、赤いビロードの椅子をはじめ僅かな展示品が並んでいたことを今も鮮明に記憶している。おそらく世界で最も小さい記念館であったかもしれない。

最近、老朽化してきた病院の改装問題に関連して、アンリー・デュナン記念館を拡充することになった。アンリー・デュナンの終焉の地の記念館・博物館としてスイス赤十字社アッペンツェル支部の手で運営される。その改装資金の募金協力の音頭を日本の青少年赤十字全国賛助会長・庄司豊義氏とアンリー・デュナン教育研究所代表幹事・吉備健氏がとられた。その結果、三百十三名が協力し、総額三百二十一万円となった。たとえ小さな善意でも、国際的なボランティア活動として、アンリー・デュナン記念館の歴史的文化遺産の保存につながる意義は大きいと思われる。平成十年（一九九八）七月一日（水）には、ハイデンのアンリー・デュナン記念館のオープニングセレモニーが開催されたのであった（口絵カラー写真参照）。

3　赤十字思想のひらめき

さて、アンリー・デュナンが何時、何処で赤十字の必要性を思いついたかを考えてみたい。一八五九年六月二十四日、イタリア北部においてイタリア統一戦争が行なわれていた。そこはミラノ市から東へ一〇〇キロメートルほど行ったガルダ湖の少し南にあるロンバルジァ平野の片田舎である。

当時、ビクトリオ・エマヌエル二世の率いるサルジェニア軍とナポレオン三世の指揮するフランス軍との連合軍十五万の軍隊に対して、オーストリア軍十七万の軍隊がフランツ・ヨーゼフ皇帝に率いられ交戦中であった。その場所はガルダ湖の南のキェーゼ川とミンチョ川の間であり、両方の軍隊が対戦した。ここソルフェリーノを中心に激しい戦闘が繰り広げられていた。当時、三十一歳のアンリー・デュナンは、一人の旅行者として、そこを通りかかった。戦場における負傷者を目撃してあまりに悲惨な状況を見て心を痛めた。苦しんでいる負傷者を黙って見ていることができず、われを忘れ、村の人々に呼びかけて救援活動を行なったのである。

この戦争が終わったあと、ジュネーブに帰ったアンリー・デュナンは『ソルフェリーノの思い出』（『ソルフェリーノの記念』という題名の翻訳書もある）という本を自費出版した。この本の書き出しは「マジェンタの戦いで血みどろの勝利を得た結果、フランス軍はミラノ市に入ることができるようになり、イタリア国民の感激はその頂点に達していた……」という文章で始まっている。

また、なぜソルフェリーノへ行ったかという点については「ひとりの旅人でこの大戦争とは全く関係のない私は偶然種々の特別の事情が重なって心を動かすような幾つかの情景をこの目で見る機会に恵まれ、いまそれを筆にしようと決心したのである」とも書いている。

なお、別の備忘録の中でアンリー・デュナンは次のようにも書いている。「私はイタリア統一戦争の前からすでに負傷した兵隊に関する人道問題について大きな関心を持っていた。戦争中および戦争後にこの人たちがどんな気の毒な状態におかれていたかをよく知っている。クリミア戦争のときの状態についてのナイチンゲール女史の記録に私は注目していた」とアンリー・デュナンは述べている。

このことから戦場の負傷者がどんな状態かを自分の目で確かめることが、アンリー・デュナンの目的の一つであったかもしれない。またソルフェリーノに行った別の目的は、当時フランスの植民地であったアルジェリアにおいて、アンリー・デュナンが計画中の製粉会社の事業を発展させるためであったかもしれない。アルジェリアの総督であったマック・マオン将軍やナポレオン三世に直接会って陳情するために訪れたかもしれない。

したがってソルフェリーノに行く前には、自分の手で負傷者を看護することは全く予想もしていなかったはずである。それが六月二十四日の激戦のあとに捨てられたままの負傷兵の悲惨な状態を、カスティリオーネという集落で目撃した。それが、救いたいという強い意欲と同時に実践的奉仕的活動となったのである。この貴重な体験をもとに、前述の『ソルフェリーノの思い出』という本が三年後の一八六二年十一月に約千六百部、自費出版されたのである。

この中で「戦う力のない傷病者は一人の人間として貴重な人命を守らなければならない。そのためには国際的な救護団体をつくり万一、不幸な戦争のときにはその救護ができるようにしておけば、再びソルフェリーノのような悲惨なことを繰り返すことはない。看護にあたる人は互いに攻撃しないように約束することである」というアンリー・デュナンの考えをまとめてヨーロッパの人々に訴えた。

これまでも戦場における負傷者の手当ては行なわれていたが、それは味方の負傷者を救うためのもので、アンリー・デュナンのように「人間はみな兄弟」敵味方の区別なく救護しようとする団体組織をつくろうという提案は初めてであった。このアンリー・デュナンの思想はソルフェリーノを原点としてヨーロッパの人々の心を強くとらえた。

4　五人委員会から赤十字国際委員会へ

アンリー・デュナンの提案を最初に取り上げたのは、スイスのジュネーブ公益協会の会長ギュスタブ・モアニエという法律家であった。一八六三年二月九日、協会の総会においてアンリー・デュナンが提唱した問題を研究する五人の委員が選出された。それは法律家ギュスタブ・モアニエ（三十七歳、一八二六〜一九一〇）、将軍アンリー・デュフール（七十六歳、一七八七〜一八七五）、医学博士ルイ・アッピア（四十五歳、一八一八〜一八九八）、医学博士テオドル・モノワール（五十七歳、一八〇六〜一八六九）ほかアンリー・デュナン（三十五歳、一八二八〜一九一〇）の五人であった。そして一八六三年二月十七日に五人が最初の委員会を開いた。これが赤十字国際委員会の前身の「五人委員会」である。赤十字組織の誕生は、この日を記念して一八六三年二月十七日としている。

その後、五人委員会は全力をあげてアンリー・デュナンの提案を研究した。一八六三年十月にヨーロッパの一四カ国の代表をジュネーブに集めて、最初の国際会議を開いた。この会議では五人委員会の提案を詳細に検討し、十カ条の赤十字規則を決定し各国に救護団体をつくる約束をまとめた。また、その組織のシンボル・旗として、白地に赤の十字、赤十字とすることを決定した。これは発案者のアンリー・デュナンの生まれた国、スイスに敬意を表してスイス国旗の色を逆にしたものである。

その国際会議のあと次第に各国に赤十字社が組織されたが、戦場の負傷者を救護するためには、救護にあたる人には中立の立場において、絶対に攻撃しないことを各国の政府間で約束することが必要であった。翌年、一八六四年八月二十二日に一二カ国（一六カ国参加）の政府代表によってジュネーブ条約が調印された。ここにアンリー・デュナンの理想であった国際的な組織が赤十字として発足し、同時にジュネーブ条約として今日に至っている。

　このようにして発足した赤十字・ジュネーブ条約は、今日では世界各国から理解されている。国連とは別な立場であり、すでに約百四十年の長い歴史と伝統をもっている。赤十字は国際的難問題の解決に大きく貢献していることは衆知の事実である。しかし、たとえば、ペルー日本大使館事件における赤十字国際委員会（国際赤十字委員会と報道したマスコミもあったが）が果たした役割を、日本の政治家をはじめマスコミ関係者などでも赤十字の常識的意味がわかっていないようである。

　この赤十字の組織には赤十字国際委員会（戦時活動の中心でスイス人のみによって構成されている。スイスは国連には加盟していなかったが、二〇〇二年三月三日の国民投票の結果、国連に加盟することになった）のほか、赤十字社連盟（平和時の活動の中心で日本代表も常駐している）があり、いずれもジュネーブに本部を置いている。そして各国赤十字社と緊密な連携をもって活動しているのである。

　以上が国際的な赤十字が発足するまでの経緯の概要であるが、次に日本赤十字社はどのように発展したかについて、少し触れておきたい。

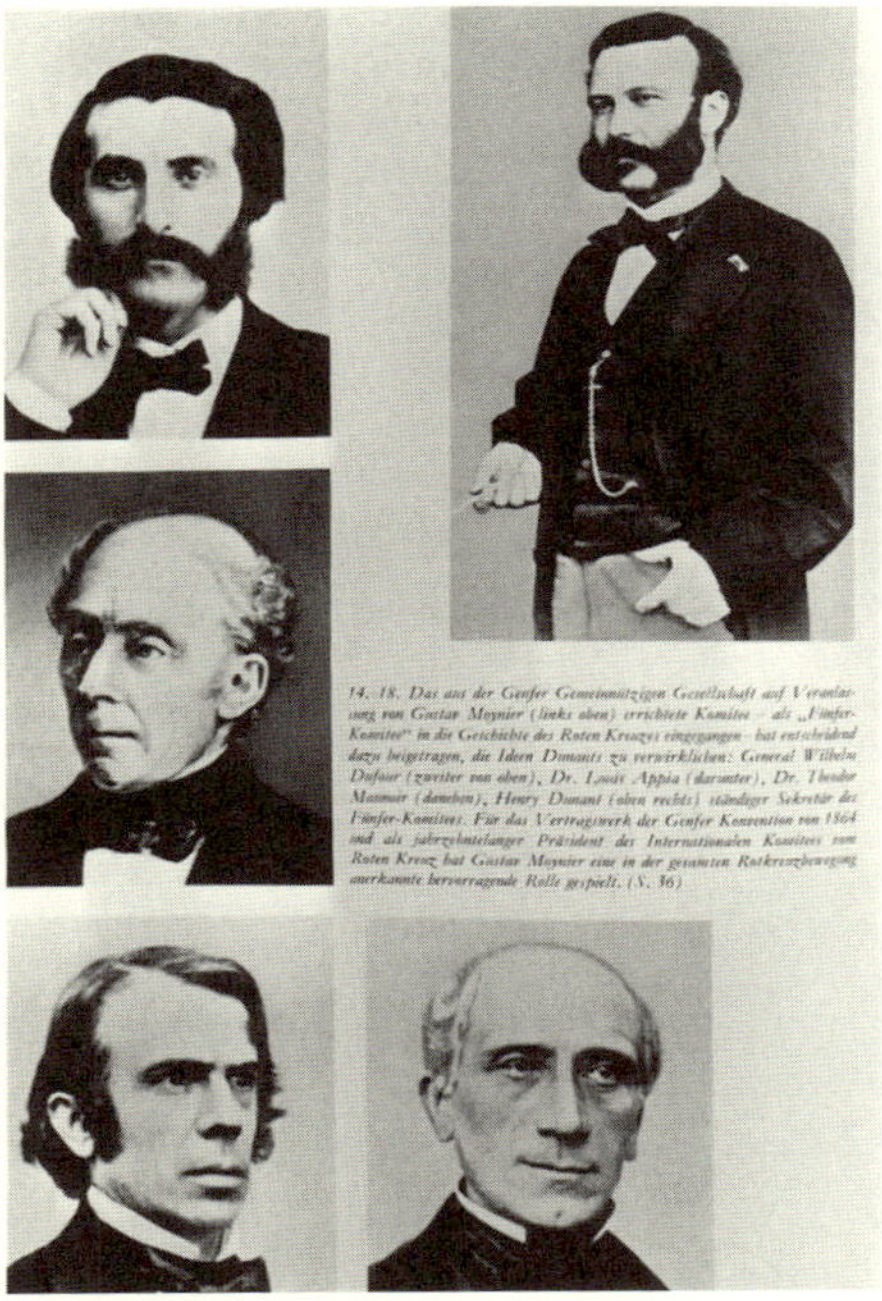

五人委員会のメンバー　アンリー・デュナン（右上）、**ギュスタブ・モアニエ**（左上）、**デュフール将軍**（左中）、**ルイ・アッピア**（左下）、**テオドル・モノワール**（右下）。（『J. HENRY DUNANT』Von Willy Heudtlass, 1962, Kohlhammerから）

5 博愛社・日本赤十字社の発足

日本赤十字社の前身、博愛社は明治十年（一八七七）五月一日に創立されたことになっている。これを提案した人は佐野常民（のちに日本赤十字社の初代社長）と大給恒《おぎゅうゆずる》であった。

佐野常民は慶応三年（一八六七）のパリ万国博覧会と明治六年（一八七三）のウィーン万国博覧会に、日本代表として参加した。そのとき普仏戦争のあとの赤十字活動を知見して日本へ帰国していた。

たまたま明治十年の西南戦争は九州熊本を中心に日本最大の内戦となった。新しい武器と戦術によって敵味方とも多くの死傷者を出した。このとき熊本の田原坂の激戦は、前述したイタリア統一戦争のソルフェリーノ激戦と同様であったかもしれない。赤十字の必要性を痛感していた佐野常民は、同じ元老院議官であった大給恒に相談した。ヨーロッパにある赤十字と同様の組織をつくることを計画した。

大給恒は幕末には信州田野口藩（長野県臼田町）の藩主をつとめ、二十七歳で江戸幕府の老中格、陸軍総裁の経歴の持ち主であり、幕末にはフランスの軍事顧問団からそれなりの情報を得ていた。

二人は相談の結果、「博愛社」という名前をつけて救護組織をつくることを政府に請願した。その請願書に書かれていた敵味方の区別なく負傷者を救助するという考え方は、当時の人々には理解されず、政府関係者も難色を示し、なかなか許可がおりなかった。その後、佐野常民は熊本に行って、現地の征討総督・有栖川宮熾仁親王《ありすがわのみやたるひと》に直接会って許可を願い出た。これが五月一日といわれている。有栖川宮熾仁親王は五月三日に博愛社の活動を認めたのである。当時、右大臣・岩倉具視宛に手紙を送り博愛社の創設を許可することになった。政府関係書類では八月一日と記録されている（国立公文書館所蔵史料参照）。西南戦争における博愛社の活動は世間の人を驚かせた。敵の負傷者までも助けるという博愛主義や人道主義はここから普及していった。この博愛社が日本赤十字社の発端である。

西南戦争が終わったあと、日本も国際的な赤十字に加盟するように努力し、明治十九年（一八八六）六月五日にジュネーブ条約に調印した。その後、十一月十五日にジュネーブ条約に調印・加盟を公布している。その翌年、明治二十年（一八八七）五月二十日に博愛社を日本赤十字社と改称して赤十字国際委員会に申請し、九月二日に承認されている。

昭和二十年（一九四五）の敗戦とともに、しばらく世界の付き合いからはずれていた日本赤十字社は一年後の昭和二十一年に民法による社団法人のまま再出発し、昭和二十七年（一九五二）八月十四日に日本赤十字社法が制定公布され特殊法人となっている。翌年の昭和二十八年四月にジュネーブ条約に復帰、正式に加盟して今日では国際的に活動を展開している。

6 世界をつなぐ赤十字

日本赤十字社の歴史にさまざまな曲折はあっても百二十五年の長い歴史と実績をもっている。前述したように、赤十字の創始者アンリー・デュナンの提唱によって赤十字がつくられ、「ジュネーブ条約」に裏打ちされている。ジュネーブ条約とは赤十字条約のことである。現在のジュネーブ条約はアンリー・デュナンなどの尽力による「戦地軍隊傷病者の保護に関するジュネーブ条約」（一八六四年）であり、日本はその二十二年後の明治十九年（一八八六）六月五日にジュネーブ条約に調印していた。世界的にみても日本の加盟は十四番目と早かったのである。ジュネーブ条約調印から数えても百十六年の歳月が流れている。

いずれにしても、赤十字は洋の東西を問わず、戦争において差別なく負傷者を救護するという人道的な実践的活動から出発した。それはあらゆる状況下において人間の苦痛や死や飢餓などを予防し、軽減する活動につながっている。したがって、アンリー・デュナンは平和への願いをこめて『ソルフェリーノの思い出』を書いたのであろう。平和を維持する必要条件として赤十字が発足したように思われる。

アンリー・デュナンによって創設された赤十字は、世界をつなぐ偉大で有効な組織に発展してきた。二〇〇三年四月末現在、世界の一九〇カ国（独立国一九一ヵ国、国連加盟国一九一カ国）がジュネーブ条約（一九四九年の四つの条約）に調印している。そのうち赤十字社が一四九カ国、赤新月社が三〇カ国で合計一七九カ国を数えることができる。人種や国境を超越して世界につながる赤十字（赤新月も含む）は一つである。平和国家に徹する日本は、赤十字思想を身につけて国際的視野で行動できる人材の養成が必要である。

（第一章は「信濃毎日新聞」夕刊ぶんか欄、昭和五十一年（一九七六）五月八日〜十日に連載された論考に加筆したものである）

第二章　アンリー・デュナンと赤十字

1　アンリー・デュナン伝の出版

一九七八年（昭和五十三）五月八日は、赤十字の創始者アンリー・デュナンの生誕百五十年であった。当時は世界の一二五カ国がジュネーブ条約（赤十字条約）に加盟していた。それが二〇〇三年四月末現在では、ジュネーブ条約加盟国一九〇カ国（国連加盟国一九一カ国）、独立国一九一カ国（北朝鮮を除く）と大きく増加している。そのうち世界の赤十字社・赤新月社は一七九カ国（赤十字社一四九、赤新月社三〇）を数えるようになってきた。

一九七八年四月にアンリー・デュナンの伝記がアンリー・デュナン章受賞者、橋本祐子女史（一九七二年受賞、アジアで最初、女性では世界で最初）の手によって執筆され、『私のアンリー・デュナン伝』（学習研究社発行）という題名で発刊された。それまでは、アンリー・デュナンに関する伝記らしい伝記、本格的な伝記は日本にはなかった。それが日本語版と英語版とが同時に出版され、著者がアンリー・デュナン章受賞者であり、名実ともに貴重な本の出版であった。

発刊以来、版を重ねてジュネーブ条約や赤十字思想の普及に大きく貢献してきたことは間違いない。それにしても、二十年を経た一九九八年のテレビ報道番組の中で、有名なニュースキャスター久米宏氏が「赤十字というと、結局はナイチンゲールにいくのですね」といい、ついにアンリー・デュナンの名前は聞けずに番組は終わった。それを見ながら残念に思ったので、その数日後、そのニュースキャスター宛に手紙を書いた。橋本祐子著『私のアンリー・デュナン伝』（一九七八年発行、学習研究社）と吹浦忠正著『赤十字とアンリ・デュナン』（一九九一年発行、中公新書）を読まれることをすすめ、ついでに私の著書『大給恒と赤十字』（一九九一年発行、銀河書房）一冊を謹呈した。その後の

アンリー・デュナン

ことはわからない。この具体例のように、マスコミで活躍する人々でもジュネーブ条約や赤十字思想について認識不足であることが、しばしば窺われる。

　たとえば、日本国と北朝鮮・朝鮮民主主義人民共和国との両国間には正常な外交関係が長い間なかった。それを何とかつないできたのは赤十字である。ジュネーブ条約（赤十字条約）にそって困難な人道問題の解決のために、赤十字国際委員会（スイス人だけで構成する）を介して、日本赤十字社と北朝鮮赤十字会との間で交渉が粘り強く続けられてきた。その延長線上において、二〇〇二年九月十七日（火）の小泉純一郎首相と金正日総書記との日朝トップ会談が平壌において実現したのであろう。

　日朝首脳会談のときに、拉致被害者リスト情報の取り扱い方に私は大きな疑問をもった。その文書・リストは「朝鮮赤十字会中央委員会」名で作成され、宛名は「日本赤十字社御中」であった。本来、日本赤十字社が依頼して「北朝鮮の中央・地方各レベルの赤十字支部が人民保安省、人民委員会の該当部署と緊密に連携しつつ、全国的な範囲で実施」と調査経緯が付記されていた。その文書は日本赤十字社が公表すべきものである。それを政府・外務省は横取りして発表したのは何故であろうか。もともと日本赤十字社は政府とは別な独立の存在である。「人道、公平、中立、独立、奉仕、単一、世界性」の七つの原則が行動の基準となっている。そのことを政府・外務省はわかっていないのであろうか。

　かつて、ペルーの日本大使館事件における赤十字国際委員会（当時、ＮＨＫテレビは字幕に「国際赤十字委員会」と報道したので、「赤十字国際委員会」と訂正するようにお願いしたことがある）が果たしてきた役割も同様であった。このように赤十字について人々は多少認識不足のようである。国会でも赤十字について議論を深めていただきたいと思っている。

ところで、日本の国会では審議が遅れている大問題がある。それは一九七七年に署名した「ジュネーブ条約追加議定書」を二十五年も経過した今日、まだ批准承認をしていない。ジュネーブ条約の広範にわたる具体的な追加事項を定めた追加議定書は極めて重要であり、いまだに批准していないことは日本が国際人道法を軽視することにつながるのである。先進国として未加盟の状態を続けていくことは国際的に信用を落とすのである。平和国家を口にし、国際貢献を云々するならば、ＰＫＯ、ＰＫＦよりも、まず先に、「ジュネーブ条約追加議定書」を速やかに国会で承認すべきものであった。批准しないまま、すでに二十五年の歳月が流れていることを国会議員諸氏は大いに反省してもらいたい。いずれにしても、約二十五年前に発刊されている橋本祐子著『私のアンリー・デュナン伝』や吹浦忠正著『赤十字とアンリー・デュナン』などの名著を読まれることが、反省への第一歩となるに違いない。そして速やかに批准承認してもらいたい。

2　アンリー・デュナンの生家など

前述した名著、『私のアンリー・デュナン伝』の著者・橋本祐子女史が元気だったころ、一九七三年と七七年の二回にわたって、私も赤十字発祥の地ソルフェリーノ（イタリア北部の片田舎）やスイスに滞在して、アンリー・デュナンや赤十字遺跡の資料の収集にあたってきた。そして三回目、一九九八年六月〜七月の訪問によって、最近の情報を得ることもできた。赤十字の創設者、第一回ノーベル平和賞（一九〇一年）受賞者アンリー・デュナンについて、今日的視点から記述してみたい。

アンリー・デュナンの生家を写真撮影するために、ジュネーブのレマン湖から流れ出るローヌ川左岸にあるサン・

アンリー・デュナンの生家と著者

ピエール教会の塔の上から探したのは、一九七三年八月であった。その後、一九七七年に再度、アンリー・デュナン教育研究所の調査団の一人として、ジュネーブ市ベルデン通り十二番地のアンリー・デュナンの生家を訪れた。

当時は家具屋さんに変わっていたが、約二十年後の一九九八年には衣料品店に変遷していた。この家に約百七十五年前の一八二八年五月八日、父親ジャン・ジャック・デュナンと母親アンヌ・アントワネットの長男として生まれた。私が二度目に訪れたときには、アンリー・デュナンが少年時代まで住んでいたといわれる家の前の道路上に、日本製の自動車が駐車されていた（口絵カラー写真参照）。人通りの少ない石畳の路上に、何か日本との遠い距離を忘れさせるものがあった。ゆるやかな勾配をもつ坂道を、私は何度も行ったり来たりした。

ジュネーブの中流家庭に生まれ、赤十字をつくり育てたアンリー・デュナンは、三十九歳のときにジュネーブに住めなくなった。二度とジュネーブに帰ることもなく、フランス、イギリスに二十年間の流浪の旅を続けていた。そして五十九歳の一八八七年七月には、スイス東北端のボーデン湖を眼下に見ることができるハイデン村にとぼとぼと辿りつくのである。

赤十字の創設に成功したアンリー・デュナンは、別な事業（アルジェリアでの開発事業）に失敗して負債をつくった。ジュネーブに住めなくなった理由も、金銭的信用を大事にするスイスでは当然のことであろう。

赤十字がジュネーブ生まれのアンリー・デュナンによって創設されたことは、今から約百四十年ほど前の一八六〇年前後のヨーロッパの歴史的条件とスイスの地理的条件とを抜きにしては考えられない。しかし、アンリー・デュナンという人物の個人のひらめきによって提唱される背景も、大きな比重を占めているように思われる。それは家庭的条件、特にキリスト教カルビン派の宗教的影響の濃い家庭教育の中から、人道的・中立的・奉仕的なものが青年期までに十分身についていたからであろう。

ジュネーブの生家の前の石畳の坂道を歩きながら、すぐ近くにあるサン・ピエール教会がアンリー・デュナンの人間形成に与えた影響を想像してみた。アンリー・デュナンが生まれた一八二八年は日本では文政十一年、フォン・シーボルトが長崎滞在中であり、シーボルト事件の時期に対応していた。日本赤十字社をつくり育てた人、佐野常民は六歳であり、大給恒はそれから十一年後に生まれる時代であった。

さて、アンリー・デュナンの父親ジャン・ジャック・デュナンは実業家でジュネーブ区裁判所の治安判事も兼ねた名士であった。母親アンヌ・アントワネットはジュネーブ総合病院長のアンリー・コラドンの娘であり、著名な物理学者ダニエル・コラドンの妹であった。その落ち着いた中流家庭で厳格な躾と教養を身につけて成長したのであろう。アンリー・デュナンは母親について、回想録の中で「世界的な人道事業は環境から偶然に生まれ出るものではない。そこに用いられる手段は、ずっと以前から準備されていなければならない」と述べている。それは母親が実践していた慈善事業を通じて、不幸な人、惨めな人、圧迫されている人々に対する同情心やヒューマニティーが自然に体得され、ボランティア活動・奉仕活動への素地が形成されていったに違いない。

3　スイスの知恵と魅力

スイスという国のもつ特殊性を抜きにしては考えられない。私の生まれ故郷の信州長野県には日本アルプスがあり、精密工業が発達している。東洋のスイスといわれ、どこかスイスと共通したところがある。そしてスイスは長野県の三倍の面積と人口（長野県は二百万人、スイスは六百万人）をもつにすぎない。小さい国スイスは、列車で西端のジュネーブから東端のサン・マルグレテンまで五時間ほど、南北に移動してもイタリア国境からドイツ国境まで四時間半である。フランス、ドイツ、オーストリア、イタリアに国境を接するスイスは知恵を出す以外に安全に生きる道はなかったのであろう。

国民皆兵、永世中立国スイスは国連には加盟していなかったが、二〇〇二年三月三日の国民投票で国連加盟を決定した。ジュネーブ条約をつくり育てた国・スイスの今後の動向に期待したい。スイスの各家庭には銃と実弾数十発が配備され、一年分の非常食糧も各家庭にストックされている。学校の地下室は防空壕になっているという具合である。スイスの「備えあれば憂いなし」の姿勢と、わが家の現状や日本国の現実とでは雲泥の差がある。

日本人は敗戦後の約半世紀間に、すっかり平和ボケしてきたようである。私もその影響を少し受けてきたが、今回はスイスの青年の言葉に圧倒された。「自国の憲法（第九条）で安全は守れますか」といわれ、さまざまのことを考えさせられた。それにしても、緑の芝生の美しい丘の上にも、学校にも翻るスイス国旗の赤地に白い十字の旗を眺めるとき、この旗の色を逆にした赤十字をつくり育てたスイスの知恵は優れていると思った。

スイスの知恵に比べて、日本の現実はどこか狂っている。国旗・日の丸の扱いについて、たとえば一九九八年の冬季オリンピック長野大会において、各国の国旗を「選手団の旗」と呼んでいたのはなぜであろうか。国旗・日の丸に反対する一部の日本人に対して気を使ったためであろうか。国際的には通用しないことを実施したように思われる。また、金メダルに輝く日本選手が国旗掲揚の際に脱帽をしなかったことも国際的には国の真価が問われることにつながっている。

白地に赤丸の日本国旗は、どこか赤十字の旗と似ていることを再発見して、日の丸に平和国家の象徴としての新しい価値を創造する知恵と発想の転換が必要であろう。ついでに、長野での冬季オリンピックの際に使われていた日の丸の旗の寸法には相違が見られた。国旗のデザイン・寸法（太政官布告のままでよいかを含めて）・色を国会で審議して法制化すべきであろう。ここにも政治家の怠慢、前述した「ジュネーブ条約追加議定書」の国会審議の怠慢と同様のことが指摘できるのである。速やかに「国のかたち」を整えることも大切である。

さて、白地に赤い十字の赤十字の旗は「平和を築く赤十字」の象徴であるといわなければならない。この赤十字はアンリー・デュナンが第一回ノーベル平和賞を受賞したことと同様に大きな価値をもっている。ここに長野県の三倍の大きさ、九州ほどの大きさの小さい国、スイスがもつ国際的な大きな魅力が秘められている。

4　人生の転機―赤十字のひらめき―

少年時代のアンリー・デュナンは名門校・ジュネーブ学校「コレージュ・ドゥ・ジュネーブ」において、キリスト教や歴史などを勉強した。同時に社会奉仕活動やＹＭＣＡ創設にも関係していった。就職先の銀行で実務にあたっていたが、当時フランスの植民地のアルジェリアに行って開発事業に従事することになった。

アルジェリアのモンジュミラの近くに農場を開発し、小麦をつくり、製粉会社を設立する計画である。そして、人々の口にパンを与えようという一連の構想をもつ企業計画であった。それは後進国開発の困難な事業である。一八五八年に設立したモンジュミラ製粉会社は土地、資金、近代的な製粉所の設備は十分整備される方向に動いていた。しかし、小麦をつくるための土地と水、ことに水利権の問題の解決に迫られていた。

アルジェリアはフランスの植民地、フランスの統治下にあり、現地の関係機関に八方手を尽くしたが解決の目途がつかなかった。最後はフランス皇帝・ナポレオン三世に直接会って陳情する以外に良策がなかった。

当時、イタリアは統一戦争の最中であった。イタリアのサルジェニア軍をフランス軍が支援して、オーストリア軍と交戦中であった。ナポレオン三世はフランス軍の総司令官として、イタリア北部のロンバルジァ平野の一角で勝利を収めていた。アンリー・デュナンは一刻も早くナポレオン三世に会って水利権の陳情をしようと出かけたのであろうか。その意味では戦場における救護活動に出かけたのではない。ところが、戦場における人間の生死の極限状態に遭遇して、赤十字の組織の創設のひらめきにつながったのであろう。

このときアンリー・デュナンは人生における重大な選択を迫られた。アルジェリアの製粉会社の事業を成功させ民衆を救う道よりも、戦時救護の組織の創設に情熱を傾けることになったのである。その結果、今日ではアフリカをはじめ全世界に赤十字・赤新月の旗のもとに援助が広く展開されている。アルジェリアの事業の失敗のために、アンリー・デュナンはジュネーブを追われる運命を辿るのであった。その出発点であり、転換点こそが一八五九年六月二十四日の激戦のあと、イタリア北部のソルフェリーノの戦場での救護活動の体験であった。アンリー・デュナン三十一歳のときである。

5 『ソルフェリーノの思い出』の出版

ソルフェリーノにおける一八五九年の貴重な体験を二年あまりの歳月をかけて一冊の本にまとめた。ジュネーブで書いた『アン・スープニール・ソルフェリーノ』（日本には『ソルフェリーノの思い出』『赤十字の誕生』『ソルフェリーノの記念』などの翻訳書がある）という題名の本が一八六二年に自費出版された。これがヨーロッパの人々の心をとらえて赤十字組織の創設に発展していくのである。そのことは「第一章　赤十字のふるさと」でも少し触れてきた。アンリー・デュナンがソルフェリーノで救助活動をしていた時期には、日本ではシーボルト事件で日本を追放されたフォン・シーボルトが三十年ぶりに六十三歳で長男アレキサンダー・シーボルト（当時十三歳）を連れて長崎に再来したときに一致している。また父親フォン・シーボルトが十六歳のアレキサンダー・シーボルトを日本に残したまま長崎を去るのが、一八六二年（文久二）の『ソルフェリーノの思い出』が自費出版された年に対応している。日本の幕末、明治維新の数年前の時期である。

さて、その著書『ソルフェリーノの思い出』は今日では世界の各国語に翻訳されている。赤十字発祥の地カスティリオーネにある国際赤十字博物館には、日本語の初版本も含めて三十六種類が展示されていたのが印象的であった。カスティリオーネはイタリア北部のミラノからベネチェアへ向かって一〇〇キロメートルほどのところにある。普通の世界地図には名前も出ていない片田舎である。ガルダ湖の南に位置するところで湖の東端から流れるミンチョ川と西端から流れ出るキェーゼ川に挟まれる地帯である。たとえば、信濃の川中島合戦のように、千曲川と犀川に挟まれる川中島に、上杉軍に相当するオーストリア軍十七万人と武田軍に相当するナポレオン三世の率いるフランス軍とビクトリオ・エマヌエル二世の率いるサルジェニア軍との連合軍十五万人が、ここカスティリオーネ一帯（川中島合戦の八幡原のように）で激しい戦闘を繰り広げた。この戦闘のあとの悲惨な状況を、一人の旅行者として目撃した。そのアンリー・デュナンはカスティリオーネの村人に呼びかけて救護活動を展開することになった。

生死の極限状態における体験をもとに、戦場の悲惨な情景をリアルに描写した著書が『ソルフェリーノの思い出』である。人種や国境を超越した発想で、人命尊重を訴えている。この本は平和への願いをこめて書かれたと私は思うのである。終わりの部分で二つの提案をしている。第一にはボランティアの救護組織の必要性を訴えている。第二には組織活動を保証する各国政府間の神聖な国際条約（のちにジュネーブ条約として結実）をつくることを提案し訴えている。

その中で、次のようにも訴えている。「人道と文明とはここに示した事業をどうしても必要であるとして要求する。いかなる王侯君主がこの団体を援助することを拒否するであろうか。いかなる国家が自国にとって大切な市民の生命を守るために……人道と真の文明との精神にもとづいて戦争を防止し、少なくともその恐ろしさを緩和しようと根気よく努力することが緊要ではないか……」

翻訳された『ソルフェリーノの思い出』の数々　手前は白水社発行の『赤十字の誕生』（『J.HENRY DUNANT』Von Willy Heudtlass, 1962, Kohlhammerから）。

6　ジュネーブ条約（赤十字条約）へのアプローチ

このアンリー・デュナンの提案はヨーロッパの国王、政治家、将軍などの心をとらえた。一方、地元のジュネーブの読者の中にもこれを実現しようという協力者がいた。それはジュネーブ公益協会会長、法律家のギュスタブ・モアニエである。また将軍アンリー・デュフール、医学博士ルイ・アッピア、医学博士テオドル・モノワール、これに発案者のアンリー・デュナンを加えて五人委員会（赤十字国際委員会の前身）が発足した。

それは一八六三年二月に結成され、ギュスタブ・モアニエが会長であったが、すべてはアンリー・デュナンの発想によって推進された。戦時救護活動における問題点は攻撃から除外されることであった。各国が共通に使用できる「中立」のシンボルを決めることによって解決できる。このアンリー・デュナンの天才的発想とひらめきである。特殊な標章・シンボルを決定して、緊張の極限状態でも、これをつけているものを攻撃から除外する。これに「中立」と呼ぶ法的な地位をさずければよい、という新しい価値の創造である。

一八六四年八月、ジュネーブに集まった一六カ国の政府代表のうち一二カ国によって調印された。これが一八六四年八月二十二日のジュネーブ条約であり、人類の歴史における一里塚である。今日の人道法と戦争抑止につながる一切の規則に関する出発点を形成していくのである。あらゆる苦痛と死に対して戦う「人道」を支える「中立」の標章・シンボルが赤十字（病院のしるしではない）である。

ここでジュネーブ条約について少し触れておきたい。ジュネーブ条約とは赤十字条約のことである。前述した一八六四年八月の赤十字条約を出発点としてジュネーブ条約は次第に整備され、今日に至っている。

今日のジュネーブ条約は第二次世界大戦の経験を経て一九四九年に全面的に改正されてきた。基本的には四つの条約から成り立っている。①陸の条約（一八六四年）「戦地軍隊傷病者の保護に関するジュネーブ条約」、②海の条約（一八九九年）「ジュネーブ条約の原則を海戦に応用するヘーグ条約」、③捕虜の条約（一九二九年）「捕虜の待遇に関するジュネーブ条約」、④文民の条約（一九四九年）「戦時文民の保護に関するジュネーブ条約」である。

それらは一九四九年にスイスの連邦政府の招請した外交会議で四月二十一日から八月十二日まで五カ月にわたって審議を重ねて、四つの条約とも改正された。これを一括して「戦争犠牲者の保護に関する一九四九年八月十二日のジュネーブ諸条約」と呼んでいる。

日本は敗戦によって、しばらく世界の付き合いから除外されていた。サンフランシスコ平和条約の宣言に沿って、昭和二十八年（一九五三）四月、日本は四つの条約に正式調印加盟した。その後のベトナム戦争などの経験を経て、一九七七年に二つの「ジュネーブ条約追加議定書」によって補完されて今日に至っている。

しかし、日本は一九七七年にこの追加議定書に署名しながら、二十五年も経過した今も日本の国会が批准していないことは前述した通りである。これも日本国憲法はじめ国内法との矛盾から批准ができないのであろうか。

いずれにしても、今から約百四十年前の一八六四年、アンリー・デュナンによってジュネーブ条約が創設された。そして、その価値が評価され二十世紀の初頭、一九〇一年「赤十字の創始者、ジュネーブ条約の推進者、アンリー・デュナン」に対して、第一回ノーベル平和賞が贈られた。約百年後の昨今、二十一世紀を迎えてその意味を改めて考えてみたい。日本が平和国家に徹して世界の平和に貢献するためには、国連よりも歴史と伝統をもつ赤十字の組織を通じて、世界に貢献する道を選択することである。

7　波瀾に満ちた生涯

アンリー・デュナンの八十二年にわたる生涯の前半には、ジュネーブ条約と赤十字の創造的仕事があった。主な時期は三十一歳から三十六歳までの五年間である。二つの大仕事のうち一方の選択に迫られて、他の不幸な事件が起ったのである。前述したように、アルジェリアのモンジュミラの製粉会社の経営者が戦場の負傷者の救助活動に専念していたから、会社経営が悪化するのは当然であった。ジュネーブ信用金庫の倒産とともにアンリー・デュナンは百万フランに近い負債を負わされ、民事裁判所から破産宣告を受けたのである。このニュースをパリで聞いた三十九歳のアンリー・デュナンは、もうジュネーブに帰ることはできなかった。

この時期は一八六七年（慶応三）パリ万国博覧会の年であった。日本からは徳川幕府の徳川昭武の一行、佐賀藩の佐野常民の一行、薩摩藩の岩下左次右衛門一行がそれぞれ参加している。このパリ万国博覧会ではアンリー・デュナンは博覧会金色賞牌を授与されている。しかし、九月八日の赤十字国際委員会には「委員会の書記としてのみならず委員としても辞任することを了承する。これをアンリー・デュナンに回答すること」という内容の記録があるとされているから、赤十字の創設者も一八六七年九月八日を最後に、表舞台から消されていくのである。

その後、一八七〇年代の普仏戦争の時期には、パリやロンドンを中心に「捕虜の保護」や「ユダヤ人のパレスチナへの再移民」などの人道的諸問題を提唱して歩いたともいわれている。しかし、一八八七年七月までの二十年間は明確な資料もないし研究もされていない。アンリー・デュナンの謎の足跡と苦難の時代である。

スイスの東北端のハイデン村はアンリー・デュナンが晩年の二十三年間かかわりをもった村であった。ボーデン湖畔のロールシャッハの町から二両編成の電車が登っていく終点にある人口三千余人の村を私は訪ねた。避暑地であり、ゆるやかな丘陵の起伏をもつ村に、私は二度（一九七三年と七七年）それぞれ一週間ほど民宿のホテル・ワルハラに滞在したことがあった。

三度目のハイデンでは、平成十年（一九九八）七月一日（水）のアンリー・デュナン記念館・博物館の開館式に参加したとき、リゾート開発が進み人口も四千人に変化していた。ドイツ語しか通じないこの村で、ドイツ語を話さなかったアンリー・デュナンの晩年について新しい事実も知ることができた。

ハイデン村に知人もない年老いた旅人（アンリー・デュナン）が辿りついたときは、日本はジュネーブ条約に加盟し、世界の赤十字に仲間入りして博愛社を日本赤十字社と改称した（明治二十年（一八八七）五月二十日）の直後の時期であった。アンリー・デュナンは、最初は下宿屋パラデスリー（建物は一九九八年にも残っていた）に三年半、家主が下宿屋を廃業するので一〇キロメートルほど離れた山向こうのリンデンビュール村の下宿屋に一年半ほど厄介にな

Über Land und Meer

No 19.

74. Band. Siebenunddreißigster Jahrgang. Erscheint jeden Sonntag.

Deutsche Illustrirte Zeitung.

Preis vierteljährlich 3 Mark. Ernst Schubert in Stuttgart.

Henri Dunant,

der Begründer des „Roten Kreuzes".

Es war am 7. August dieses Jahres, als ich nach dem lieblichen Kurort Heiden im schweizerischen Kanton Appenzell fuhr. Es galt, einem Manne einen Besuch abzustatten, der heute ein halb Verschollener und Vergessener ein Werk schuf, das, selbst unsterblich, auch seinem Schöpfer den Weihekuß der Unsterblichkeit auf die Stirn drückte: Henri Dunant. Der Weg zu ihm führte nicht in eines der weltbekannten comfortablen Hotels oder in eine der zierlichen Villen, die von behaglichem Menschendasein erzählen, sondern in das einfache Bezirkskrankenhaus, wo Dunant seit Jahren weniger als Patient, denn als Pfründner zu drei Franken Pensionspreis per Tag lebt. Eine Diakonissin führt mich in das Zimmer Nummer zwölf, die Wohnstätte des edlen Mannes. Es ist ein freundliches, lichthelles Zimmerchen mit zwei Fenstern. Ein Bett, ein Schrank, zwischen beide eingekeilt ein Sofa mit verblaßtem Ueberzuge, und ein Schrank, zwei Stühle und ein Tisch bilden das ganze Mobiliar. Die Wände mit dem kalten Gypsanstrich muten eisig an, kein Bild schmückt sie und kein liebendes Zeichen. Nur über dem Tische hängt ein kleines Spiegelchen, wie man sie in Dienstbotenkammern findet, neben dem Bette ein Thermometer und an der Thür die „Hausordnung". Nun muß ich hier gleich beifügen, daß diese Aermlichkeit nicht eine stumme Sprache des Vorwurfs an die Adresse der Anstaltsleitung führt. „Herr Doktor Altherr – der Anstaltsarzt – und die Diakonissinnen sind von den wenigen Freunden, die mir geblieben sind, die besten," sagte mir Herr Dunant. Er selbst begrüßte den Besucher auf das liebenswürdigste. Es ist eine prächtige Figur, dieser bald siebenzigjährige Herr, mit dem edlen, ausdrucksvollen Kopfe, dem zart inkarnirten Teint, der etwas Verklärtes im Farbenton hat, mit den silberweißen Haaren und dem silberweißen Barte. Die ganze Erscheinung hat etwas patriarchalisch Ehrwürdiges und doch wieder etwas Kavaliermäßiges in jeder Linie, in jeder Bewegung. Selbst im einfachen, braunen Schlafrocke, aus dem Manchetten in tadelloser Weiße hervorgucken, im schlichten Hauskäppchen, verleugnet sich des Mannes vornehme Abkunft und vornehmes Wesen nicht. Diese Eindrücke verstärken sich, je länger man mit Herrn Dunant spricht. Er redet das Französisch der großen Welt; jeder Ausdruck ist gewählt, wo es paßt, fein und geistvoll pointirt; bald nimmt die Unterhaltung die Form liebenswürdiger Causerie an, bald einen hohen Geistesschwung und -flug, das letztere jedesmal, wenn er auf die Schöpfungen und ihren Ausbau zu reden kommt, denen er Leben und Vermögen opferte. Die modulationsfähige,

Henri Dunant.

1895 (Bd. 74).

シュツットガルトの新聞「ユーバー・ランド・ウント・メーア」の報道記事

った。

健康はひどく衰えて、長い間の苦難に耐えて疲れ果てていたといわれている。右手の湿疹の炎症もひどく、ハイデン村の病院の世話にもなった。親切な病院の医師アルテル博士の配慮によって、老人専門福祉病院の十二号室（三階の一室）に入院することになった（口絵カラー写真参照）。

その後、十八年間をこの病院で過ごして、波瀾に満ちた生涯を閉じることになる。しかし、幸運にも死の十五年前の一八九五年、若い新聞記者ゲオルグ・バウムベルガーに気付かれ、すでに人々の記憶からは忘れられていた赤十字の創始者アンリー・デュナンの存在がようやく確認された。好奇心の強い新聞記者に最初は何も語ろうとしなかったアンリー・デュナンは、やがて過ぎし日の思い出を話したのである。この記事がヨーロッパの各地に報道された。すでに世界の三七カ国には赤十字社がつくられていた。

スイスの新聞のために取材したスクープ「その名を忘れられた男」の記事はシュツットガルト（当時ウルテンブルク王国の首都）の大新聞「ユーバー・ランド・ウント・メーア」の一面にも写真入りで報道された（口絵カラー写真参照）。このシュツットガルトはアンリー・デュナンがハイデンに移る前の約十年間かかわりをもった町である。

その町で一八七七年の夏に偶然に出会った一人の青年がいた。言語学専攻の学生、二十一歳のルドルフ・ミュラーであった。アンリー・デュナンより二十八歳も年下であったが、赤十字創設の歴史に大きな関心をもっていた。のちに五年ほどの歳月をかけてドイツ語に翻訳した本、ルドルフ・ミュラー著『赤十字とジュネーブ条約の起源と成長の歴史』がシュツットガルトの町で出版された。前述した新聞報道の二年後の一八九七年であり、タイミングのよい出版となった。二人の最初の出会いから実に二十年ぶりに「忘れられた男」アンリー・デュナンに光を当て、その復権を世に問うことにつながった。

この本（口絵カラー写真参照）は約百年前のものであるが、表題のドイツ語「Ｅｎｔｓｔｅｈｕｎｇｓｇｅｓｃｈｉｃｈｔｅ ｄｅｓ ＲＯＴＥＮ ＫＲＥＵＺＥＳ ｕｎｄ ｄｅｒ Ｇｅｎｆｅｒ Ｋｏｎｖｅｎｔｉｏｎ」「ｖｏｎ ＲＵＤＯＬＦ ＭÜＬＬＥＲ」の金文字と赤十字の色は鮮やかに色刷りされている。ハイデンのデュナン記念

アンリー・デュナンの墓（スイスのチューリッヒ市）

館の開館式の当日、一九九八年七月一日、館内に展示されている本を手にとって見た。百年前のドイツ語の美しい本の装丁に驚くと同時に、歴史を正しく後世に伝える本というものの真価を実感した。

さて、約百年前の一八九六年五月八日、ハイデンで迎えた六十八回目の誕生日には世界の各地から称賛と祝福が寄せられた。名声がよみがえったアンリー・デュナンは、訪ねてくる著名人とも会うことを避けて、国際裁判や軍備縮小問題など平和のために尽力していった。一九〇一年、ノルウエーの国会はアンリー・デュナンともう一人の平和主義者フレデリック・パシー

Det Norske Stortings Nobelkomite
har i Henhold til Reglerne i det af
ALFRED NOBEL
den 27de November 1895 oprettede Testamente tildelt
Jean Henri Dunant
Nobels Fredspris for 1901.
Kristiania 10de December 1901.

デュナンが受賞したノーベル平和賞
(第１回　1901年)

に第一回ノーベル平和賞を授与した。

ノーベル平和賞受賞の九年後、一九一〇年十月三十日、アンリー・デュナンはハイデン村の病院で世を去った。この年にはフローレンス・ナイチンゲールやトルストイ、日本赤十字社の創設者大給《おぎゅう》恒《ゆずる》（信州臼田・龍岡藩主、のちの日赤副社長）も同じ年、明治四十三年に死去している。

8 晩年の心の友キャサリナ女史

晩年のアンリー・デュナンと日本との関係について、一九七七年ハイデンの文化人レーニー・ローナー女史から手に入れた新資料をもとに述べてみたい。それによると、キャサリナ・シュトルツェネッカー（一八五四〜一九二九）という名前の女性とアンリー・デュナンはハイデンの病院で知り合った。病院の担当者を除いてアンリー・デュナンの部屋に入ることができた女性はキャサリナだけであった。彼女はフランス語の知識があったので、アンリー・デュナンと話すことができた。二人は互いに親しい心の友となったようである。

一九〇四年にアンリー・デュナンはキャサリナに日本へ行くことをすすめた。英語も日本語も話せなかった彼女は日本赤十字社で友人を得ることができた。キャサリナは世界会議のために一八八四年（明治十七）にスイスを訪れたことのある橋本男爵（橋本左内の末弟・綱常のこと、のちの日赤初代病院長）に会うことができた。橋本男爵は帰国後一八八七年には早くもベット数四千をもつ病院を開設していた。キャサリナは日本赤十字社がアンリー・デュナンの考えを実現しているのを見て感心している。キャサリナは日本に四年間滞在していたが、晩年のアンリー・デュナンにとって、キャサリナからの手紙は最も興味深いものであった。一九〇八年にキャサリナはハイデンに帰った。キャサリナが日本の宮中においても非常に手厚い接待を受けたことを聞いて、アンリー・デュナンは大変喜んだといわれている。

以上はハイデンのレーニー・ローナー女史から手に入れた貴重な資料の概要である。晩年のアンリー・デュナンは日本について相当の知識を深めて生涯をハイデンで終わっている。

なお、アンリー・デュナンの墓は死後二十年も経過してから、チューリッヒ市内墓地に建てられた。墓碑にはドイツ語（チューリッヒはドイツ語地区）で刻まれている。「1828年5月8日生　ジュネーブにて、1910年10月30日没　ハイデンにて」のあと、「ジュネーブ条約と赤十字の創始者、崇高な精神をもった『ソルフェリーノの思い出』の著者、第一回ノーベル平和賞受賞者を記念して国民の寄付によって建立　1931年」「Hギスレル　1930」と彫刻家の名前も記されている。

（第二章は「信濃毎日新聞」夕刊ぶんか欄、昭和五十三年（一九七八）四月十五日〜五月六日に「デュナン生誕一五〇年」と題して連載された論考に加筆したものである）

第三章　日赤創立と大給恒

Ｉ　五稜郭・龍岡城跡を訪ねて

信州佐久平の一角に日本における幕末最後の城郭となった五稜郭・龍岡城跡がある。今もわずかにその名残をとめている。その城の藩主・松平乗謨《のりかた》がのちの大給恒《おぎゅうゆずる》であり、日本赤十字社の前身・博愛社の創設に尽力した同一人物であることはあまり知られていない。その生涯を偲ぶために長野県南佐久郡臼田町田口（ＪＲ小海線臼田駅下車徒歩十五分）の五稜郭・龍岡城跡を訪ねてみた。

五稜郭の名前にふさわしく五角形の縁どりを示す堀の石垣や土塁が今も残り、土手の桜や柳の新芽は古い石垣や堀の水とよく調和していた。五稜郭の堀や石垣が歴史を語りかけてくる雰囲気であった。城跡には町立の田口小学校がある。大手橋の手前に一九九〇年、大給恒のブロンズの胸像が建立された（口絵カラー写真参照）。

それは日本赤十字社長野県支部創立百周年記念事業として計画されたものであった。私もその企画には協力してきたが、平成二年（一九九〇）五月十日に除幕式が行なわれた。高さ約二メートルの二枚の御影石を屛風状に組み合わせた背板をバックにブロンズの胸像が配置されている。五稜郭にちなんだ五角形の赤石の基盤に赤十字のマークが刻まれ、「大給恒　ＹＵＺＵＲＵ　ＯＧＹＵ　１８３９～１９１０　日本赤十字社をつくり育てた人　日本赤十字社長野県支部創立１００周年記念　１９８９」と深く刻まれている。

大給恒は幕末から明治にかけて三つのユニークな仕事を残してきた。幕末最後の五稜郭・龍岡城をつくり、勲章をつくり、日本赤十字社をつくり育てた人物であった。時代の先覚者として三つの仕事の中では、今日につながる最大の業績「日赤創立と大給恒」を、この記念碑によってようやく後世に顕彰することができたと思っている。

2 三河奥殿から信州臼田へ

さて、大給恒・松平乗謨が長野県南佐久郡臼田町と関係を深めていった経緯について書くことにする。幕末のころ奥殿藩（現在の愛知県岡崎市奥殿町二七～二九合併地）藩主・松平乗謨は三河奥殿の四千石を本領とし、信州南佐久の二十二カ村一万二千石とを合わせて一万六千石を領有していた。文久二年（一八六二）、幕府は諸大名の牽制政策として永年続けてきた参勤交代制度に改革を加えて、諸大名の在国年限を延長した。家族の自由帰国を許可するようになった。これが契機となって、参勤交代廃止令とともに三河奥殿から信州南佐久に本拠の移転を決意した。そこで五稜郭・龍岡城の建設が計画された。

その理由を想像すれば、江戸の家族や家臣などを三河の奥殿に帰国させるには、領地は狭く地理的にも遠いことが難点であったに違いない。多くの家臣を賄う点から考えても、信州南佐久は一万二千石と領地も広く、土地もよいので藩を維持する経済的条件がよいと松平乗謨は判断したのであろう。そこで文久三年四月（当時、二十四歳、大番頭）、幕府の許可を得て本拠の移転を決断したのである。

別記のように、松平乗謨は徳川家康の系図につながる松平家の流れをくんでいる。松平家の先祖の地を離れる藩主の決意に対して、三河奥殿の領民は落胆すると同時に大騒動があったことは容易に想像できるが、実情を説得して大事には至らなかったといわれる。これも松平乗謨・大給恒の人徳というべきであろうか。

さて大給恒の先祖の地と系図について少し触れることにする。大給恒と徳川家康の先祖は同じ松平家から出ている。松平家の発祥の地は現在のトヨタ自動車の工場地帯として開発された豊田市郊外にあたる松平町（三河国松平村）の山間の僻地である。

徳川家康の先祖について明確な定説はないが、大久保彦左衛門の『三河物語』に拠っている作家・司馬遼太郎の見解が妥当性に富んでいると思われるので、この方向で考えてみたい。この三河松平村に足利室町時代のころ、徳阿弥

五稜郭・龍岡城跡（臼田町立田口小学校）全景

という坊主が諸国をまわって流れてきた。室町時代には、時宗という何の戒律もない宗旨で、南無阿弥陀仏をすすめて村々を渡り歩く乞食坊主が多かったようである。その村の豪族の家にわらじを脱いで先祖の供養をしたり、世間話をして何日か過ごしたあと、飽きてくると次へと紹介状をもらって別の村へ流れていった。

この徳阿弥も最初は坂井村の豪家に逗留して、そこの娘に情けを通じて子を生ませたといわれる。徳阿弥は口も達者で才知に優れた人物で、多分に男性的な魅力もあったに違いない。次は松平村の豪家である太郎左衛門の家に出入りして、その一人娘に子を生ませたというから相当なものである。仕方なく太郎左衛門は徳阿弥を婿に迎えて家を相続させた。徳阿弥は松平親氏と名乗って山間の集落のボスとなった。これが徳川家康が世に出るまでの三河松平八代の家系の初代を形成する人物である。歴史にはとかくロマンスがつきものであるが、徳川家康にとってはあまり名誉な話ではないように思われる。

いずれにしても三河松平村出身の豪族が、八代の間に山間の僻地から近隣の三河平野を指向して進出した。岩津城、安祥城、岡崎城と次第に手中に収めてその勢力を拡大していった。徳川家康の系図はこの初代のみにとどめて次に移ることにする。

三河松平八代の系図のうち、四代目の松平親忠の次男・乗元が大給城五代の初代として分家している。この大給城は現在の豊田市松平町大字大内にあった。大給城の北東約四キロメートルに旧松平村があり、大給松平の名称はこれに起因している。また大給城の北方約一二キロメートルの山間部に足助城がある。さらに松平乗謨・大給恒に関係のある奥殿城は現在の岡崎市奥殿町にあたっている。奥殿から南へ四キロメートルのところに岩津城、一五キロメートルの地点に岡崎城というのが大体の地理的関係である。

大給一門の初代松平乗元は、松平親忠の次男として文安三年（一四四七）岩津城において生まれた。のちに加賀守となっているが、武略に優れた人物で松平の宗家を助け、近隣を平定して大給城に入ったのが最初である。父の親忠は細川城を授けられ、この地とともに併領していたといわれる。いずれにしても子孫五代の間、大給城を守って大給松平家と呼ばれて繁栄した。さらに系図によれば、その後、大給初代は松平真次が分家し、松平乗謨まで十一代になるが、四代のとき奥殿城に初めて入っている。なお紙幅の関係から系図の詳細については省略する。

大給城は巴川（当時の足助川）の東、滝川の南に屹立した山頂（標高二〇七メートル）にある。昭和五十一年（一九七六）秋に改めてこの交通不便な大給城跡を訪ねてみた。本丸、二の丸、大手などの石塁は残っていた。山上に物見の岩があり、八畳岩とも呼ばれる大岩の上に立てば三河の大半を眼下におさめることができる。遠く名古屋城も望むことができるほど眺望はよく周囲は険しい天然の要塞であった。この城跡に立って感じたことは、時代の変化に敏感に対応した松平乗謨が明治時代になって出直すために、大給恒と改名する歴史的背景と展望がここにあった。また、このとき奥殿城跡（ここは当時、磯谷源八郎氏が農地として耕作していた）にも立ち寄ったが、保存のためにも碑を建てるべきだと痛感した。

大給一族の先祖の地、三河の一角にある奥殿城跡は近くに霞川が流れ、信州臼田町の田口小学校付近には雨川があり地形がよく類似している。当時、五稜郭の建設候補地として三つがあげられたようである。第一候補地は三塚村の三千坪を献上して敷地にというのであったが、良田である関係から採用にならなかった。第二候補地の大沢村も両隣に天領があることから取りやめになった。結局、田野口村が七十石の土地のほか木材や石材を献上して総工費四万両の龍岡城を建設する運びとなったといわれる。しかし何よりも龍岡城付近の地形的条件が三河の先祖の地、奥殿城跡と非常によく類似している点が大きな理由の一つであろう。今、龍岡城跡に立って改めて想像するのである。

豊田市松平町大内にある「大給城址」碑　巴川の東にある標高207m、峻険な山頂に山城があった。天正18年（1590）廃城となったが、大給と改姓する背景を偲ぶことができる。

三河松平８代

1 親氏（徳阿弥）―2 泰親―3 信光―4※ 親忠―5 長親―6 信忠―7 清康―8 広忠―家康

大給城５代

※親忠―1 乗元―2 乗正―3 乗勝―4 親乗―5 真乗―家乗／※※真次
親忠―長親……………………………徳川家康

松平乗謨・大給恒への系図

1※※ 真次―2 乗次―3 乗成―4 乗真―5 盈乗―6 乗穏―7 乗友―9 乗羨―10 乗利―11 **乗謨**（大給恒）
6 乗穏―8 乗尹

3　幕末最後の龍岡城を築城

これまで信州臼田町の龍岡城と三河の大給城との関連について述べてきたが、ここでは五稜郭の概要について触れてみたい。

日本には五稜郭と呼ばれる築城法の城跡は、北海道函館の五稜郭と信州臼田町の龍岡城の二つだけである。これはフランスのリール市に現存しているボーバン城（ボーバン元帥の考案）がモデルとなって築城されたといわれる。五稜郭の一辺の長さがボーバン城六〇〇メートル、函館三〇〇メートル、龍岡城一五〇メートルとおよその数字がその関係と規模の大小を率直に示している。

築城の経緯について想像すれば、松平乗謨は青年時代にフランス語を松江藩士の入江文郎に学び、フランスに関する知識や文化情報をかなり吸収していたようである。二十六歳のときには、すでに陸軍奉行に抜擢されているが、当時、日本はナポレオン三世以来のフランス式の陸軍へと近代化が迫られていた。たまたま慶応二年（一八六六）の末に来日したフランス軍事顧問団と通訳なしに直接に松平乗謨は話ができたといわれる。この点から想像しても、五稜郭築城に関する資料はフランス語の文献によって調査したかもしれない。しかし函館・五稜郭は龍岡城の着工の翌年の元治元年（一八六四）にちょうど落成していることも、また歴史的な事実である。

当時としては一般に蘭学の時代であり、その点でも松平乗謨はフランス語を先取りしていた先覚者であったように思われる。この先見性がのちに版籍奉還を天下に先駆けて行なわせたのであろう。また明治二年（一八六九）には大給恒に改名して出直しているが、一字の名前にしたのもこれが日本では最初であろうか。

幕末に江戸幕府の老中格として活躍した人物で明治の新体制に転換してからも、再び中央において活躍した人物は少ない。明治十年（一八七七）九州における西南戦争を契機に、佐野常民とともに博愛社（のちの日本赤十字社）の創設に関係していったことも時代の先覚者であったからに違いない。今では五稜郭・龍岡城の建設以上に、このことは

築城大要

1、所　在　地　信濃国佐久郡田野口村字竜岡
1、総　面　積　２万75坪（65.248㎡）
内　内城　5,640坪（18.612㎡）
外城　１万4,535坪（47.966㎡）
1、設　　　計　堀幅４間（7.27m）・大手門前５間（9.09m）
土塁・高さ７尺５寸（2.27m）・巾４間（7.27m）
周囲堀・長さ375間（682m）・堀の深さ１丈２尺（3.64m）
大手門より最後方角（西正中角）まで103間（187m）
通用門より北門まで80間（145m）
1、着工及竣工　文久３年11月着工し慶応３年４月竣工
1、総　費　用　４万両
1、普請奉行　家老　出井勘之進

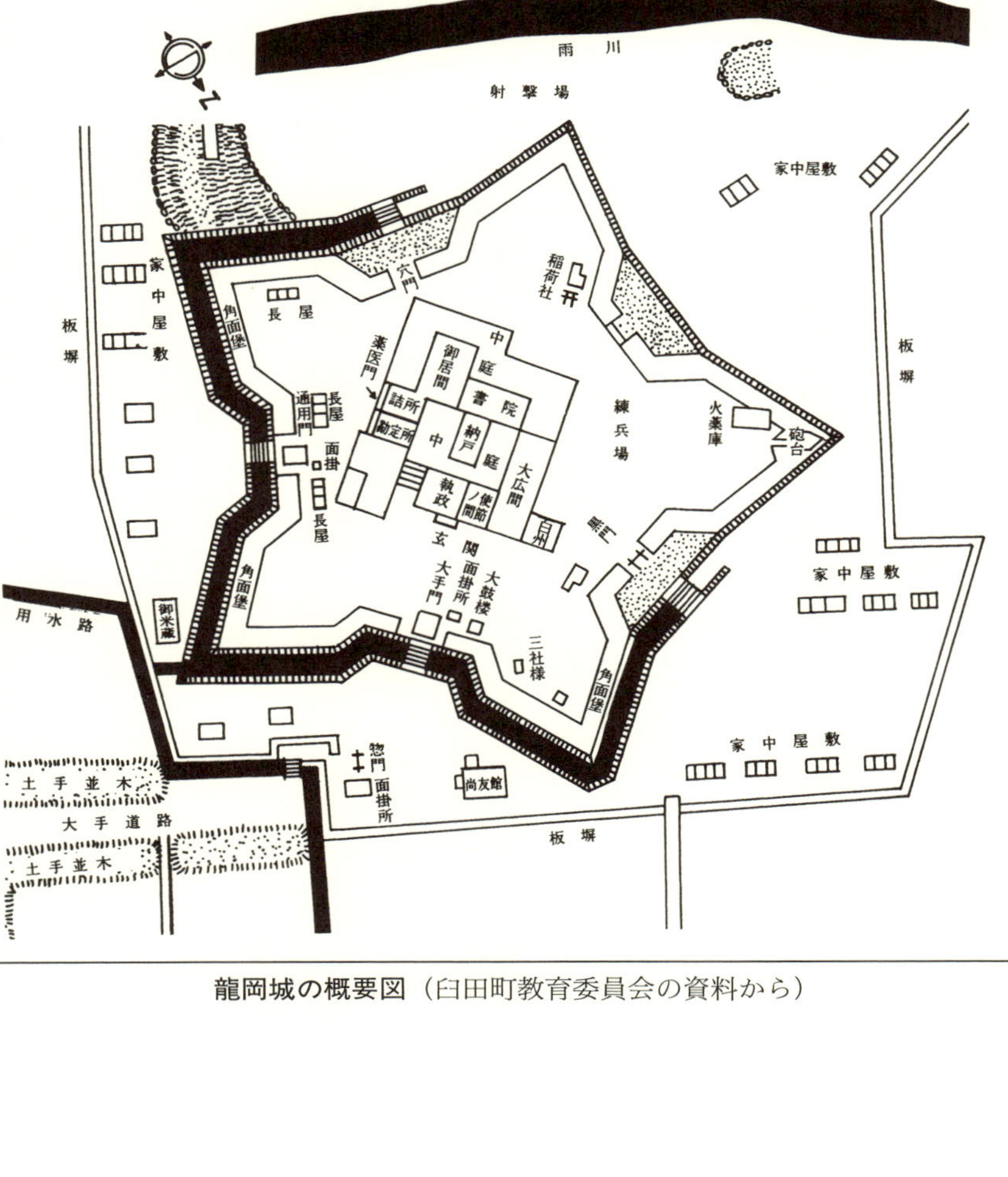

龍岡城の概要図（臼田町教育委員会の資料から）

高く評価されてもよいように思われる。

さて五稜郭・龍岡城は、城といっても姫路城や松本城に見られるような五層の天守閣をもつ建築ではなかった。建物は低く二階までであった。すでに鉄砲や大砲の発達した時代におけるヨーロッパの様式を導入したからであろう。龍岡城は文久三年（一八六三）十一月に着工し、三年余の歳月をかけて慶応三年四月十九日に新殿が落成しているから、日本における幕末最後の築城がこの信州臼田町で終わったのである。

写真や図のように五稜郭の五角形の五辺のうち四辺には堀が現存しているが、完全なものは二辺だけである。他の二辺は辺の中点で堀が終わっている。さらに他の一辺には全く堀がない。函館・五稜郭が完全な堀をもっているのに比較して、龍岡城の堀は不完全であるといわなければならない。一辺約一五〇メートルの堀に沿って歩きながら想像する。地形的にみて完全な堀をめぐらすには莫大な労力と経費を必要とするので中止したのであろうか。

この点については、田口小学校発行の小冊子（「重要文化財見学のしおり」）に元校長水野茂の筆による文章があるので、その要点を引用する。「城の研究をしている人々の間には種々の説がある。一説には金がなくなったか幕末政情多端のためというのである。二説は設計図には完全に書いてあるが、地形をみて計画変更をし、一方は天然の雨川を利用し、他方は砲座を設置して堀の補いとした。三説は未完成だったというのである」と指摘されているが、いずれにしても五稜郭の理想的形状からみて、十分な時間と金があれば完全な形式のものに完成させたに違いない。しかも堀の内側は比較的大きな石を正確に加工して専門家の石工が積んでいるように見える。外側は自然石をそのまま使っている点から考えても経費や工事期間が十分になかったように思われる。

今も校庭の隅に移されて建っている御台所は、城跡内に残っている唯一つの現存建物として貴重なものである。明治四年の廃藩置県を契機に他のものはほとんど民間に払い下げられてしまった。その主なものは表御殿（佐久市落合、時宗寺の本堂）、書院（佐久市野沢、小池経三郎氏宅）、納戸（佐久市中込、山岡慎一郎氏宅）、通用門（佐久市原成田山の門）などがある。

なお五稜郭・龍岡城の建設過程については、龍岡藩士・榎本半重著『大給亀崖公傳』（明治四十五年六月発行）には次のように書かれている。

一、文久三年六月築城の方針立つ
一、同年九月城郭の模型成り且つ敷地に縄張り為す、模型は公の立案にて五稜郭に型る
一、同年十一月土功に着手
一、慶応二年十二月城郭略々竣工
一、同三年四月十九日新殿落成一藩の士民をして縦覧せしむ

以上は原文のままである。結局、文久三年（一八六三）に着工して慶応三年（一八六七）四月十九日に完成を見ているわけである。

また、田口小学校の正門にあたる龍岡城の大手門には次のような文章が書かれている。

本城は文久三年旧龍岡藩主松平乗謨（後名伯爵大給恒）其居城として九月工を起し慶応二年十二月竣工、我国における欧式築城の中五稜郭の典型である。明治四年廃藩とともに廃城となり建造物は撤去され其一部が小学校校舎として使用されている。塁濠は破壊せられたる所あるを以って修理を加え能く其の旧規を在す。

注意
一、塁濠を破損せざること
一、工作物樹木等を損せざること
一、其現状を変更せざること

昭和九年五月一日　　文部省

この文章からも明らかなように、昭和九年五月一日に復旧工事を完了して今日に至っている。ついでに、それまでの経過について少し触れることにする。

五稜郭・龍岡城の竣工した四年後の明治四年（一八七一）には、前述のように廃藩置県となった。これによって龍岡城の土地や建物は民間に払い下げとなり、堀も埋められてしまったようである。現存する御台所は建物も大きく

（間口十間、奥行七間）、そのまま藩士によって管理されていた。明治五年の学制発布によって翌年の明治六年には田野口尚友学校として近くの寺、蕃松院に開設した。その後、明治八年に旧藩士から寄付を受けて御台所の建物の一部を改造して、龍岡城内に尚友学校を移転することになった。その約十年後、明治十九年には田口小学校と改称したといわれる。

また五稜郭をめぐる堀は久しく埋められたままになっていたが、昭和八年（一九三三）に大工原滝三郎（のちに村長）が中心となって龍岡城復旧委員会を組織して村の総力をあげて復元工事が行なわれた。その結果、昭和九年五月一日に文部省より史跡として重要文化財の指定を受けた。

さらに御台所の建物も昭和三十五年から一年間の歳月をかけて半解体復元工事が行なわれ、今も校庭の一隅に現存しているのである。建物の中には「陣屋日誌」をはじめ、大給恒の写真などの史料が保存されている。

以上のように、五稜郭・龍岡城の城主であった松平乗謨（大給恒）と信州臼田町との関係について述べてきた。次項から大給恒の生涯と日本赤十字社との関係について触れることにする。

4　若き日の松平乗謨

松平乗謨（大給恒）は天保十年（一八三九）十一月十三日、三河奥殿藩（のちに信州田野口藩・龍岡藩となる）の藩主・松平乗利の次男として江戸麻布龍土の藩邸において生まれた。江戸屋敷の麻布龍土は今の東京青山の乃木坂近くの東京大学生産技術研究所付近であろう。父親は藩主とはいうものの小藩であり、従五位下縫殿頭程度の位にすぎなかった。大坂加番や菊の間縁側詰の小大名であった。この次男坊が将来、江戸幕府の老中格、陸軍総裁、明治維新後には元老院議官、博愛社副総長（のちに日本赤十字社副社長）、賞勲局総裁、枢密顧問官などを歴任して後世に残る仕事をなしとげたのである。

この大給恒は幼名を三郎次郎と名付けられ、相当腕白な少年であったようである。しかし三歳のころには三字経を暗唱し四、五歳には四書五経も暗記するほど記憶力は抜群であったといわれる。

嘉永六年（一八五三）十四歳のとき名前を松平乗謨と改めて家督を継いだ（父親は前年の嘉永五年に隠退し、嘉永七年四十三歳で死去している）。この年ペリーの率いる米艦四隻が浦賀に現われ、江戸を中心に日本の国情は騒然としていた。このとき江戸の邸内を動揺させないために信州の領地から、ひそかに警備の人々を江戸に引き寄せて翌年二月に幕府の命令を受けて浦賀に出陣させている。

このことについて龍岡藩士・榎本半重著『大給亀崖公傳』によれば、「足軽二十人小者三十人、物頭田原直助を監督とし、一方の海岸を警備し、これ侯の初政にしてその処理の迅速と指揮の妥当を得たり人皆敬服せり、如何となればもし江戸藩邸の士卒を派出せしめんか、徒に動揺せしめるに至らん。之れを三河の本領地に徴さんか、距離遠くして迅速の事に応ぜず、故に信濃より徴発せしむは緩急と経済との二点も宜しきを得たるを以ってなり」と書かれている。要するに緊急事態に対処して適切な判断と指導力を発揮したのである。このとき十五歳であった。

安政二年（一八五五）七月、十六歳のときには三河奥殿に移り、翌年再び江戸に戻っている。このころは隔年に江戸と三河奥殿の領地に交替で住んでいるが、これは参勤交代の廃止令がでた文久二年（一八六二）、二十三歳まで続くのである。その間にも松平乗謨は学問への精進を忘れなかった。三河に滞在するときは中根五右衛門に、江戸では服部道之助に漢詩の詩作を学び雅号も龍岡（これがのちの龍岡城の名前に関係すると思われるが、明確な史料はない）、また龍山と呼んで上達も非常に早かったといわれる。蘭学は山脇東太郎、フランス語は入江文郎（入江元侍従長の父）に学んでいるが、その実力は前述した通りである。十九歳の安政五年（一八五八）には常陸下館二万石の石川若狭守の令姉と結婚し、翌年、長男・乗健が生まれた。

話は少し脱線するが、松平乗謨二十一歳のころ安政の大獄に続く万延元年（一八六〇）の桜田門外の変によって井伊直弼大老が襲撃された。この事件のあと老中筆頭・安藤信正は万事を穏便に処理しようと努力した。尊王攘夷派を抑えるために天皇家に手をさしのべ公武合体の方向へと動いた。それは孝明天皇の妹、皇女和宮を十四代将軍徳川家茂へ降嫁させることであった。この話は桜田門外の変の以前から井伊大老や九条関白との間で進められていたものである。最初は朝廷をコントロールするための計画であったが、結果的には反幕運動を緩和させる方策となっていった。

皇女和宮は六歳のとき、すでに有栖川宮熾仁《たるひと》親王（のちに日本赤十字社第二代総裁となった）と許婚の関係にあったが、幕府の強い希望によって降嫁することになったから大変な転換であった。これも岩倉具視らの意見によって、この機会に天皇の権力を回復させ、攘夷の実行を交換条件として降嫁に踏み切ったのであろう。皇女和宮と十四代将軍徳川家茂との婚礼は二年後の文久二年二月、江戸城において行なわれた。

一方、幕府は諸大名の離反を恐れて一大英断をもって参勤交代を廃止し、三年に一度これを勤めさせることにした。江戸在府の期間を百日として、妻子や家族の在府在国はいずれも自由の方針をとった。さらに四季の献上品や拝領品は一切廃止する方針も打ち出したのである。これが文久二年の改革であった。また幕府の要職は広く人材を登用して優秀な人材を抜擢する方針もとったのである。

たまたま文久三年（一八六三）正月、旗本津田越前守が大番頭を退役したので、後任として松平乗謨は大番頭に抜擢された。このとき二十四歳であった。この年の六月には龍岡城建設の方針が始まったが、その詳細はすでに述べたのでここでは省略する。

5　二十七歳の若さで陸軍総裁

さて話を少し戻して、文久三年三月、十四代将軍徳川家茂（当時は十五歳）は懸案事項の内外政治の諸問題について朝廷から返答を迫られて京都に上洛した。これは三代将軍徳川家光の寛永十一年（一六三四）の上洛以来、実に二百二十九年ぶりのことであった。京都の町は「天誅」と名乗った反幕派の暴力集団によるテロ事件が続発して極めて物騒であった。江戸幕府打倒の運動がさまざまな形で展開されようとしていたときである。この時期に松平乗謨は将軍の警備のために京都二条城に出向いている。また一方、家族は一時、信州田野口に移り住んでいるが、当時は江戸から信州臼田まで四十五里（約一八〇キロメートル）の道程は約八日間を要したといわれる。田口峠か碓氷峠越えの道も婦女子には大変であったに違いない。

松平乗謨は、京都において二条城西門の警戒がその任務であったといわれる。その後、再び江戸に戻って八月には大番頭から若年寄に昇進した。同時に縫殿頭に任官して鍛冶橋の官邸に住むようになった。いよいよ天下の政務に参与することになったが、内外ともに政治の多忙なときであった。幕府は前述した皇女和宮の降嫁の交換条件として朝廷から攘夷を迫られていた。また生麦事件という外国人殺害事件が偶発して厄介な外交問題もかかえていた。そこで幕府はすでに開港していた横浜を再び閉鎖しなければならない方向に追い込まれていた。

政事総裁（大老の呼称を改めた）松平大和守はこの方針を貫くために閣内の反対派の開国急進論者である板倉周防守、酒井雅楽頭、諏訪因幡守、松平乗謨縫殿頭などを閣内から追放する必要があった。政事総裁松平大和守に嫌われた松平乗謨は六月十八日に突然、若年寄の要職から免職となった。国家の重大な時期に、優れた人材を無駄にすることは大きな損失であるとして、十一日後の六月二十九日には再び若年寄として返り咲いている。しかし当時の世論としては、開国よりも再び鎖国へという考え方が強かったので自ら辞職することになった。

慶応元年（一八六五）には陸軍奉行の要職について軍務を総轄することになった。この背景には日本陸軍をフランス式に改革するために人材を必要としたのであろう。さらに若年寄陸軍用掛となり、翌慶応二年には老中格に抜擢された。このころの老中は人物が優れている上に一般には五万石以上の大名でなければ登用されなかった。幕府の会議でも、せめて一万四千石を追加して三万石にしようとしたようであるが、松平乗謨はこれを断って「国家の一大事に加俸は望まない。現在の禄で十分であるから、その分を国費に充ててほしい」というのであった。その点でも現在の政治家とは雲泥の差があるように思われる。

このころ十四代将軍徳川家茂は反幕勢力の長州を攻撃するために大坂城にいたが、病に倒れて慶応二年（一八六六）七月二十日に逝去した。このとき松平乗謨は葬儀掛（委員長）として大役を果たしたのである。同年、二十七歳の若さで陸軍総裁に就任した。

慶応二年暮に徳川慶喜が十五代将軍に就任したが、その二十日後の十二月二十九日に孝明天皇は崩御した。このとき松平乗謨は総髪となって喪に服した。翌慶応三年正月十一日に葬儀が行なわれたが、幕末の政情は内外ともに多端のときだけに十分なことはできなかった。幕府は長州攻撃に敗北し、薩長を中心とする討幕運動に対抗する方策もなくなってしまった。十月十四日、朝廷に大政奉還を申し出るために、陸軍総裁松平乗謨は海軍総裁稲葉兵部大輔とともに京都に出向いて大政奉還の交渉に尽力したのである。

その後、十一月十七日に京都から江戸に戻ったが、この重大時局に病に倒れてやむなく陸軍総裁の要職を辞任した（この後任として勝海舟が陸軍総裁となり、江戸城明け渡しの西郷隆盛との三月十三日、十四日の会談へと発展するのである）。慶応四年正月、幕府は全軍に京都進撃を命令して鳥羽伏見の戦いとなったが、近代装備と士気にまさる薩長軍は幕府軍を圧倒した。朝廷は追討命令を下し、有栖川宮熾仁親王が東征軍大総督として東海道・東山道・北陸道の三方面に分かれて攻撃を開始した。一方、十五代将軍徳川慶喜は江戸城を砲火から守るために上野の山に退いて謹慎したのである。

この慶応四年がのちに明治元年（一八六八）になるが、二月十七日に松平乗謨は信州田野口へ引き揚げた。この日に松平の姓を三河の先祖の地名にちなんで大給と改めて出直すことになった。このとき大給乗謨は二十九歳であった。信州田野口に戻って間もなく京都に派遣した家臣から「上京願いたい」との連絡を受け、三月十日に信州臼田を出発して二十日に京都へ着いた。そして幕府の要職にあった大給乗謨は謹慎処分となった。したがって藩主が謹慎となった信州田野口藩の人々も意気消沈したことは当然であろう。

このころ幕府の残存勢力が北越方面から信州へ侵入するという情報が流れた。朝廷は信州田野口藩に対して「追討に参加せよ」との命令を出した。田野口藩から四月二十日夕刻に松代へ一個小隊八十二人が出動した。小布施村付近の一戦に勝利して飯山城を固めたといわれる。さらに長岡方面に進撃して戦果をあげた。一方、上州下仁田方面からの賊の進入に備えて南牧に関門を設置したともいわれている。ここに銃卒十五人を加えて二十一人を特別に配備した。もともと田野口藩は実戦の経験がなかったが、フランス式の近代化も進み、藩主の謹慎中ということもあって少しでも功名を立てる努力をしたようである。

そして五月十三日には大給乗謨の謹慎もいよいよ赦免となった。この月の二十八日には田野口藩を龍岡藩と改名しているが、前述の青年時代に漢詩を勉強したときの雅号の龍岡にちなんで改名したものと私は考えている（旧村名では南佐久郡田口村大字田野口小字龍岡といわれるが、のちにこのような小字がついたのではないだろうか）。京都で謹慎が解除された当時は、病気のために信州臼田には二カ月ほど遅れて七月十七日に帰った。

6　恒と改名、率先して廃藩

慶応四年八月二十八日に明治天皇は即位され、正確には同年九月八日に明治と改元された。新時代の機構改革に対応して版籍奉還が行なわれていたが、当時はまだ薩長土肥のほか尾張、紀州、加賀、因幡、備中の大藩と彦根、大垣、浜松、沼津、高鍋などの数藩にすぎなかったといわれる。大給乗謨はこの年の暮に江戸に出て版籍奉還の献白書を朝廷に提出しているから、この点でも先見性を発揮している。

明治二年六月には龍岡藩知事に任命されている。その後八月二十三日には大給乗謨を恒と改名して、いよいよ大給恒となって再出発をしたのである。大給恒は十二月十二日再び藩の機構改革をして大参事・小参事以下の官職を設置した。翌三年には三度目の改革を実施して民意上達の便をはかって善政を行なっていった。さらに藩校尚友館の規則を改正して広く領民を入学させた。

明治四年にはすでに龍岡藩もすべての面で新政が行きわたって人々は喜んでいた。この年の五月に大給恒は墓参を理由に上京したが、「後を宜しく頼む」と各局長に告げて臼田を離れた。上京後は都下の事情や各藩の状況を調査してから、一室に籠もって廃藩の献上書の原稿を数日にわたって作成したといわれる。これを龍岡藩の大脇大参事に示したところ大脇は大変驚き「是非同僚数名（参事）に議せられんことを」と要請した。しかし大給恒の決意はかたく「このような一大事は多数の意見を必要としない。全く予が一己の決断にあり」といって動じなかったといわれる。

廃藩に関する上表（献上書）は漢文であるが、その内容を『大給亀崖公傳』の中から引用して簡単に要約すると次

大給　恒

の通りである。「国家の権力がようやく朝廷に復帰したが、兵力はなお各藩に分裂しており、幹が弱く枝が強い状態では国力は分離して統一を欠いている。これでは海外の強国に対峙することはできない。その意味で兵権は一日も早く陛下の掌握に帰すべきである。そして上下一致して国力を富強にすることは目下の急務である。これを行なうにはまず藩の廃止が何より必要である。そして天下の民が公義に徹し、私利を捨てて国力を統一することが大切である」というのである。この点でも、今日の政界の指導者たちは大給恒のこの卓見には学ぶべきものがあろう。

このような理由によって五月十五日に廃藩辞職の上表が提出された。六月二日付で依願免本官（龍岡藩知事）と同時に龍岡藩が廃藩となった。これによって龍岡藩所属の信濃国佐久郡一万二千三百七十四石二斗二升六合は中野県となり、三河国額田郡、加茂郡四千二百二十一石三斗七升七合は伊奈県と変わった。これは前述の大給恒の系図の四代松平乗真が信濃を領有して以来、百六十八年であり、十一代松平乗謨・大給恒が田野口へ本拠を移転してから九年にして廃藩となったわけである。

さて、この九年間が特に大給恒が信州臼田田野口と密接な関係を深めた時期であった。そして最後に廃藩を心に秘めて、「後を宜しく頼む」といい残して信州を去り、東京の旧藩邸に住むようになった。七月十二日には民部省出仕を仰せ付けられているが、これは率先して廃藩を実行した優遇処置ばかりではないように思われる。また八月二十日には左院少議官に就任して再び中央政界において活躍の第一歩が始まった。

明治五年十月八日、三十三歳の大給恒は左院の三等議官に任命された。当時は明治新政府の要人、岩倉具視、木戸孝允、大久保利通、伊藤博文など総勢四十八名が明治四年十月から二年間アメリカを回ってヨーロッパの海外視察に派遣されて明治六年九月に帰国している。そのころ外国における勲章が話題にのぼったようである。日本でも勲章に関する研究に迫られ、明治六年この方面の最適任者として大給恒ほか四名が選ばれた。大給恒はメダル取調御用掛を命ぜられ、式部寮御用掛となって賞牌調査の専任として世界の勲章を研究した。また大阪造幣寮に出張して賞牌の製造方法を計画した。このようにして賞勲事務局が大給恒の努力によって設置されたのである。これも前述したように陸軍奉行のころフランス語が堪能でフランスの軍事顧問団と直接接触してナポレオン三世より各国勲章図鑑を贈られたといわれる。これを研究して図案もすでに日本的な図柄にデザインしていたようである。

また明治八年七月には元老院議官に抜擢された。これも旧藩主ではわずか二人だけといわれる。一方、明治九年十一月賞勲事務局の副長官に大給恒は就任した。このとき長官は伊藤博文であった。翌月賞勲事務局は賞勲局となり、その後、明治十一年三月五日に賞勲局正副長官を改称して総裁には太政大臣・三條実美、副総裁には大給恒が就任することになった。

7　西南戦争のとき博愛社発足

大給恒の三十八歳のとき西南戦争が起こった。これを契機に博愛社が発足するが、その経緯について詳しく触れることにする。

明治十年（一八七七）、西郷隆盛は郷里鹿児島において反旗を翻し、熊本を中心に九州における日本最大の内乱となった。それは明治六年の朝鮮問題をめぐる征韓論者（西郷隆盛、江藤新平など）と非征韓論者（大久保利通、大隈重信など）との政府内部の対立に端を発したのであろう。結局、征韓論者は辞職して郷里に帰った。その後、江藤新平による佐賀の乱となり、さらに西南の役・西南戦争へと発展した。

西郷隆盛は参議兼近衛都督の職を辞任して鹿児島に帰った。自分を慕って集まる青年に尊皇愛国を教え、城山に私学校を開設して人材の養成にあたっていた。したがって西南戦争は西郷隆盛の本心ではなく、部下の軽率な行動によって偶発した不幸な事件であるとする説が有力といわれている。直接の導火線となったものは明治九年十二月に政府筋から鹿児島の動静を調査するために警官十人が派遣され、その一人・中原尚雄が私学校関係者につかまり、「西郷を暗殺にきた」という自白調書をとられたことにある。また政府が鹿児島の砲兵廠から弾薬を大阪に移転するという手段にでたことに反発して造船所と砲兵廠を占拠してしまった。西郷隆盛は大隅半島に狩りに出かけており、急報を受けて帰ったときには、すでに遅かった。そこで「政府へ尋問の筋あり」という理由をつけて一万三千の兵隊を率いて熊本に向かうことになった。

明治十年二月十五日は南国九州では五十年ぶりの大雪の日であったといわれる。途中、加勢するものもあって約二万の兵をもって熊本城に迫った。このとき薩摩軍の布陣は池上四郎の率いる二千余が熊本城を囲み、山鹿方面には桐野利秋、田原坂方面に篠原国幹、木留方面には村田新八の率いる各々約二千の兵が出動して激しい戦闘が開始された。田原坂の戦闘は筆舌に尽くせない悲惨なものであったといわれる。熊本城には熊本鎮台司令官・谷干城少将が三千五百の兵をもってこれに応戦した。これは明治十年二月中旬のことであった（口絵カラー写真参照）。

西南戦争における死傷者は続々発生して軍医や医療関係者は不足し、熊本田原坂はじめ戦場の悲惨な情況が東京に報告されてきた。太政大臣・三條実美、右大臣・岩倉具視らの政府関係者も率先して仲間の華族に奨励し、金品を拠出してもらい救済の費用にしようとしていた。

このとき元老院議官・大給恒は「今こそ華族の国に尽くすときである。人を勧誘してわずか一時的の篤志寄付によるよりも、一つの団体を組織して緩急に対処すべきである。当面は華族会館にある数十万円の資金をこれに充当して……」と主張したのである。華族会館の資金についての提案には反対者があって実現に至らなかったが、貴族会社の設立の構想は同調者があった。一方、佐野常民（九州佐賀藩出身）は慶応三年のパリ万国博覧会と明治六年のウィーン万国博覧会の二回にわたって代表としてヨーロッパに行っている。普仏戦争のあとのヨーロッパにおける赤十字活動について、ある程度の知識をもって帰国したに違いない。またヨーロッパ滞在中に佐賀の乱によって後輩江藤新平

元老院議官　有栖川宮熾仁親王殿下（前列中央）、**大給恒**（前列右から２人目）、**佐野常民**（中列左から４人目）**など。**

を失ったことも赤十字の創設に関連があったかもしれない。今こそヨーロッパの赤十字組織と同じものをつくろうと考えたのであろう。

ある日、大給恒と佐野常民とは元老院の一室において相談した。大給恒は貴族会社の設立の計画を語り、佐野常民は篤志救護会社の設立の構想を話し合ったのである。ここに二人の意見は完全に一致し早速計画の実行に移った。急いで創業の準備にかかり同調者の松平乗承、桜井忠興、松平信正なども協力を惜しまなかった。この団体の名称は博愛社と呼ぶことにして社則五条を決定した。その社則五条は「第一条　本社ノ目的ハ戦場ノ傷者ヲ救フニアリ一切ノ戦事ハ曾テ之ニ関セス。第二条　本社ノ資本金ハ社員ノ出金ト有志者ノ寄付金トヨリ成ル。第三条　本社使用スル所ノ医員看護婦等ハ衣上ニ特別ノ標章ヲ着シ以テ遠方ヨリ識別スルニ便ス。第四条　敵人ノ傷者ト雖モ救ヒ得ヘキ者ハ之ヲ収ムヘシ。第五条　官府ノ法則ニ謹遵スルハ勿論進退共ニ陸海軍医長官ノ指揮ニ奉スヘシ」というのであった。しかし実際に救護活動をするには政府の許可を得ることが必要であった。

そこで四月六日に嘆願書を太政官・岩倉右大臣殿宛に提出したが、嘆願書の中に書かれていた社則「第四条敵人の傷者と雖も救ひ得べきは之を収むべし」という、敵味方の区別なく戦場の負傷者を救助することについて政府は難色を示した。味方を看護することは大切であるが、賊軍も救護することは理解できないというのであった。当時、明治天皇が京都に行幸され、政府関係者の多くは京都に出張中でなかなか許可がもらえない上に四月二十三日になって却下されてしまった。

この時期にちょうど九州方面へ出張の政府命令（九州各県の旧士族の動静調査をかねた目的ではなかったか）を受けた佐賀出身の佐野常民を、ついでに九州熊本に派遣して現地において解決することになった。当時、大阪陸軍臨時病院にいた石黒忠悳《ただのり》は熊本の征討総督府の軍医部長・林紀や陸軍卿・山縣有朋らと連絡をとり、博愛社創設にできるだけ便宜をはかってもらうように交渉してくれた。熊本に着いた佐野常民は征討総督・有栖川宮熾仁親王に嘆願書を提出した。これは百二十五年前の明治十年（一八七七）である。この明治十年五月一日が日本赤十字社（当時は博愛社）の創立日とされている。有栖川宮熾仁親王は自ら戦場の実情を理解していたので、五月三日に博愛社の活動を認められたのである（口絵カラー写真参照）。

8　史料に残る歴史の真相

ここで、今まで誰も書かなかった史実を少し記述しておきたい。私の手元にある歴史史料（北野進著『大給恒と赤十字』に口絵カラー写真で掲載・紹介されている）によれば、現存する古文書は「熊本縣」と朱色で印刷された罫紙を使用して書かれている。佐野常民が東京から持参したものではなく、コピー（複写）が今日とは違って容易にできないために、現地で書いたものである。その終わりの部分には「明治十年五月三日　議官佐野常民　議官大給恒　征討総督二品親王有栖川熾仁殿」と記されている。その末尾に「願之趣聞届候事　但委細ノ儀ハ軍團軍医部長、可打合ノ事　五月三日」と朱書されている（口絵カラー写真参照）。

また、歴史史料として重要な明治十年四月六日付の嘆願書の終わりの部分には「明治十年四月六日　議官佐野常

民　議官大給恒　　岩倉右大臣殿」と墨書されている。その末尾には「願之趣難聞届候事　明治十年四月二十三日」と朱色で記載されたものが黒い墨で線引きされている。一度「難聞届」と許可しなかったものを取り消した経緯が明瞭に窺える古文書が残っている。これは前述した有栖川宮熾仁親王が熊本で許可された結果、政府は取り消したのであろう。国立公文書館に保存されている文書によれば、政府の対応は遅れ、八月一日となっていた。

さて、話を少し戻して、九州の佐野常民から詳しい報告書が東京に着いたのは六月十六日のことであった。大給恒は二十三日に太政官に上申して、二十五日に東京富士見町の桜井忠興邸に博愛社の事務所を設置したのである。

博愛社の発足によって篤志家による救護班が熊本に到着した。新しい武器と戦術によって田原坂における激戦は敵も味方もかなりの負傷者を出した。したがって戦場における軍医だけでは処理できるものではなかった。博愛社を示すマークは白地に赤の一本線を引いた「赤一字」の上側に赤丸をつけたものを用いた。これはヨーロッパにおける赤十字のマークが当時としてはキリスト教を連想することから相当の抵抗があったので、赤一字とともにこのような特別の標章・しるしを用いたのであろう。

史料によれば、政府軍の戦費は四千万円であり、兵隊六万人のうち死者六千二百人、負傷者九千五百人の多数にのぼったといわれるから相当の激戦であったに違いない。この負傷者のうち博愛社の活動によって尊い一命を救われたものもいたことであろう。博愛社の最初の救護活動は藤田圭甫という老医のほか医師二人、事務員一人、看護人三、四人のメンバーで、五十人ほどの薩摩絣を着た負傷者を治療したと書かれたものもある

そして七月下旬、大給恒は公務のため京阪地方に出張した。また佐野常民は四カ月ぶりに九州から帰京することになった。その帰途、京都において二人は会談した。今後の博愛社の組織と運営方法について打ち合わせたようである。東京における八月一日の会議には大給恒は大阪出張中で欠席したが、すでに佐野常民と打ち合わせ済みの事項について会議が行なわれた。

当日の会議の要点は、第一に救護活動は非常に困難な仕事であるから一部の人々によるだけでなく広く国民の協賛を促して結社の大目的を達成すること、第二に将来とも戦乱から免れることはないから博愛社を永く設置して社業を

東京都上野公園動物園手前にある小松宮（東伏見宮）彰仁親王の銅像

小松宮彰仁親王銅像
明治十年西南役に博愛社の名で
発祥した日本赤十字社の初代総
長・三代総裁。明治維新におい
ては鳥羽伏見の征討将軍、のち
に兵部卿・陸軍参謀総長・元帥
を歴任。親王主宰のもとにこの
地で赤十字総会が、たびたび開
かれたゆかりにより、日本赤十
字社が主となって明治四十五年
建設。作者は大熊氏広、台座設
計は岡田信一郎である。
昭和四十三年十月
台東区

拡大して今後に備えること、第三に東伏見宮嘉彰親王（のちの小松宮彰仁親王）を博愛社の総長に推戴することを決定した。副総長はさまざまな意見があってまとまらなかった。結局、大給恒の帰京を待って決定することになり、とりあえず佐野常民を副総長心得とした。その後、博愛社の発起人であった大給恒と佐野常民の二人はともに副総長に就任した。

西南戦争は明治十年九月に一応の終結をみた。博愛社は戦後処理を終えて十二月四日に総会を開き社業の拡張の方法を講じていった。明治十一年、十二年はともに正月に総会をもったが、それ以後は年に二、三回の社員総会が開かれている。とにかく博愛社の組織もある程度の形を整えていった。しかし、その反面において草創期の並々ならぬ努力があったに違いない。

平和な時代の到来とともに博愛社の活動について人々の理解は薄らいでいった。戦争の中から生まれた博愛社の事業に対して「もう戦争もないだろうに次の戦争に備える必要があろうか」という意見が支配的となっていた。大給恒、佐野常民、松平乗承、桜井忠興、松平信正、石黒忠悳などは発足して間もない博愛社の発展に情熱を傾注していった。「災害は忘れたころにやってくる」ので、博愛社のような公益事業は平和な時代に十分に準備をして不慮の災害に対処すべきであり、半永久的な組織として確立させなければ意味がないと考えていた。およそ文明とは法律制度の完備や富国強兵の政策などのみをいうのではなく、人道主義に立脚した赤十字事業や福祉事業などの発展こそ文明開化であると考えていたのであろう。

当時の博愛社の陣容は総長・東伏見宮嘉彰親王、副総長・大給恒、佐野常民、幹事・花房義質、桜井忠興、松平乗承ほかのメンバーによって運営され、その発展に努力するのである。一般の人々は博愛社に対して十分な理解をしていないのが実情であった。創立当時の協力者の中にも「平和が戻ってきたのだから……」という意見のものもあって、その拡張はなかなか容易なことではなかった。寄付者や社員としての加入者も次第に減少していった。特に博愛社の草創期にあたって大給恒と佐野常民とは協力して私財を投じて費用の不足分を充当したり、社員の拡張に全力を傾注していった。いずれにしても、明治十年の博愛社の創設から日本赤十字社と改称する十年間は、大給恒と佐野常民にとって新しい組織の誕生とその発展のために大変な努力を要した時期に違いない。

一方、西南戦争のあとの中央政界においては、薩長の勢力が強く、これに対する民間の政治運動が起こってきた。日本にもようやくヨーロッパの先進国の自由平等思想が波及し「自由民権、国会開設」の政治運動が起こりつつあった。この時期の参議兼大蔵卿の大隈重信は「明治十五年に憲法を発布し、翌十六年に国会を開設せよ」との進歩的見解をもっていた。これが伊藤博文はじめ薩長の藩閥政治家に嫌われ、ついに政界から追われることになった。その後任として薩長だけのメンバーで中央政府を固めることを気にしたのか、佐賀出身の大隈重信の先輩格にあたる同じ佐賀の佐野常民が後任の大蔵卿に起用されることになった。これは明治十三年のことであり、佐野常民五十八歳、大給恒は賞勲局副総裁で四十一歳のときであった。ともに博愛社の副総長としてそれぞれ尽力した。二人はいずれも元老院議官であったが、のちに佐野常民は元老院議長にもなっている。

9　日本赤十字社の発展に尽力

大給恒と佐野常民とはともにヨーロッパの文化や思想について理解をもっていると同時に日本の伝統的なもののよさについても優れた見識をもっていた。資金的に行き詰まっている博愛社の事業を推進して、何とかしっかりした組織につくりあげなければならないと考えていた。

明治十六年ころ、ヨーロッパにおいて万国博覧会議が開かれることになった。この会議に出席する内務省御用掛・柴田承桂や軍医監・橋本綱常に依頼して、その後のヨーロッパの赤十字活動の組織の実態を調査してもらって、十分な資料の蒐集を行ない研究していった。そして崩壊寸前にある博愛社を国際的な赤十字の組織につなげる構想を関係者はもっていたに違いない。国内的には博愛社の組織の維持費にも困っている時期だけに国外の組織と連携をもつという考え方はなかなか理解されなかったようである。

一方、この事業に対して皇后陛下（昭憲皇太后）は特別の理解を示され、毎年多額の金額を博愛社にご下賜金として寄せられることになった。このような継続的なご下賜金は全く前例のないことであった。日本赤十字社と天皇家との関係は、このようなところにも起因しているのであろう。

大給恒と佐野常民とはたゆまない努力によって、伊藤博文にも働きかけて地方長官の理解と協力を得て全国的な一大運動を展開することができた。現在、都道府県知事が日本赤十字社の支部長を担当していることもこれに関連しているのである。

こうして明治十八年ころには赤十字条約に加盟するように政府に働きかけ、明治十九年六月五日にジュネーブ条約に調印した。このことは「第五章　赤一字から赤十字へ」において詳述するのでここでは省略する。その後、明治十九年十一月十五日に赤十字条約加盟の勅令を正式に公布した。翌年、明治二十年（一八八七）五月二十日には博愛社を日本赤十字社と改称し、赤十字国際委員会に申請して九月二日に承認されている。ここに日本赤十字社は内外ともにしっかりした組織を確立してその第一歩を踏み出したのである。これは西南戦争に際して大給恒や佐野常民とが互いに協力して博愛社を発足させてから実に十年の歳月が流れた。それから今日まで百十五年、通算して百二十五年の歴史を数えるのである。このような努力の結晶として日本赤十字社は存在しているのである。

日本赤十字社と改称した翌年、明治二十一年七月十五日に福島県磐梯山が大爆発した。今日では檜原湖をはじめ五色沼のもつ裏磐梯の自然美もこのときの大自然のいたずらであるが、そこには悲しい人間の死がまつわっている。『日本赤十字社史稿』（明治四十四年十二月発行）によれば、「家屋倒潰すること四十七戸、半潰八戸、埋没四十五戸、罹災人口五百三十一名にして死者四百七十七名、負傷者五十四名を出し、尚牛馬傷つき斃れたるもの五十七頭……」といわれる大災害であった。このとき皇后陛下（昭憲皇太后）のご指示もあって、日本赤十字社の本社からは救護員を多数派遣した。これが平和時における災害救助の最初であった。その後、濃美地震、三陸地方の津波、関東大震災、台風災害など今日では災害救助のあらゆる分野で日本赤十字社は活躍している。災害救助に必要な救護員の養成、人員の確保、医療資材、器具などを常に準備しておくことが着実に実行されている。これも前述のように草創期における大給恒や佐野常民の構想の中にあったに違いない。

さて、このころ佐野常民は日本赤十字社の社長であり、副社長は大給恒であったが、このポストは明治三十五年、大給恒六十三歳まで続くのである。したがって実に二十五年間の長きにわたって大給恒は日本赤十字社の発展に尽力した。また一方においては明治二十八年（五十六歳）以来、賞勲局総裁の要職をつとめ極めて多忙であった。翌年、明治二十九年六月三十日には旭日大綬章と賞金三千円を下賜されている。また、この時期の前後二十年間にはさまざまの功績により賞金や勲章を国の内外から受領しているが、ここでは省略する。

明治四十年四月には明治三十七、三十八年の戦役の賞金として金四千円を下賜され、この年の九月に依勲功特授伯爵となっている。また明治四十二年二月二十二日枢密顧問官に任ぜられたが、翌明治四十三年（一九一〇）一月六日、七十一歳の生涯を終わったのである。ときに伯爵、正二位勲一等旭日桐花大綬章を受けている。大給恒の菩提寺は東京都渋谷区広尾五―一―二一の香林禅院であるが、墓はすぐ近くの祥雲寺にある。

10　おわりに

私が「日赤創立と大給恒」を「信濃毎日新聞」夕刊ぶんか欄に連載したのは、日赤創立百年の昭和五十二年（一九七七）五月の赤十字強調月間のときであった。それは数年後に、北野進著『信州のルネサンス』（昭和五十八年、信濃毎日新聞社発行）の中に同じ題名で収録されている。このようなテーマを選んで執筆したのは、それなりの大きな理由があった。信州の地元、佐久平の臼田町出身の作家・井出孫六が『歴史読本』「臨時増刊号（第二十一巻第十四号）幕末維新人物総覧」（昭和五十一年（一九七六）、新人物往来社発行）の中に次のような文章（原文のまま引用）を書いていたからである。

「大給《おぎゅう》恒《わたる》天保十年、三河大給松平家に生まれる。信州佐久田野口（龍岡）藩藩主。松平乗謨《のりかた》を維新とともに、大給恒と改める。幼くして神童といわれ、四歳で三字経を諳《そら》んじ、四書五経の素読を終えたといわれる盟主。初めて学を藩士武村魯助、中根五右衛門らに学んだが、のちに江戸に出て、服部蘭台に学び、龍岡の号を得た。また山脇東太郎に蘭学を、入江六郎に仏語を学び、沢村墨庵に書を学んだ。若くして江戸城若年寄から、幕末には陸軍総裁にまで進んだ。大給恒が歴史にのこしたものがふたつ。そのひとつは田野口藩にフランスの築城法に則《のっと》って、五稜郭龍岡城を築いたが、箱館のそれとともに有名。その二は、明治維新とともに賞勲局に入った大給は、副総裁から明治二十八年同総裁となった。金鵄勲章は彼の発案によったものといわれている（南佐久郡志外）〈井出孫六〉」と署名入りで記している。

発刊当時、それを読んだ瞬間に、私は「大切なものを欠落させている。これでは歴史・文化遺産を正しく伝えることはできない……」と思ったからである。その内容の誤りに対して、前述したように五稜郭・龍岡城跡に大給恒のブロンズ像が建立された。その基盤には、五稜郭にちなむ五角形の赤石に赤十字のしるしが刻まれ、「大給恒　YUZURU　OGYU　1839～1910　日本赤十字社をつくり育てた人　日本赤十字社長野県支部創立100周年記念　1989」と深く刻まれているのである（口絵カラー写真参照）。

前述したように、大給恒は幕末から明治にかけて知恵を出した。五稜郭・龍岡城をつくり、勲章をつくり、日本赤十字社をつくり育てた人物であった。この三つ（二つではない）の創造的な仕事の中で、今日につながる最大の業績・文化遺産は日本赤十字社の創設であると私は思っている。それはジュネーブ条約に裏打ちされ、百年以上にわたって、世界をつなぐ赤十字として人道的諸問題をはじめ国際的貢献に役立っている。二十一世紀の初頭にあたり、大給恒の再評価とともに、改めて考えてみたい課題である。

（第三章は「信濃毎日新聞」夕刊ぶんか欄、昭和五十二年（一九七七）五月二日～三十日に連載された論考に加筆したものである）

第四章 佐野常民・日赤初代社長

I はじめに―佐野記念館を訪ねて―

日本赤十字社の創設に大きな役割を果たした佐野常民について調査する目的で、佐賀県佐賀郡川副町早津江《はやつえ》を昭和五十一年（一九七六）の秋に訪ねてみた。そこは佐賀駅前から早津江行きのバスに乗って、五十分ほどのところであった。バスの終点・早津江から五分ほど歩いた地点に佐野常民誕生の地があった。最近、一九九八年、有明海に面した川副町には佐賀空港が開港された。佐野常民の故郷への交通アクセスは一層便利になり、隔世の感さえ覚える。

そこには、すでに家はなく百余坪ほどの土地に「佐野常民生誕地」の大きな石碑が建っていた。すぐ近くの川副町中区公民館に佐野記念館が昭和四十七年（生誕百五十年記念）から併設され、遺品・文献などの史料が蒐集展示されている。佐野記念館の史料の充実のために努力しておられた川副町中央公民館長・川添実明氏に案内をお願いした。ひっそりした記念館内を時間をかけて見せていただいたのは昭和五十一年十一月下旬のことであった。

そこでは当時発見された史料などを見る機会を得たので、それ以前に調査した内容に筆を加えて佐野常民について書くことにする。なお佐野常民に関する伝記は市販されているものはなく、川副町発行（非売品）のものだけであった。ここでは『日本赤十字社史稿』（明治四十四年発行）や本間楽寛著『佐野常民傳』（昭和十八年発行、時代社）などを参考文献にしたが、年齢はすべて満年齢を用いて表すことにした。次の項から「佐野常民の生涯」「少年時代の佐賀藩」などの順序で記述していきたい。

2 佐野常民の生涯

文政五年（一八二二）暮れも押し迫った十二月二十八日に九州佐賀藩（藩主・鍋島斉直）の藩士・下村三郎左衛門充《みつ》賢《よし》の五男として佐賀の早津江（現在の佐賀県佐賀郡川副町早津江津）に生まれた。生涯の前半には蘭学や医学などを学んだあと、家業（養子先）の医者をつとめた。また幕末から明治の初頭にかけて海軍の創設にも尽力している。しかし、このことは勝海舟ほどには知られていない。

その点について少し触れれば、当時の佐賀藩は九州を代表する三十五万七千石の大名であり、藩主は鍋島斉直とその子直正（閑叟公）であった。直正は薩摩藩の島津斉彬、水戸藩の徳川斉昭とともに尊皇攘夷の急先鋒として、天下の名藩主の一人に数えられていた人物である。この優れた佐賀藩主・鍋島閑叟公に佐野常民は非常に信頼され、本人の素質とともに後世に残る幾多の仕事を成し遂げたのである。

ペリー来航前の幕末、鎖国の日本において唯一開かれていたのは長崎港であった。それもわずかにオランダと中国（支那）の船だけが入港を認められていたのである。このような時代背景の中で、幕府は長崎の警備を肥前の佐賀（鍋島）藩と筑前博多の福岡（黒田）藩とに一年おきに交替で実施させていた。その海防の中心的人物が佐野常民であったことを思えば、幕府の要人・勝海舟以上に海軍の創設に力があったはずである。資料によれば、佐野常民は精煉方（現在でいえば理化学研究所か東大生産技術研究所のようなもの）の主任（研究所長）として軍艦の製造、砲台の建設、後には灯台の建設など多方面にわたって活躍している。

その生涯の後半において五十五歳、明治十年（一八七七）の西南戦争を契機に大給恒とともに私財を投じて博愛社・日本赤十字社の創設に尽力した。このことは「第三章　日赤創立と大給恒」の中でも触れてきた通りである。それ以来、日本赤十字社の発展に全力を傾注している。また元老院議官、博愛社副総長、大蔵卿（大臣）、日本赤十字社初代社長、農商務大臣、枢密顧問官などを歴任して明治新政府の中枢において活躍した大人物である。明治三十五年（一九〇二）十二月七日、七十九歳の生涯を終わっている。

3　少年時代の佐賀藩

佐野常民の幼名は下村麟三郎と呼ばれた。筑後川が有明海にそそぐ早津江の村において少年時代を過ごした。佐野常民の実父・下村三郎左衛門充斌は佐賀藩に仕えた勘定奉行（会計主任）であった。このころの年号は文化に続く文政時代であり、江戸では天下泰平の安逸をむさぼっていた時代であるが、諸藩の財政や一般庶民の生活は窮乏していた。

晩年の佐野常民

佐野常民の生誕地（佐賀県佐賀郡川副町早津江）

前述したように、佐賀藩は博多の福岡藩とともに、日本唯一の開港であった長崎海防の大役を幕府から仰せつかっていた。藩財政からみても、福岡藩・黒田の五十七万石にくらべて佐賀藩・鍋島は三十五万七千石と約三分の二にも及ばなかった。その意味でも佐賀藩の経費の負担は大変な状況にあった。その上に長崎港外の島々はすべて佐賀藩に属していたから、その警備にも多額の費用が必要であったはずである。これが藩の財政を圧迫したのは極めて当然であろう。

その時代にはロシアの軍艦が通商を求めて長崎に現われたり、イギリスの軍艦が制海権を利用して世界の海に出没して日本にも何かと迫ってきた。これらに関連する海防の費用も多額にのぼり佐賀藩の財政はますます窮乏していたようである。

この時期の文政十一年（一八二八）に藩主・鍋島直正（閑叟公）が十五歳で家督を継いで、財政の立て直しを期待されていた。これに全面的に協力して藩財政の再建にあたったのが佐野常民の実父・下村三郎左衛門充斌であった。鍋島閑叟公は思い切った倹約を奨励して産業開発に力をそそぎ財政再建をはかった。

下村充斌は藩主の意向にそって、公儀のほかは一切の諸礼諸式を廃止して倹約につとめた。その結果、数年にして藩の財政は次第に好転したといわれる。かつて鍋島閑叟公が家督相続した当時には、その披露のために江戸から佐賀に帰る費用にも困っていた。その財政を改革した下村充斌の功績は多大であった。のちに佐野常民が鍋島閑叟公に信任されたのも実父の遺徳とも多少の関係があったかもしれない。

実父・下村充斌の手による藩財政の再建はできたが、依然として倹約は続けられた。このことが、のちの砲台の建設、造船所の設立、軍艦の建造などにつながったのであろう。また藩の発展のためには、何よりも人材の養成が必要であると考えて、弘道館を広め、蘭学寮を興した。さらに藩士の子弟の俊才は公費によって江戸、京都、大坂、長崎などに留学させた。

このことが、のちに佐賀出身者の大隈重信、江藤新平、副島種臣、大木喬仁などの優れた政治家を世に送ったのであろう。また中牟田倉之助、真木長義などの海軍中将がそろって出たことにも関係しているようである。しかも、これら同世代の人材の先輩格であった佐野常民に藩主・鍋島閑叟公は期待と信頼を寄せていたのである。

4　下村家から佐野家へ

さて、話は佐野常民の少年時代に戻ることにする。天保三年（一八三二）十歳の春に親戚の佐野孺仙（常徴）の養子となり、このとき先代藩主・鍋島斉直公から命名された佐野栄寿となった。

佐野家は藤原秀郷から出て北関東の佐野城主となった佐野常世の末裔にあたり、徳川幕府からにらまれて分散した一家といわれている。京都で医者をやっているうちに佐賀藩にかかえられ、代々藩医をつとめた家柄である。養父の佐野常徴は藩主の侍医であった。この佐野家には佐野栄寿（常民）より前に養女に決まっていた同年齢の娘がいた。これが後の佐野常民の夫人・駒子であった。

天保五年（一八三四）佐野常民十二歳のとき、佐賀藩主・鍋島斉直公（直正閑叟公の父）が江戸屋敷に赴くことになり、佐野常徴も侍医として随行した。そのために佐野常民は実家の下村家に預けられ、藩校・弘道館の外生（小学生）として通学した。間もなく弘道館内に寄宿する内生（大学生）として勉学することが許可された。そして『論語』『孟子』、経史などの漢学を学ぶことになった。学生は大体十四、十五歳以上であったが、最年少の十三歳で許可されたのも異例であった。

また学力の向上は速く、先輩たちを凌ぐものがあり、ライバルの寮生に張玄一という人物もいた。『日本赤十字社史稿』によれば、「寮頭田中虎六評して曰く、玄一は気なり気は塞がり易し、栄寿（常民）は才なり才は支なり易し、然れども館中の俊秀この二人のみと力を尽くして薫陶せり」と書かれている。最年少の佐野常民が弘道館の秀才であったことが窺われる。このときの「才は支なり易い、つまり離れやすい」という言葉が、自分の生涯を通じて、反省に役立ったともいわれている。

5 江戸・京都・大坂に留学

天保八年（一八三七）十五歳のとき、江戸の養父母のもとへ上京した。そして佐賀出身の著名な儒学者・古賀侗庵（兄の古賀穀堂は鍋島閑叟公の御側頭であった）の門に入って経史その他の学問を学ぶことになった。当時の古賀兄弟の儒学は西洋思想も吸収した学問として、広く天下に知られていた。ここで熱心に勉学したから、その実力は相当なものとなった。当時の学頭をつとめていた津山藩出身の江木賢斉が詩文をみて「佐野常民の文章は論理も明瞭整然としており、簡にして要を得ている。十六歳でこのような名文を書くとは驚嘆に値する。殆ど添削の必要がない」と称賛を惜しまなかったといわれる。

天保十年（一八三九）、鍋島斉直公が病気のため江戸藩邸で死去した。佐野常徴は藩主の霊柩とともに木曽路から佐賀へ戻った。佐野常民は母と一緒に東海道から九州へ帰り、江戸における勉学を断念したが、家業の医学の研究は必要であった。そこで郷里の松尾塾に入って外科術を学び、再び弘道館の寮生として医学を学ぶことになった。

その後、天保十三年（一八四二）、二十歳の冬に同年の駒子と結婚した。前述したように、駒子は佐賀藩の山領丹左衛門の娘であり、すでに五歳の頃から佐野家の養女に決まっていた人との出会いであった。

弘化三年（一八四六）二十四歳の春、藩主・鍋島閑叟公の命令によって、侍医・牧春堂とともに、京都に内地留学した。そこで広瀬元恭を師として化学や蘭学を学んだ。さらに、二年後の嘉永元年（一八四八）には大坂において、緒方洪庵のもとで勉学した。塾生三十二名はいずれも各藩から選抜された秀才ばかりで、佐野常民も大いに啓発された。

塾生の中には長州の大村益次郎（当時は村田良庵といった）、薩摩の松木方庵などがいて親交を深めることができた。これが後年、日本軍隊を創設するときに大村益次郎は陸軍を担当し、海軍のことは佐野常民が専門であるといって兵部少丞に迎えられている。そして佐賀海軍を母体として日本海軍が創設されたことは、このときの親交に起因していると思われる。

話は少し脱線したが、もともと佐野家の家計は豊かではなかった。藩主・鍋島閑叟公は人材の養成に力を入れ、藩校・弘道館を拡充して蘭学、史学を奨励し、有為な人材は公私費をもって江戸や大坂に留学させた。佐野常民は佐賀の薬店舗の野中古水（のちにパリ万国博覧会に同行、パリにおいて死去）の家から学費の補助を受けていた。そのころ鍋島閑叟公は勉学の状況を聞いて、特別に御内用金から三十六両を佐野常民に与えたといわれている。これに感謝してますます学業に励み、塾生随一といわれる佐野常民の学業は大いに向上していった。

6　再び江戸留学そして精煉方に出仕

そのころ藩主・鍋島閑叟公は、長崎に対する諸外国の圧迫に対抗できる装備が必要であると考えていた。長崎の防備のためには優れた大砲や軍艦を自力で開発製造することが急務であった。以前に佐賀藩の藩医であった伊東玄朴が江戸において蘭医をつとめていた。それと同時に全国の諸藩から派遣された学生に蘭学を教えていた。鍋島閑叟公は当面必要な科学技術方面の研究を伊東玄朴に依頼していたが、連絡不十分なこともあるので、好学の青年佐野常民を伊東玄朴の象先堂塾に派遣して勉学させることにした。

嘉永三年（一八五〇）、二十八歳のとき再び江戸に向かった。伊東玄朴はシーボルトの高弟であり、佐賀藩の出身でもあった。ここで勉学した佐野常民は間もなく塾頭として伊東玄朴の代講をするほどの実力をつけていった。一方、鍋島閑叟公からは頻繁に伊東玄朴のもとに質問が寄せられてきたが、その解答はすべて佐野常民の手によって行なわれた。鍋島閑叟公が西洋の科学技術に関する情報や新知識を渇望していることを佐野常民は理解していた。そのために関連する物理、化学、冶金学、築城法などの新知識を吸収するように努力した。このころ、鍋島閑叟公はすでに長崎砲台の増設や大砲の鋳造を計画していた。やがて到来する時代に対処して、佐野常民を長崎に転学させ、精煉方においてて造船の大役を任せることになった。

嘉永四年（一八五一）、二十九歳になっていた佐野常民は伊東玄朴のもとにおける江戸留学に区切りをつけて九州に戻ることになった。長崎の海の防衛を達成する大目的のために、物理・化学の理論を究め、科学技術を応用できる協力者が必要であった。江戸から九州への帰路、京都に立ち寄って、五年前に広瀬元恭の塾で一緒に勉強したことのある知人達に会うことにした。そして蘭学・化学（爆薬製造）・器械学に精通した京都の中村奇輔、理化学に精通した但馬の石黒寛次、西洋器械技師である久留米の田中近江および田中儀右衛門父子の四人を誘って佐賀に帰った。

当時の佐賀藩は「二重鎖国」といわれ、一般の人々は藩の内外に出入りすることを禁止されていた。他国（他の藩）の人材を簡単に採用できる時代ではなかった。佐野常民は四人の扱いに困ったが、製鉄・造船などの大目的を成功させるためには、絶対に必要な人材であった。

そこで佐野常民は、蘭学拡張の仕事や造船・精煉の仕事を担当している友人の増田忠八郎を通じて鍋島閑叟公へ進言させた。「時勢は非常に切迫している。今日では藩内のものだけで世界の知識を吸収するということは偏狭ではありませんか。従来のしきたりを破って、この際、優れた才能をもちながら不遇の他国人を採用し、彼らの知識や技術を利用すべきである」と増田忠八郎は藩主・鍋島閑叟公に提言した。また同様のことを佐野常民も鍋島閑叟公に直接交渉した。

その結果、四人は藩籍に入れられ、優遇されるとともに精煉方の所属として採用された。この四人の感激はもちろんであるが、佐野常民も精煉方の主任として新事業の開発に精進した。このことは前述したように、佐賀藩が長崎警備の大役を幕府から委任され、西洋の列強諸国からの圧迫を身近に感じていたからに違いない。日本国の防衛のために、天下に先駆けて産業革命を自力で実行したのであろう。このときから佐野常民は従来の医業をやめて、佐野栄寿を佐野栄寿左衛門常民と改名した。

7　黒船来航の江戸と長崎

精煉方では反射炉（佐賀駅前に模型がある）を開発して製鉄し、鉄砲・大砲（アームストロング砲）を製造していくのである。嘉永六年（一八五三）佐野常民三十一歳のとき、六月三日ペリーの率いる黒船が浦賀に現われ、江戸をはじめ日本は騒然となった。当時の浦賀奉行・戸田氏栄は幕府にその状況を報告すると同時に、オランダ通詞をつけて黒船・アメリカ軍艦に乗りつけた。

その来航の理由を聞き、日本唯一の開港・長崎へ回航するように通告した。しかし、その返事は「わが艦隊はペリーの率いる米国艦隊で大統領の親書をもって日本国へやってきた。したがって、責任ある役人に会いたい。浦賀は江戸に近く都合がよいから入港したのである。ことの次第によっては、ペリー提督が自ら江戸城に行って将軍と面会してもよい」「もし、それができないなら砲火をもって……」と脅迫されたのである。

その情報は二週間後の六月十七日に江戸から佐賀藩へ届いた。しかし、すでに長崎防備に先見の明をもっていた佐賀では驚かなかった。「備えあらば憂いなし」とは正にこのことである。外国に勝るとも劣らない大砲の鋳造、軍艦の建造などができれば、全く驚くことはなかった。そして佐野常民は精煉方の主任として大いに研究開発の仕事に打ち込んでいった。

そのころ、佐賀へ伊豆韮山の江川太郎左衛門の手代・八田兵助が訪ねてきた。ペリーの来航にあわてて、お寺の釣り鐘を並べて大砲のように見せかけたという話もあるが、江戸幕府の国防にとって砲台の構築と大砲の製造とは緊急の課題であった。反射炉と大砲製造の技術が一歩進んでいた佐賀藩に指導を仰ぐためであったに違いない。ずっと以前、佐賀藩が長崎防衛に備えて砲台の建設をしようとしたときには、砲術の大家・江川太郎左衛門のもとに、佐賀藩から本島藤太夫を派遣して韮山で砲術の訓練を受けていた。また江戸本所の佐久間象山からも砲術の指導を受けたことがある。それから数年後、佐賀藩は逆に技術指導をする立場となった。このことは佐野常民を中心とする精煉方の人々の精力的な開発への努力の結晶であり、同時にその先見性が窺われる。

8　産業革命の推進者

幕末の風雲はまことに険しいものがあった。幕府はペリーの来航に驚き、国防の重要性を改めて認識させられた。江川太郎左衛門に海防掛を命じて品川砲台の建設を急ぎ、江戸防衛に備えるようになった。また寛永十三年（一六三六）以来、約二百年にわたって禁止されていた大型船の建造も嘉永六年（一八五三）九月に許可した。

しかし科学技術の開発は一朝一夕にできるものではない。江戸幕府はじめ諸藩では佐賀藩に技術指導を仰ぐことになった。薩摩藩からは三原藤十郎がきて砲台や蒸気船を視察した。韮山の江川太郎左衛門の部下の八田兵助が鋳造法を見学にきたことは前述した通りである。また土佐、山口、久留米、津などの諸藩からも大砲の注文がきたといわれるが、幕府の注文二百門の大砲の大量鋳造に応じることは、当時としては大変なことであった。このように佐賀藩は日本における産業革命の最も進んだ藩であり、これを推進したのが佐野常民であった。

ペリーの浦賀来航の直後の七月八日にロシアの軍艦四隻が通商を求めて長崎にやってきた。このときの長崎には、すでに佐賀藩の手によって伊王島砲台がつくられ、独力で開発した大砲が据え付けられていた。日本海の防衛は皆無に等しいと思っていたロシア艦隊もこれには驚いたようである。その点、江戸におけるペリーほどの高姿勢ではなかった。鍋島閑叟公は家臣の本島藤太夫をロシアの軍艦に派遣した。また精煉方の主任の佐野常民は、新情報の収集のために長崎奉行に願い出て、中村奇輔とともに軍艦内を視察させてもらった。

佐野常民が新しい情報を得たいと思っていることも知らないで、ロシア軍艦の乗組員は得意になって説明してくれたようである。このとき軍艦内の士官室にあった模型の蒸気機関車がアルコールランプによって動くことを初めて見た。また大砲の筒の内面が螺旋状になっていて、砲弾が安定して飛ぶことも知ったようである。ロシア軍艦も長崎に何日か停泊して長崎奉行に通商を迫ったが、交渉は難航して長引いた。一方ではヨーロッパにおけるクリミア戦争のためにイギリス艦隊の警戒をしなければならなくなった。通商交渉が成立しないまま長崎を離れることになつた。

このように日本の東西における外国船の来航は、東では浦賀の米艦ペリーが江戸の町を驚異の大渦に巻き込んだが、西の長崎ではロシア軍艦プチャーチンに対して泰然と対処した。これは極めて対照的な出来事であった。このことは江戸が政治の中心地であっても海防については全く無防備であった。長崎では佐賀藩によって、佐野常民を中心とする技術開発が進み、砲台をはじめ海の防衛に万全を期していたからである。どのような時代においても国防の重要性が窺われる。

その点からみても、幕末における佐賀藩の藩主・鍋島閑叟公の見識と、それを具体的に推進した佐野常民をはじめ中村奇輔、石黒寛次、田中近江、田中儀右衛門などの先見性と技術開発力とは優れていた。

9　蒸気船を研究

精煉方では、日本における従来の学問になかった新しい技術や機械工学の研究が進められた。それと同時にオランダ語の本を参考にしながら、実験を試み改良を重ねて製作した。精煉方は今日の理化学研究所か東京大学生産技術研究所のようなものであった。佐野常民はその所長という格であり、ヨーロッパの新知識を精力的に導入した。その部下として化学や機械に精通した中村奇輔、理化学の石黒寛次、機械学に優れた田中近江、田中儀右衛門の四人が活躍した。それぞれの適性を生かして中村奇輔は洋書を参考にしてデザインを担当した。これに石黒寛次が検討・改善を加えた。次に田中近江、儀右衛門の親子が優れた技能と精度をもって試作するという順序である。佐野常民をリーダーとするチームプレーによって研究開発が進められたのであろう。

このころの安政元年（一八五四）七月にオランダの蒸気船・軍艦スンビン号が長崎に入港した。その前年には、佐賀藩も幕府も蒸気船をオランダに注文していたが、ちょうどそのときイギリスとフランスがロシアと交戦するクリミア戦争の最中であった。そのために、軍艦や兵器などは国際法によって輸出禁止となっていた。

当時、神奈川条約の成立によって、アメリカ、イギリス、ロシアに対しては下田港と函館港を開港していた。それをオランダにも適用してもらうことを考えていた。オランダ国王の考えを日本に伝える目的と蒸気船の運転技術を指導する二つの目的をもって、ファビュス艦長の指揮する軍艦スンビン号を日本に派遣してきた。

このときファビュス中佐は佐賀藩や幕府に対して海軍を創設するように提案したといわれる。幕府はオランダから海軍の技術指導を受けることを期待していた。それと同時に造船や鋳造技術などの指導も希望していた。スンビン号は一旦オランダへと帰国の途についたが、他の一隻の小型蒸気船は帰国する様子もなかった。そこで佐野常民は藩主・鍋島閑叟公に働きかけて長崎奉行に買い取らせるように奔走した。その結果、この船は佐賀藩が借用し、中村奇輔・石黒寛次・田中近江・田中儀右衛門のメンバーで実際に調査研究させたのである。これによって蒸気船の実物に直接触れることができ、自力製作への意欲が次第に増大していった。

鍋島閑叟公も大いに賛成して協力を惜しまなかったが、藩の中には藩費を無駄使いするオランダかぶれの売国奴と批判するものも多かった。そのような中傷や悪評判の中で佐野常民は仕事を推進した。精煉方の四人は互いに協力して、蒸気船と蒸気車の模型の完成に全力を尽くした。精煉方に籠もって努力した甲斐もあって蒸気船と蒸気車の模型の試作に成功した。佐野常民は早速、登城して鍋島閑叟公の前で試運転を行なった。これを見て誰もが驚いた。その後、若き日の大隈重信は、その蒸気車の模型を見て「おれも早く日本中に走らせてみたい」といったと伝えられている。この話も明治五年には大隈重信によって、東京新橋〜横浜間に汽車が開通したから全くの作り話でもないようである。

ちなみに、この蒸気車は昭和三十四年（一九五九）鉄道記念物に指定された。東京秋葉原の交通博物館に昭和四十八年まで展示されていたが、現在は佐賀県立博物館に移管されている。そこには蒸気車と蒸気船二隻が保存されている。また、これと同一の模造品は佐野記念館と交通博物館にも展示されている。

蒸気車と蒸気船の模型が日本人の手によって最初に完成したのは、安政二年（一八五五）八月のことであった。今日も保存されているが、この方面における先覚者が佐野常民であったことはあまり知られていない。

精煉方で試作に成功した蒸気船の模型

鉄道記念物に指定されている蒸気車

10 佐賀海軍の要職につく―勝海舟より先に長崎伝習所へ―

このころ、安政二年（一八五五）六月、再びオランダの軍艦スンビン号がゲーテ号を伴って長崎港にやってきた。これは前年のファビュス中佐の提案による海軍技術を伝習するためであった。幕府は軍艦の訓練以外にも造船、大砲の鋳造法、兵式教練、鉄砲の取り扱い方などの訓練を期待していた。その他、航海に必要な地理学、測量学、機関学、砲術など多方面の指導を希望していた。

このとき、幕府は長崎防備の責任をもつ佐賀（肥前）福岡（筑前・博多）などの諸藩にも特に伝習を許可することにした。佐賀藩からは佐野常民を主任として中村奇輔、石黒寛次、田中近江、田中儀右衛門（以上四人は変名した）、福谷啓吉、馬場磯吉などを選び、火術方から本島藤太夫を主任として石田善太夫、田中源右衛門、中野助太郎、島田栄之助、伊東兵左衛門などが選ばれて参加した。

一方、幕府からは少し遅れて勝麟太郎（海舟）が海軍伝習所に学生監として派遣されてきた。佐賀藩の関係者（四十八人）は七月一日から軍艦に乗り込んで、佐野常民を中心に伝習を受けていた。すでに日頃から研究を重ねて、ある程度の予備知識をもっていた。佐賀藩のものは幕府や他藩のものと比較して技術の向上も優れていた。このとき佐野常民は三十三歳であった。このように三十代の佐野常民は佐賀海軍の仕事に深く関係していくのである。

安政四年（一八五七）二月、オランダへ幕府から注文していた蒸気船が、長崎港に到着した。これは長崎奉行所に引き渡され、咸臨丸と名付けられた。日本へ最初に輸入された軍艦となったが、のちに勝海舟を乗せてアメリカへと渡航したことはよく知られている。安政四年六月、佐野常民三十五歳のとき、鍋島閑叟公から精煉方に対して国産初の電信機の製作を命じられた。中村奇輔などの協力によって完成した。技術史的にみても、これが現存していないのは誠に残念である。

一方、幕府より先に佐賀藩がオランダに注文した蒸気船がなかなか到着しなかった。この年の十月にオランダの帆

佐賀藩海軍と日本海軍の発祥の地となった三重津（現在の早津江）**海軍所跡。現在は民有地となっている。**

船が長崎に入港したので、佐野常民はこれを調査して買い入れを決定した。これは飛雲丸と命名され、佐野常民が船将（船長）となっている。翌十一月には佐賀藩として新造船が計画され、翌年には晨風丸として進水している。また前述したオランダに注文し到着が遅れていた蒸気船・軍艦が安政五年（一八五八）末に到着した。全長四五メートル、幅七・八メートル、一〇〇馬力の内輪船で時速五ノット、八〇〇トンの砲艦であった。こうして佐賀海軍は電流丸、飛雲丸、晨風丸を主艦として編成された。

そのころ、鍋島閑叟公は江戸に滞在中であった。折りを見て、井伊直弼大老に進言した。「長崎は昨今、外国船の入港で混雑するようになったので、天草島を佐賀藩にお預け願いたい。ここに軍艦の碇泊所を設けると同時に、天草の産物を開発して産業を興し……」と遠大な構想を提言したようである。井伊直弼大老も共鳴し、内諾をしたといわれるが、この計画は桜田門外の変によってご破算になった。結局、筑後川の河口、三重津（佐野常民の誕生地・早津江の別名）に海軍所と造船所を設けることになった。このことは佐野常民と海軍との結びつきを一層深めていったように思われる。

順調に進む佐野常民にもよい話ばかりではなかった。安政六年（一八五九）、三十七歳のとき、機材購入の課税率を負けさせるために、長崎奉行所の役人を酒席に招待して交渉したりした。これは実際には藩の経費を節約する目的であったが、数々の誤解を生むことになった。この事件は製鉄機械の購入代金として、請求書に十二万五千両と約三倍の金額が記入されていたことに関係していた。これが契機となって佐野常民は摘発され、謹慎一カ月の処分を受けることになった。しかし、請求金額十二万五千両は通貨一分銀による額で記入され、正金に換算すれば三万両であることが、請求者のオランダ領事・キリシウスという男によって確認された。それは手続上のミスであることがわかり、佐野常民は再び海軍の要職に復職した。

万延元年（一八六〇）、三十八歳のころには、幕府の所有になっていた観光丸を、長崎奉行所や幕府関係者には運転できる人材がいなかった。結局、佐賀藩に委託することになった。こうして佐賀海軍の編成はますます充実した。佐野常民は観光丸の船将（船長）を命じられ、助役（副船長）は真木長義（のちの海軍中将）であった。文久元年（一八六一）三十九歳のとき、前述した三重津の海軍所に汽罐製造所が併設され、海軍取調方付役に就任した。

文久三年（一八六三）三月、蒸気船の製造が鍋島閑叟公の命令によって開始された。三重津の造船所も、すでに軌道に乗っており船の建造が精力的に進められた。全長一八メートル、一〇馬力の小型船であったが、見事に進水した。これは凌風丸と命名され、日本で建造された最初の蒸気船となっている。ときに佐野常民は四十一歳であった。

11　パリ万国博覧会に洋行

慶応三年（一八六七）四十五歳のとき、佐野常民はパリ万国博覧会に佐賀藩の責任者として参加することになった。ヨーロッパにおいて、ナポレオン三世が自分の業績を国の内外に示すためにパリ万国博覧会を計画したのであろう。各国の国王や政府代表をパリに招いて、フランスの外交的効果をあげるためであったかもしれない。

一方、幕末の日本では倒幕の世論に押されていた徳川幕府は、是非これに参加して、日本の政治権力を握っていることを示す絶好の機会であり、将軍・徳川慶喜の名代として弟・徳川昭武が派遣された。また各藩に対しても国産品の出品を奨励したが、結局、佐賀藩と薩摩藩とが参加することになった。佐賀藩ではちょうどオランダに軍艦を注文しているときでもあり、佐野常民が最適任者であることから、佐賀藩の責任者として派遣することになった。

佐野常民は以前からヨーロッパの実情を知りたいと思っていた。そして医学の方面で親交のあった薬店舗の経営者・野中元右衛門を同行することになった。野中は号を古水といい、学識があり商才にたけていたので、将来、日本が外国と貿易をする上からも、その方面の人材を佐野常民は必要としていた。野中古水は健康には恵まれなかった。家族は心配して渡仏は思いとどまるようにすすめたが、本人は是非行きたいということで一行に参加した。結局、パリにおいて客死したのは残念である（佐賀市善定寺には碑が建てられ、佐野常民の碑文が刻まれている）。

佐賀藩の一行は佐野常民、野中古水、野中の腹心・深川長右衛門（長崎で雑貨貿易を営んでいた）、佐野常民の部下として精煉方の藤山文一、通訳方の小出千之助の五人であった。

慶応3年（1867）**パリ万国博覧会に洋行した佐賀藩の一行　佐野常民**（前列中央）、**野中古水**（前列右）、**小出千之助**（前列左）、**深川長右衛門**（後列右）、**藤山文一**（後列左）　〔佐野記念館資料による〕

12　パリで友人野中古水を失う

慶応三年（一八六七）三月八日、佐野常民の一行は幕府の一行より遅れて英国汽船ヒーロン号に乗って長崎を出発した。香港、サイゴン（現ホーチミン）、シンガポールからインド洋、紅海を経て、四月二十八日にスエズに着いた。スエズ運河のできる以前の話であるから、ここから陸路を蒸気車に乗った。カイロを経てアレキサンドリアに出ている。地中海は船便もよかったので、船に乗り継いで五月五日にマルセイユに入港した。

その夜はホテル・デ・ユニブルに泊まった。領事ゴルトの家に招かれたりして、ヨーロッパの第一夜を過ごした。その後、同行した深川長右衛門が病気のため、佐野常民は一行より早くパリに到着した。フランス政府関係者や幕府の徳川昭武に挨拶した。他のものは十二日にパリに到着したが、佐野常民が最も頼りにしていた野中古水が急病になり、ホテル・デ・ユニブルの一室において永眠した。

このことは佐野常民にとって大きな衝撃であった。野中古水をどうしたらよいか、想像しても大変なことである。すべては案内役の領事ジュレイに一任し、翌日パリの南にあるへーラセースに葬ることになった。この葬儀には一行のほかに久留米藩の柘植善吾、備前藩の花房義質（のちに日本赤十字社第三代社長）、その他数人の外国人がいたといわれている。私の想像によれば、フランス赤十字社の関係者が協力してくれたかもしれない。花房義質の外遊記録によれば、「今日野中を送る路に逢うもの貴賤の別なく皆帽子をとりて礼を加う。柩を送るものに必ず礼をするは仏国一般の風習にしてキリスト教の国の習慣である」と書かれている。

人情は洋の東西を問わず厚いものであることを実感したに違いない。それにしても佐野常民が野中古水によせた期待も大きく、博覧会の経理面をはじめ海外貿易の計画など彼の才能に期待していた。その悲しみは筆舌に尽くせないものがあったと思われる。

パリ万国博覧会はすでに開会されていた。佐賀藩の出品物は幕府のものと並べて陳列されていたが、薩摩藩は別の場所に陳列するという状況であった。このことは幕府と薩摩藩との対立を率直に示しており、幕府と対等の立場で参加したことでもある。薩摩藩の岩下佐次右衛門ら一行は、薩摩琉球国の特使として徳川幕府より半年も早く出発し、会場などの準備をしていた。そのため諸外国は開港、貿易などの外交交渉を日本のどことすればよいか迷ったほどである。

13　仏・蘭・英から帰国

パリ万国博覧会のあと、佐野常民は他のものに残務整理を任せてオランダに立ち寄った。前述のように、佐賀藩から注文の軍艦建造を交渉した。オランダでは、すでに長崎で親交があったバビュースという人物が帰国しており、海軍の責任ある地位についていたので、交渉も順調に進んだ。このときの軍艦は日進艦と命名され、のちに佐賀藩から朝廷に献上されることになるものである。これは当時の日本の最優秀の軍艦として、明治十年まで海の防衛に活躍した。

さて、オランダにおける重責を果たした佐野常民は、帰途イギリスにも立ち寄った。ここでは産業革命以後のイギリスの実情を視察し、特にイギリスの造船、製鉄技術などの工業方面の知識を吸収して帰国したようである。明治維新を目前にした時期に、フランス、オランダ、イギリスなどの先進国の情報や知識を広く吸収し、慶応四年（一八六八）の春に帰国した。佐野常民にとって幾つかの仕事が待っていた。その一つが海軍創設の仕事であった。

そのころ十五代将軍・徳川慶喜は大政を奉還し、約七百年ぶりに政治権力は天皇に復帰した。しかし、兵力の実権がない状態では反革命が起こるかもしれない。これを最も心配した男は土佐の坂本龍馬であり、慶応三年には「御親兵」の建議をしている。また西周助は諸藩の軍備制限を主張した。明治元年十月には、二十七歳の兵庫県知事・伊藤博文が北越・会津方面の鎮定軍をそのまま朝廷の常備軍に編成することを建議した。それらの提案は諸藩の長老達によって一蹴されてしまったが、間もなく長州の大村益次郎と佐賀の佐野常民によって推進されることになった。

14　陸軍の大村益次郎と海軍の佐野常民

佐野常民と大村益次郎とは青年時代に大坂の緒方洪庵の塾において、寝食をともにして勉学した旧知の関係である。明治元年、大村益次郎は京都において国軍の統一をするために奔走していた。各藩から人材を集めて西洋式の軍事訓練を指導する兵学寮の開設を準備中であった。

一方、佐野常民は京都に滞在中の佐賀藩主・鍋島閑叟公に帰国報告をするために出向いた。これを知った大村益次郎は旧友・佐野常民に「長旅のお疲れご慰労かたがた是非一夕西洋事情について拝聴したい」という手紙を送ってきたといわれる。二人は京都の料亭において、何年ぶりかの旧交を温めることになった。しかし、昔の思い出話よりも、昨今の日本の国情、パリ万国博覧会をはじめ西洋事情について話したのであろう。

その会談において、佐野常民が佐賀藩海軍の権威者であり、今回の洋行もオランダに軍艦を注文する任務があったことを知っていた大村益次郎は、「佐野君、これからは政道を全うするには、どうしても兵馬の権限を朝廷の手に収めなければならない。それには、今後は武士階級を廃止して、君のいうような徴兵制度によって、士農工商ともに等しく軍人になる道を講ずる必要がある。そこで陸軍の方は拙者も大体の計画は立つが、海軍の方となると皆目見当もつかない。その方面は何といっても佐賀が一番である。ひとつ大村を助けると思って、海軍の建設をやってもらえまいか」とのことであった。

これに対して、佐野常民は「それは願ってもないことである。長州は薩摩とともに朝廷のために尽力しているが、東北の変も間もなく鎮定すると思います。そのときに佐賀の一微禄の臣である拙者にも大業の一端を与えていただくことができれば望外の幸せです。是非よろしくご推輓の程お願い申し上げます」ということになったのであろう。これが一つの大きな契機になって日本海軍の創設に関連するのである。

15　海軍創設そして兵部省から工部省へ

幕府の海軍総裁・榎本武揚の考え方と陸軍総裁・勝海舟（大給恒の後任）の江戸城無条件開城の見解とは異なっていた。これが函館五稜郭の戦いにつながることは今さら書くまでもない。函館五稜郭の戦いが終わったころ、佐野常民は海防の重要性を強調した海軍建設の建白書を政府に提出した。これは、おおよそ次のような内容であった。

維新のころ、海軍の創立が最も重要であったが、昨今、海外の諸国は海軍を増強している。日本は海上に孤立している国であるから、海軍を備えないと極めて危険である。したがって、一刻も早く左記のことが必要である。

一、府藩県は賦入高の五分の一を海軍の費用に充てること。
二、海軍局をもうけること。
三、海軍学校を建て、士官の教育の道をつけること。
四、水兵の訓練をすること。
五、造船、修船など適地を選んで経営すること。
六、軍艦は政府における新造船と西洋への注文船の両方でいくこと。
七、海軍は莫大の費用を要するので、効果のあがる方法によって正確な予算を立てて施設・設備を計ること。

以上が佐野家に伝えられている史料の概要である。海軍創設について、優れた見識をもって建白書を提出していた。このとき明治三年（一八七〇）佐野常民四十八歳であった。

このように海軍創設に尽力した佐野常民は、軍艦の配備とともに最も力を入れたのが人材の養成であった。そのために、東京築地の元広島藩邸に海軍操練所を開設してイギリス式の訓練を実施した。これはヨーロッパ視察のおりにオランダよりもイギリスが海軍では一歩進んでいることを知っていたからであろう。この海軍操練所は海軍兵学寮（のちに海軍兵学校と呼ばれ明治二十一年に江田島に移転している）と改称された。兵部大丞・川村純義が兵学頭（校長）を兼務したが、実質的には佐野常民が学科と実習訓練などすべてを担当していた。

その意味でも、佐野常民は佐賀藩海軍の先覚者であり、日本海軍の創設者といってよい。また、幕府の海軍には榎本武揚・勝海舟などが関連しているが、榎本武揚は前述した函館五稜郭の戦いに関係しているので、勝海舟が最初の海軍卿（大臣）に就任している。さらに海軍操練所の兵部大丞・川村純義は薩摩藩の海軍の代表者として日本海軍の草創期に活躍した人であったが、それ以上に佐野常民は重要な人物であった。

海軍創設が軌道に乗ったころに佐野常民を排撃しようとする陰謀があったようである。明治維新後の日本では、薩摩と長州の勢力が圧倒的に強い時期であり、藩閥の勢力争いの中で佐賀藩の佐野常民に対する事件が起こった。横浜に来航する外国商人から器材を購入する場所（現在の貿易商社のようなところ）があって、そこから賄賂を受け取ったというのであった。

この事件は、佐野常民が優れた見識をもって海軍の整備を推進したことに対する薩摩・長州の佐賀への反発に原因があった。その点では何時の時代も同様な汚職事件が持ち出されるものである。その事件を契機に佐野常民は海軍の仕事から離れたが、賄賂問題は全く事実無根であったことが理解され、兵部省から工部省の仕事に移ることになった。その後、明治四年一月八日、藩主・鍋島閑叟公が病気のため他界した。これは佐野常民にとって大きな衝撃であった。しかし、その悲しみを乗り越え、新しい仕事に従事していった。それは灯台の建設の仕事であった。新しい時代の幕開けとともに外国貿易が盛んになり、海の交通のための灯台が必要になってきた。海軍に関係した佐野常民は早速調査して仕事を進めた。今日でも活躍している観音崎、犬吠埼、潮岬、下田神子元島などの灯台は、佐野常民の立案によって建設されたといわれる。明治四年五月には工部権少丞になり、八月には少丞に、さらに工部大丞兼灯台頭に昇進した。このとき四十九歳であった。

16　再び欧州へ洋行

明治四年十月には岩倉具視、木戸孝允、大久保利通、伊藤博文など政府要人四十八名がアメリカを経由してヨーロッパ諸国を視察し、明治六年九月まで二年間、日本を留守にしていた。このとき佐野常民は才能をかわれ、工部省の仕事だけでなく諸官庁の仕事を手伝っていた。

明治五年（一八七二）、五十歳になった佐野常民は翌年に行なわれるウィーン（オーストリア）万国博覧会の準備に多忙であった。すでにパリ万国博覧会を経験していた関係から、博覧会総裁・大隈重信を助けて、副総裁としてオーストリアに行くことになった。このとき平山威信（のちに日本赤十字社第五代社長）も係として同行した。また佐野常民はオーストリアとイタリアの弁理公使を兼務して渡欧した。前回の慶応三年のパリ万国博覧会のときには、羽織り袴にチョンマゲ姿であったが、今回は洋服姿で髪も七三に分けたといわれる。

ウィーン万国博覧会における展示物は陶器、絹織物をはじめ美術工芸品が多く出品され、海外でも評判がよかった。ウィーン万国博覧会が終わったあと、佐野常民はオーストリアとイタリアの弁理公使としてローマに滞在した。ここではシーザーたちがつくりあげたローマの都市の美に直接触れた。古代ローマの文化遺産や中世のレオナルド・ダ・ヴィンチ、ミケランジェロの作品を見ることもできた。のちに美術団体の会頭になるのも、そのときの体験が役立ったのかもしれない。

日本の良さを改めて認識したように思われる。たとえば、ローマの石造りの文化と日本の木の文化の違い、水と緑の豊かな日本、土と太陽に恵まれた気候風土など西洋と違った長所に気づいたのであろう。慶応三年の一回目の洋行ではヨーロッパの物質文明に驚き、これを日本に輸入しようと考えたが、二度目の洋行では日本のもつ伝統的な良さを再認識したようである。さまざまな国際的体験をした佐野常民は、二度目の洋行を終えて帰国したのは明治七年（一八七四）七月、五十二歳のときであった。

翌年、明治八年七月、元老院議官に任命され、明治の新政府の中枢において活躍することになった。明治維新の急激な変化につれて、西洋文明の模倣の方向に動いていた政府に対して、幾つかの重要問題を建議した。たとえば、財政上の理由から国有林を払い下げ、伐木を勝手に行なわせる布告が出た直後に、佐野常民は「森林の乱伐は日本の自然美を破壊するだけでなく、洪水による災害に発展する」ことを指摘し、これを撤回させている。これは今日における自然保護の問題にもつながる先見性といってよい。

17　ヨーロッパ滞在中に佐賀の乱

話は少し戻るが、佐野常民がヨーロッパ滞在中の明治七年二月に郷里の佐賀では不幸な事件が起こった。優れた藩主・鍋島閑叟公が死去して三年目の混乱であろうか。すでに明治の新政府には佐賀出身の大隈重信、副島種臣、江藤新平などが活躍していた。前年の明治六年、朝鮮問題に関連して非征韓論の立場をとった岩倉具視、大久保利通、大隈重信、伊藤博文などの派閥があった。これに対して征韓論を唱える西郷隆盛、副島種臣、後藤象二郎、板垣退助、江藤新平などの征韓論者は敗北した。西郷隆盛はじめ江藤新平などは郷里にそれぞれ帰った。

大隈重信は佐賀出身とはいいながら、海外事情を理解していたためか、大久保利通と同じ意見であった。また温厚な副島種臣も軽率な行動はとらなかったが、短気な江藤新平は佐賀の乱を起こして政府軍と戦うことになった。敗北した江藤新平は鹿児島に西郷隆盛を訪ねた。西郷隆盛は宇奈木温泉に静養中であったが、そこで二人は密談して別れたといわれる。江藤は宮崎から四国・愛媛を経て高知から徳島に入るときに逮捕されて斬罪に処せられた。江藤新平が西郷隆盛を訪ねた目的は明確でないが、西郷隆盛に助力を頼み失敗して土佐の板垣退助を訪ねたのであろうか。この事件も佐野常民がヨーロッパ滞在中でなければ、その影響力から推察して別な展開になっていたかもしれない。

佐賀の乱を一つの転換点として薩摩・長州・土佐・肥前の藩閥均衡から土佐と佐賀の勢力が後退したが、大久保利通、大隈重信を中心とする方向へ移行していった。参考までに当時の内閣を列記すれば、大隈重信（大蔵）、大木喬仁（司法）、勝安房（海軍）、伊藤博文（工部）、寺島宗則（外務）、大久保利通（内務）、木戸孝允（文部）、山縣有朋（陸軍）という陣容であった。

いずれにしても、文明開化とともに激動する日本は産業振興と富国強兵政策が進められていった。明治十年を一つの節として第一回内国勧業博覧会を開催することになった。佐野常民はこの方面の権威者として、その準備に多忙であった。博覧会は八月二十一日から十一月三十日まで、東京上野を会場として各府県の特産品を集め、特産館・発明館・美術館に展示開催された。しかし、一方では二月に、西南戦争が突発的に起こった。このとき佐野常民五十五歳であった。

18　政治の要職を歴任

明治十年（一八七七）西南戦争を契機に博愛社が発足し、日本赤十字社へ発展した。その経緯は、すでに「第三章日赤創立と大給恒」において詳細に記述してきた。ここでは重複をさけて省略し、その後の佐野常民の経歴に触れておきたい。

明治十一年（一八七八）五十六歳のときには、大給恒とともに博愛社・副総長に就任していた。翌明治十二年に美術団体龍池会（上野不忍池の天龍山生池院を会場にしたので名付けられた）をつくって会頭になっている。のちに明治二十年に日本美術協会となり、さらに文展（文部省美術展覧会）、帝展（帝国美術院展覧会）、日展へと発展する母体であった。この方面でも佐野常民は先覚者であった。

明治十三年二月には大隈重信の後任として大蔵卿（大臣）に就任した。この時期は西南戦争のあとのインフレ的経済に対して、物価騰貴を抑えて財政の安定に努力した。このことは佐賀藩の財政を立て直した実父・下村充斌の努力にも似ている。やがて明治十四年の政変により、大蔵卿を一年八カ月で辞任したが、この年に元老院副議長となり、翌明治十五年（一八八二）六十歳のとき元老院議長の要職に就任した。

佐野常民の墓（東京青山墓地）

その後、明治二十年（一八八七）、六十五歳のとき、日本赤十字社の初代社長になり、子爵を授けられた。翌明治二十一年四月、枢密顧問官に任命された。明治二十五年七月、七十歳のとき農商務大臣となった。このように政治の要職にある一方、日本赤十字社の発展のために、東奔西走して組織の確立に尽瘁したのである。明治二十八年には勲功によって伯爵、従二位に叙せられている。七十三歳の高齢とはいいながら、ますます精力的に活動していった。明治三十五年（一九〇二）十月、日本赤十字社創立二十五年記念式典において、佐野常民社長は大給恒副社長とともに名誉社員に推戴された。この年の暮、十二月七日、東京三年町の邸宅において七十九歳の生涯を終えた。墓は東京青山墓地にあり、正二位旭日桐花大綬章を授けられている。

以上のように日本赤十字社の創設に関係した佐野常民について、あまり知られていない断面について書いてきた。二十一世紀の初頭にあたり、「温故知新」改めて佐野常民の生涯を偲んでみた。そして日本赤十字社法にある「……赤十字の理想とする人道的任務を達成することを目的とする」（第一条）、「……世界の平和と人類の福祉に貢献するように努めなければならない」（第二条）などの条文を想起しながら、この百年以上の歴史の流れが、次の百年に向かって平和のために大きく発展・貢献することを願っている。

（第四章はアンリー・デュナン教育研究所から昭和五十二年（一九七七）に発行された自著『日本赤十字社をつくり育てた人々―大給恒と佐野常民―』の一部に加筆したものである）

第五章　赤一字から赤十字へ
―ジュネーブ条約加盟の前後―

I　「人道」と「中立」の標章

赤十字が一八六三年（文久三）、スイス人のアンリー・デュナンの提案によってジュネーブにおいて創設された。このことは「第一章　赤十字のふるさと」「第二章　アンリー・デュナンと赤十字」で触れてきた。今日、世界の独立国一九一カ国（二〇〇三年四月末現在）のうち一九〇カ国がジュネーブ条約に加盟し、一七九カ国に各国赤十字社・赤新月社（赤十字社一四九カ国、赤新月社三〇カ国）がつくられている。参考までに国連加盟国は一九一カ国である。赤十字をつくり育てた国・スイスとバチカンとは国連には加盟していなかった。

二〇〇二年三月三日のスイス国民投票（賛成五四・六パーセント）の結果、国連に加盟することになった。国連に加盟しても局外中立をつらぬく方針といわれる。百九十番目の国連加盟国によって「人道」「中立」をかかげる「ジュネーブ条約」が、いよいよ世界的課題となろう。国連とは何か、その役割が改善されるに違いない。

日本政府がジュネーブ条約に調印したのは明治十九年（一八八六）六月五日のことであった。この調印を一つの節目として明治二十年五月二十日に日本赤十字社と社名を改称し、名実ともに国際的関係をもったのである。

ちなみに日本赤十字社の前身・博愛社の創設は明治十年（一八七七）五月、西南戦争を契機に佐野常民や大給恒などの尽力によることは、すでに書いてきた。しかし博愛社から日本赤十字社へと質的転換をはかる時期について、日本赤十字社発行の資料、たとえば『日本赤十字社発達史』（明治四十一年発行）や『人道―その歩み　日本赤十字社百年史』（昭和五十四年発行）などに記録されていない未知の史実が存在している。しかも後者はジュネーブ条約の調印の日付、明治十九年六月五日を記録していない。ジュネーブ条約の政府調印を抜きにして日本赤十字社は存在しない。さらにジュネーブ条約を忘れて赤十字の意味はない。

ここに赤一字から赤十字に転換する草創期の先覚者の努力と知恵を探りながら、赤十字の意味を改めて考えてみたい。赤十字活動は今日、赤十字国際委員会（戦時活動の中心）や赤十字社・赤新月社連盟（平時活動の中心）を中軸に、世界的人道的諸活動を総称しているといってよい。いずれもジュネーブに本拠をおいている。しかし、赤十字の標章が何を意味しているか一般には正確に知られていない。かつて明治時代に世界の後進国であった日本では病院事業、赤十字社病院を開設したから病院のマークであると誤解している人も多いようである。

赤十字の基本的な原則は、赤十字国際委員会のピクテという人物によって研究・明文化されてきた。その諸原則が公表されたのを契機にして、大いに議論が深まり今日では「人道、公平、中立、独立、奉仕、単一、世界性」の七つの原則を行動の基準として定義している。一九六五年（昭和四十）の第二十回赤十字国際会議において採択された。この中で「人道」「中立」のもつ意味が重要である。

前者の「人道」では、ヒューマニティーの原点を人々に幸せをとはいっていない。幸せの程度は個人によって価値判断の基準が違うからである。そこで「苦痛と死に対して闘う」と定義している。人間は身分の貴賎に関係なく、苦痛と死とは誰でも共通に直面する問題である。これを軽減させるために最善を尽くすのが赤十字精神であろう。

そして赤十字の標章・しるしは「中立」の象徴として優れた価値をもっている。かりに戦争の極限状態においても、赤十字のしるしを掲げているものは攻撃から除外する約束であり、これに「中立」と呼ぶ法的条件を与えればよいという新しい価値の創造から始まった。ここにジュネーブ条約に発展する赤十字の創設者アンリー・デュナンの天才的発想があった。

すでに百余年を経過し、全世界に定着している赤十字の標章でも、ときにはジュネーブ条約の精神に関する無知から、日常的に使われている場合が見られる。たとえば、運動会の救護所に安易に用いられるのはジュネーブ条約違反といえる。このことは平和国家をめざす日本の教育の中にジュネーブ条約や赤十字に関する適切な教育が欠如しているからであろう。赤十字の標章が正しい形で日本に導入されたのは、前述したジュネーブ条約調印の時期がその出発点である。

しかし、博愛社の草創期には赤一字の上に赤丸をつけていた。ジュネーブ条約に加盟前の日本の陸軍の衛生兵が用いていたのは口絵カラー写真のように赤一字のしるしであった。これは後述するように、私が一九七七年八月にジュネーブの赤十字国際委員会において発掘した外務省の秘密文書の中にも、「赤十字のしるしについて今は困難が存在しないことを……」と書かれているように、赤十字のしるしが日本では宗教上の困難があったことを示唆している。

ことに十字架との誤解を避けてきた赤一字は、明治四年以降に軍医頭・松本順（良順）の配慮によって採用されてきた。のちに縦一文字を追加して十字に転換させる関係者の努力と先見性をここに想像するのである。博愛社のしるしは前述のように赤一字の上側に赤丸をつけていたが、これもジュネーブ条約調印とともに赤十字に発展したのである。

以上のように明治初期には、赤一字から赤十字への模索と昏迷の時代があったことを率直に示している。しかし困難な時代を経過して、ジュネーブ条約調印以後に正しい意味をもつ赤十字のしるしが定着していくプロセスの一断面である。今日、苦痛と死に対して闘う「人道」を支える「中立」の標章こそ赤十字であるが、これを一八六四年以来つくり育ててきたのがスイスの赤十字国際委員会（ＣＩＣＲ・ＩＣＲＣ　スイス人だけで構成）である。永世中立国スイスは国連に加盟していなかったが、優れた知恵が小さな国スイスの大きな魅力を形成しているのであろう。

スイス国旗の色を逆にした赤十字の旗は、日本国旗・日の丸の旗とどこか似ているが、日の丸に平和国家の象徴として新しい価値を創造する知恵が必要である。それは赤十字活動を通じて国際社会に奉仕・貢献する道の選択であろう。日本赤十字社と日本政府とは海外援助のための日本基金を赤十字国際委員会に創設できないものであろうか。

2 赤一字とともに

明治維新後の日本の近代化は産業、技術、文化などあらゆる分野に展開されたが、赤十字の創設もその例外ではなかったように思われる。しかし、それが赤一字から赤十字へ飛躍するまでには約二十年の歳月を必要としていた。

慶応三年（一八六七）のパリ万国博覧会は日本の近代化路線の情報収集の出発点となったといってよい。そのとき会場には赤十字のパビリヨンもあったといわれ、アンリー・デュナンが表彰されている史実がある。この博覧会に参加した徳川昭武一行や佐賀藩の佐野常民などは、どのように見聞を広めたか今となっては聞く術がない。

これが明治期の名医・松本順に関するエピソードによれば、明治五年に松本順が軍医寮の旗の選定を命じられたとき、林紀や石黒忠悳と協議の上、赤十字を書いて提出したというのである。これが太政官（今の内閣）や首脳部の間で問題になった。日本の軍医部の標旗として「耶蘇《やそ》」のしるしを選定する松本順は日本を愚弄している。「こんな耶蘇のしるしを使用できるか。突き戻して考えさせろ」という始末であった。

日本の首脳部というものは、この程度なら議論の値打ちがない。価値のないものには「弁解無用、しからば委細承知」といって、縦の棒を一本とって赤一字として提出した。「これなら文句どころか、日本一という一の字になる。一は物の始めでもあり、物の頭でもある。万事こうなくてはいかん」というわけで横一文字の赤一字は簡単に決定した。それにしても、この話は日本がジュネーブ条約に調印する以前のことであるから、偶然とはいいながら結果的には国際法に違反しなかったことになる（口絵カラー写真参照）。

その点について『石黒忠悳懐旧九十年』（昭和十一年発行）の中で「然う言へば私共は、当時此の赤十字章が宗教に関係があるかどうかという事は知らずに、唯欧州各国で赤十字の章が衛生部の章に使用されて居る事丈けを承知して居たので左様致そうとしたのです。兎に角斯うして太政官から却下された為に、当分之れは見合せになったのですが、併し何か徽章を付けなくてはならないので、更に松本総監と協議して、是は後年必ず各国同一の定めになる事であろうから、今の処暫らくは十字から縦の一文字を削って置くこととし白地に赤の横一文字のしるしとしたらよかろうと、愈々吐を極めて之を太政官に申出て許可を得ました。これから軍医の帽子の前章には、銀の楯の中に赤羅紗の一文字を付けたのを用ひました。処が此赤一字章が丁度赤い舌を出したやうに見えるので世間では『舌出し軍医』などと悪口を言ったものです」と記されている。

それから数年の歳月が流れた明治十年の西南戦争の最中に、大給恒、佐野常民、石黒忠悳、有栖川宮熾仁親王殿下などの尽力により日本赤十字社の前身・博愛社が創設された。この博愛社のしるしは赤丸の下に横一、前述した赤一字の上に赤丸を追加して民間ボランティア活動として博愛社の

明治５年（1872）制定の標章「赤一字」

赤十字「中立」の標章としてトルコをはじめイスラム教の国々が使用している赤新月旗（ジュネーブの赤十字・赤新月社連盟にて著者撮影）

しるしを区別した。

前述した明治初期の「耶蘇」問題と同じような宗教上のことが今日でもある。赤十字のしるしが十字架に似ていることからトルコなどは使用していない。トルコをはじめイスラム教の国々では、赤新月（トルコ国旗の三日月を白地に赤く染めて使用）を「中立」の標章として赤十字国際委員会をはじめ各国が認めているのである。今日、赤十字社・赤新月社と併記され、一七九カ国のうち赤新月社三〇カ国が含まれている。

さて、明治十年の西南戦争のとき博愛社が創設されたことは「第三章　日赤創立と大給恒」で詳述した通りであるが、兵隊六万人のうち死者六千二百人、負傷者九千五百人の多数であった。この負傷者のうち博愛社の活動によって一命を救われたものもいた。博愛社の最初の救護活動は藤田圭甫という老医師のほか医師二人、事務員一人、看護人三、四人のメンバーであり、五十人ほどの薩摩絣を着た負傷者を治療したといわれる。

また、政府は大阪に陸軍臨時病院を開設して救護にあたった。私はかつて石黒忠悳や森鷗外の史料調査をかねて陸軍軍医学校の流れをくむ陸上自衛隊衛生学校（東京都世田谷区池尻）を訪れたことがある。そこの資料館「彰古館」に貴重な史料が戦禍をのがれて保存されていた。その中には明治十年に使われた「鰯屋《いわしや》」製の外科医療器、関節切除器セットが展示されているのに驚いた。

その説明には「明治拾年　日本製切除器」とあり、「本切除器ハ明治十年陸軍軍医佐藤進欧州ヨリ帰朝シ東京鰯屋ニ命シテ製作セシメタルモノニシテ此器械ニヨリ大阪陸軍臨時病院ニ於ケル西南戦役負傷者ニ対シ本邦最初ノランゲンベック氏関節切除術ヲ實施セルモノナリ」と記されていた。このことについて、最近「いわしや」の流れをくむ医科器械の専門メーカー・千代田製作所（長野県更埴市）の会長・七尾錬一氏と面談した。それによれば、敗戦後、信州松本に保存されていたものを軍医学校の流れをくむ陸上自衛隊衛生学校の「彰古館」に、七尾錬一氏と中島晃一氏（松本市の医科器械販売会社・中島尚誠堂の社長）との尽力によって、昭和二十九年に移管保存されたことが判明した。この手術用セットは他にも何組か製作されたはずであるから、熊本において活用された「鰯屋」製のものもあるに違いない。

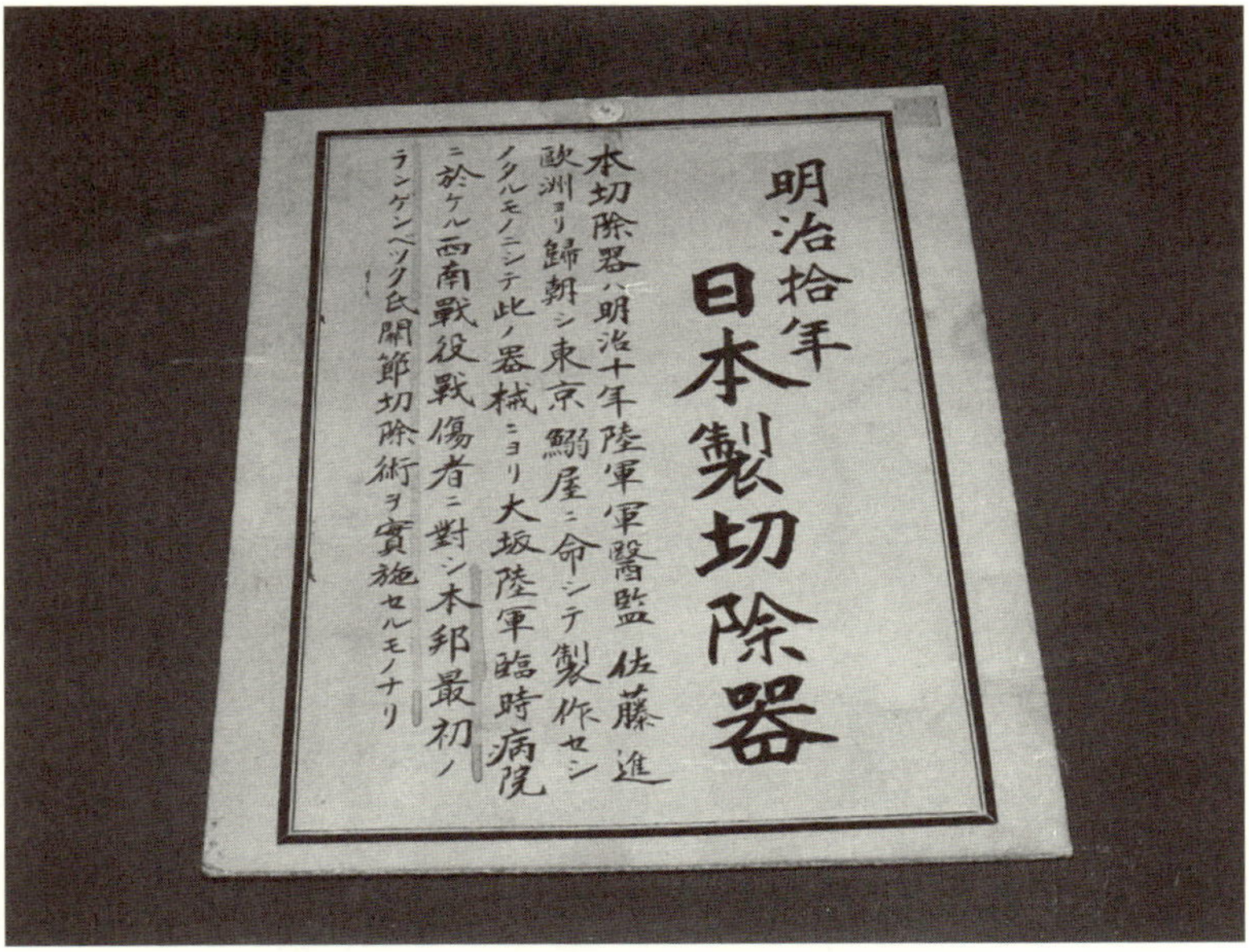

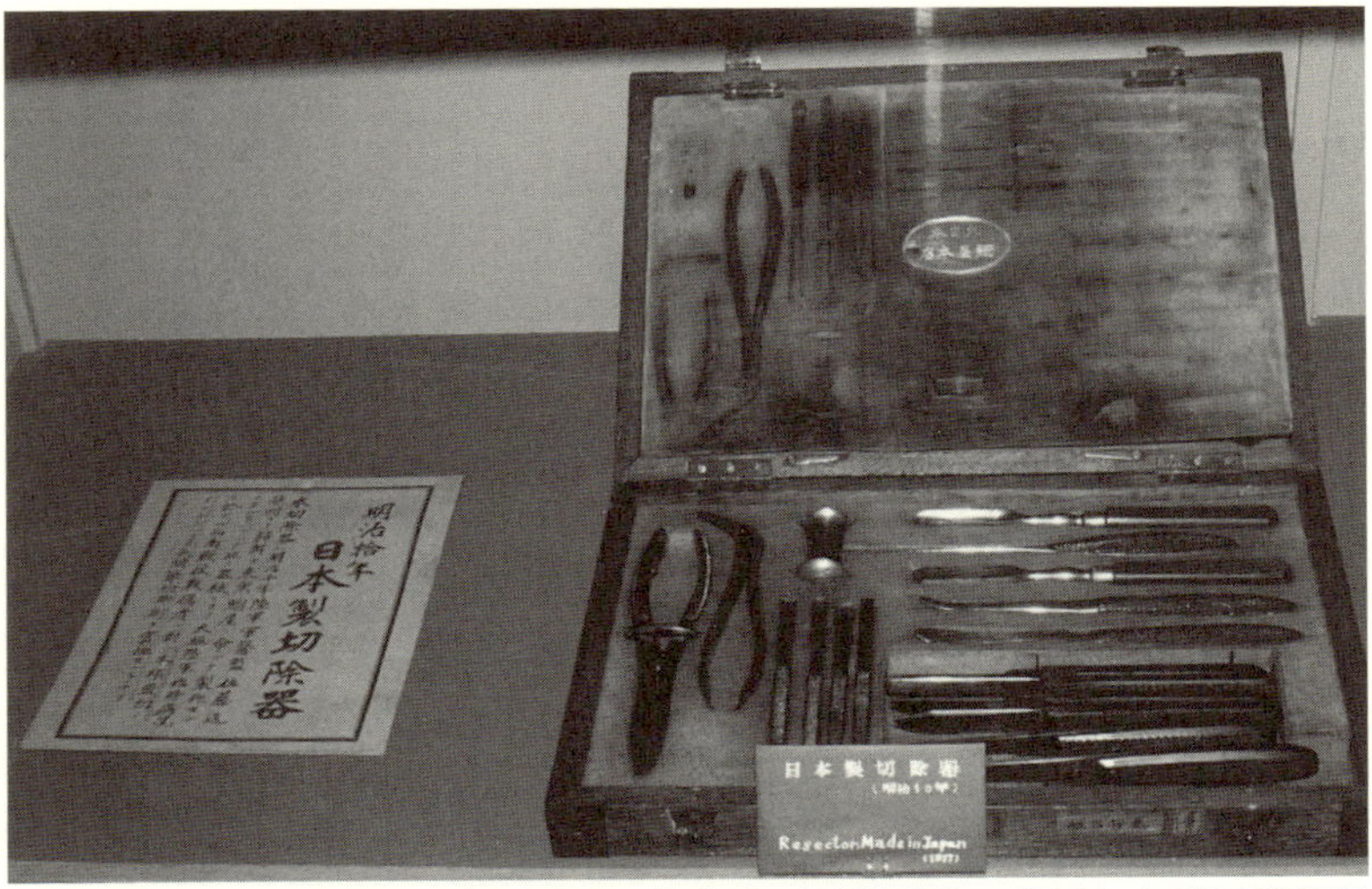

明治10年の西南戦争のとき軍医監・佐藤進が外科手術に使用した鰯屋製器具
（陸上自衛隊衛生学校・資料館「彰古館」所蔵）。

ここに登場した佐藤進は佐倉順天堂の佐藤泰然の義理の孫であり、松本順（良順）の甥である。順天堂医院で七年間修業した。その後、明治二年、明治新政府の海外旅行免状（パスポート）第一号に登録されている人物である。六年間のドイツ留学を終えて明治八年夏に帰国し、新進気鋭の外科医として順天堂医院の経営にあたっていた。この名医を陸軍が民間から抜擢して一躍軍医監とした。そして大阪陸軍臨時病院に派遣したのであった。これによって石黒忠悳は病院長から副病院長となっている。それは軍医監（佐藤進）と一等軍医正（石黒忠悳）との階級の上下の差であり、石黒忠悳が病院長のポストを佐藤進に譲ったのもやむを得ないことであった。

このことに関連して、『失楽園』の作家・渡辺淳一氏の直木賞受賞作品『光と影』（昭和四十五年七月、第六十三回直木賞受賞）では大阪陸軍臨時病院における寺内大尉（のちの首相・寺内正毅）の手術とのかかわりを面白く描いている。しかし、小説の中では「臨時病院の院長は後の軍医総監となった石黒忠悳で外科部長は佐藤進であった」と史実と違うことを書いている。そして佐藤進は副病院長にされていた。小説だからどうでもよいが、佐藤進も石黒忠悳も実名で登場するから困るのである。

3　ジュネーブ条約加盟に向けて―明治十八年の外交秘密文書―

日本赤十字社になるまで約十年間の歳月が流れた。その流れをマクロに考察すれば、明治十二年（一八七九）十月の博愛社の総会や明治十五年六月の総会などには、国際的な赤十字と連携をする考えを関係者は抱いていた。これが明治十六年五月、ドイツのベルリンにおける衛生救護法に関する博覧会に内務省御用掛（政府委員）柴田承桂が派遣されることになった。この機会に博愛社として本格的な調査を彼に委嘱した。また、この時期に幸運にも博愛社創業当時の協力者アレキサンダー・シーボルト（フォン・シーボルトの長男、楠本イネの義弟）がドイツに駐在しており、彼にも調査を依頼している。

さらに翌年、明治十七年二月には陸軍卿（大臣）・大山巌、陸軍軍医監・橋本綱常（橋本左内の実弟）が兵制視察のため政府命令でヨーロッパに派遣された。これにもジュネーブ条約加盟の手続き方法などを調査してもらっている。この年の九月、ジュネーブにおいて開催された第三回万国赤十字総会には、まだジュネーブ条約に加盟していない日本の橋本綱常とアレキサンダー・シーボルトが特別に参加を認められ詳細な調査をしたといわれている。この詳しい報告が明治十七年十一月四日に東京へ到着した。十一月二十五日の博愛社の総会において協議され、ジュネーブ条約加盟の建議書が明治十七年十二月に政府に提出された。

このようなプロセスを経てジュネーブ条約加盟へと歴史は進展するはずであるが、ここに誰も書かなかった日赤歴史の空白の時代、明治十八年の歴史の謎の断層が存在している。決して不連続でなかった歴史のページが空白のまま明治十九年（一八八六）六月五日のジュネーブ条約加盟調印へと発展するのである。

このことは明治四十一年発行の『日本赤十字社発達史』の年表が空白になり、明治四十四年発行『日本赤十字社史稿』も同様にブランクである。これらを下敷きにして昭和五十四年に日赤創立百年を記念して発刊（限定一千二百部）したものがある。それは『人道―その歩み　日本赤十字社百年史』（日本赤十字社発行）総ページ九七五ページの豪華特製本である。しかしジュネーブ条約調印の明治十九年六月五日を記録していない。記録できなかったのは何故であろうか。日本政府特命全権公使・蜂須賀茂韶《もちあき》が署名したジュネーブ条約調印は日赤百年史には歴史的意味がないと判断したのであろうか。

今後、発刊される資料には明治十九年六月五日のジュネーブ条約調印は正確に記述する必要があろう。特に強調したいことはジュネーブ条約と赤十字とのかかわりである。ジュネーブ条約を忘れては赤十字は存在しないことを繰り返しておきたい。そのためにも、ジュネーブ条約調印に至る先人の努力の足跡を六通の外交秘密文書によって辿ってみることにする。

この文書の発掘は昭和五十二年（一九七七）八月、私が直接関係したものである。日本を出発する数カ月前に「一八八七年前後の史料がほしい」ことを事前に依頼しておいた。ジュネーブの赤十字国際委員会で八月八日に受け取った書類を確認したが、それは一八八七年以降の史料のみであった。私の目標は二年前の史料にあったから、その場で

「一八八五、一八八六年の史料がほしい」、「それなら時間をください。探します」ということになった。その二日後、屋根裏の倉庫から探していただいたものである。アンドレ・デュラン氏（当時、広報課長）と秘書のシューマッハー嬢、村上直子さんの協力によって発掘されたものである。忘れることのできない八月十日、現地のジュネーブにおいて私に手渡された。今もそのコピーは手元に大切に保存されている。それは合計六通の日本側が発信した外交文書であった。

まず第一の文書は明治十八年八月二十九日付の日本の外務省（この年の暮れ明治十八年十二月二十三日に内閣制度が発足して第一次伊藤博文内閣ができたから正確には外務卿・井上馨）がジュネーブの赤十字国際委員会のギュスタブ・モアニエに宛てた秘密文書である。しかも、これにはシーボルト（Ｓｉｅｂｏｌｄ）のサインも明瞭に入っている。そこで、この時期には前述の明治十七年十二月の博愛社の総会の決議を経て、一切の作業は外務省の手に移ったと考えるのが妥当であろう。これに一役買っているのが、博愛社の草創期に太政大臣・三條実美、右大臣・岩倉具視などのために「ドイツ国軍人負傷自費衛生会社規則」を訳述したアレキサンダー・シーボルトに違いない。

明治十八年のこの時期には鹿鳴館を中心とする外国人との社交を通じて、西洋化の悪評をかった外務大臣がいたと教えられた記憶が今も残っている。しかし、その話は歴史の虚像であり、実像をジュネーブにおいて発見した。外務卿・井上馨が着実にジュネーブ条約加盟の外交交渉への努力をアレキサンダー・シーボルトとともに積極的に推進していた史実をここに指摘しておきたい。この時期におけるジュネーブ条約加盟の外交交渉の出発点を証明する一八八五年八月二十九日付の秘密文書の内容の要点を紹介する。

「日本政府がジュネーブ条約加盟承認の交渉を開始することについて決意したことをお知らせ致します。パリの駐仏公使であり、スイス連邦の代理公使でもある蜂須賀侯爵が日本の加盟許可に関して、スイス連邦議会の情勢や対策を協議するために貴殿と連絡をとるように指示を受けました。日本の特派使節への指示は貴殿と関係を結び、調印のための全権を獲得する前に報告することがあります。橋本博士らによって必要事項はよく準備され、赤十字の特別のしるしの採用に関しても今は困難が存在しないことを喜んでおります。そこで貴殿には公使館参事官のマーシャルを同伴するはずの蜂須賀公使に満足する結果が導かれるように絶大なるご支援をお願い致します」と記されている。

この一八八五年（明治十八）八月二十九日付で日本の外務省が赤十字国際委員会のギュスタブ・モアニエに宛てた秘密文書には、アレキサンダー・シーボルトのサインが明瞭に残されていた。この人物について詳しく触れることにする。

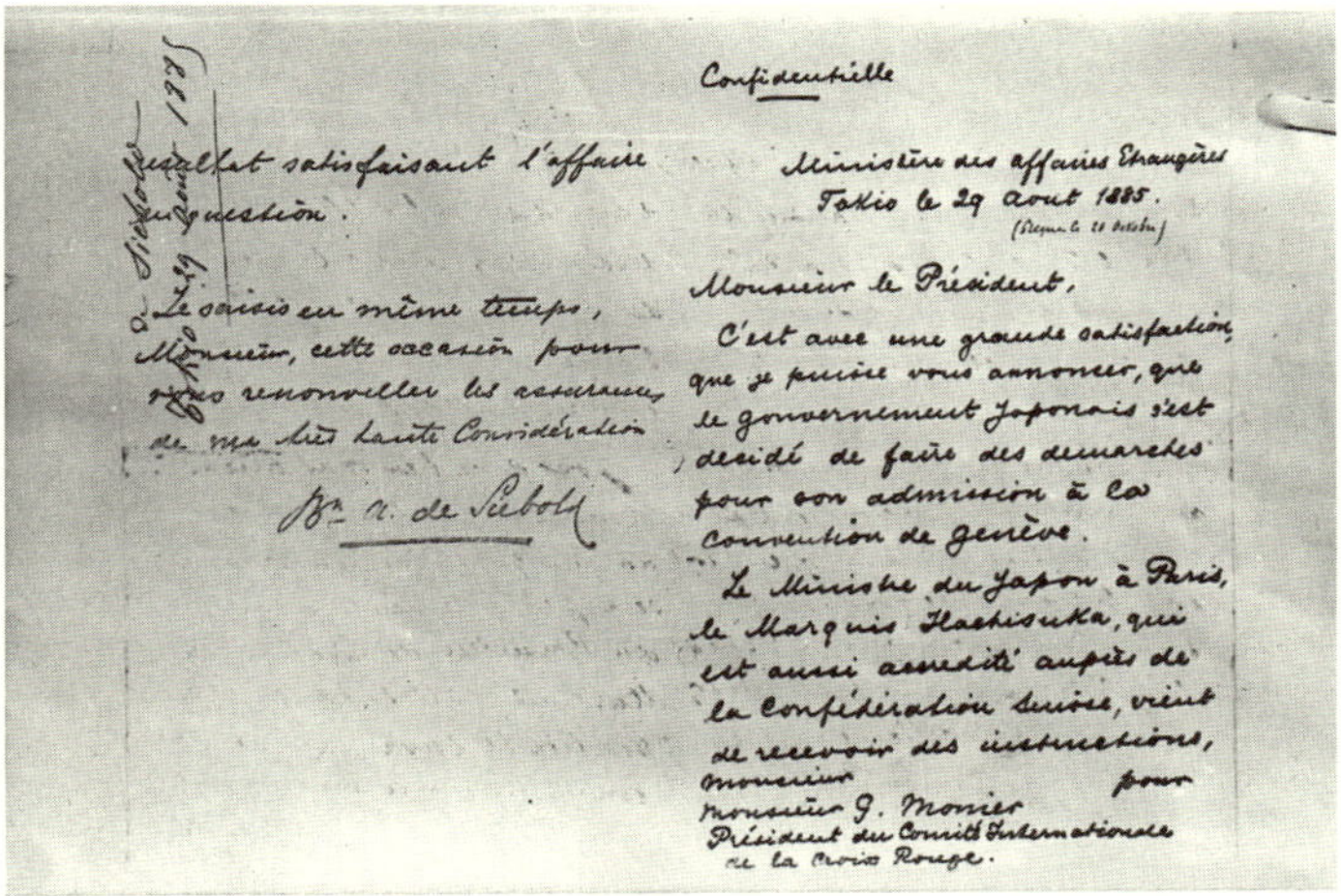

Confidentielle

Ministère des affaires Etrangères
Tokio le 29 Aout 1885.

Monsieur le Président,

C'est avec une grande satisfaction que je puisse vous annoncer, que le gouvernement Japonais s'est décidé de faire des démarches pour son admission à la convention de Genève.

Le Ministre du Japon à Paris, le Marquis Hachisuka, qui est aussi accredité auprès de la Confédération Suisse, vient de recevoir des instructions, pour

résultat satisfaisant l'affaire en question.

Je saisis en même temps, Monsieur, cette occasion pour vous renouveller les assurances de ma très haute considération

Bn. v. de Siebold

Monsieur G. Monier
Président du Comité International de la Croix Rouge.

発掘した外交秘密文書　日本外務省がジュネーブの赤十字国際委員会のギュスタブ・モアニエに宛てた1885年８月29日付フランス語の秘密文書。シーボルト（Siebold）のサインがある。

ところ一般によく知られているシーボルトは、アレキサンダー・シーボルトの父親のフォン・シーボルトである。一八二三年（文政六）から住みなれた日本を一八二八年（文政十一）のシーボルト事件によって永久追放され、二歳八カ月の楠本イネと母親・其扇とを長崎に残し、帰国したことは有名な話である。そして日本滞在中の研究をもとにヨーロッパに日本を広く紹介し、学界でも評判がよかったといわれている。このシーボルトは四十九歳でドイツの貴族の令嬢と再婚し、翌年、一八四六年（弘化三）八月十六日、長男が生まれた。これがアレキサンダー・シーボルトである。

その後、幕末の時代も変化して一八五六年一月（安政二）には日蘭和親条約や一八五八年（安政五）安政五カ国条約のうちの日蘭修好通商条約が締結され、父親のシーボルトの追放令も解除される時代がやってきた。六十三歳のシーボルトは日本に再びやってきた。このとき十三歳のアレキサンダー・シーボルトも父親とともに来日した。父親のシーボルトは三年後の一八六一年四月から貿易会社との関係を断って徳川幕府の顧問として活躍するが、秋には長崎出島に帰った。その後、間もない一八六二年（文久二）にはアレキサンダー・シーボルトを日本に残したまま父親は帰国した。

アレキサンダー・シーボルトは二宮敬作（楠本イネの面倒をみた）の甥の三瀬周三がオランダ語を上手に話すので、彼に日本語を教わったといわれる。英語、独語、仏語、蘭語、日本語の各国語に精通したアレキサンダー・シーボルトは父母と同じくドイツ人である。彼が日本の外交的仕事を手伝うことになった経緯は一八六七年（慶応三年）のパリ万国博覧会に幕府代表徳川昭武一行に通訳として同行したのが最初といってよい。

このときパリ万国博覧会には幕府とは別に参加したのが薩摩藩と佐賀藩であった。佐賀藩の責任者は佐野常民であった。このことは「第四章　佐野常民・日赤初代社長」で書いてきたが、少し補足しておきたい。当時、アレキサンダー・シーボルトと佐野常民とはどれほどの関係をもったか不明であるが、パリ万国博覧会会場には赤十字のパビリオンもあったといわれる。したがって、のちにアレキサンダー・シーボルトが赤十字の仕事を手伝うことになったのも、このときの佐野常民との出会いに起因するかもしれない。

さらに、その後の一八七三年（明治六）のウィーン万国博覧会には弁理公使の佐野常民にアレキサンダー・シーボルトは随行することになった。在オーストリア、在イタリア両公使館の記録掛兼務を命じられ、二月二十五日に佐野常民とともにオーストリアへ出発した。ウィーン万国博覧会は五月から十一月まで開かれたが、博覧会終了後アレキサンダー・シーボルトは明治六年十二月に帰国した。これが佐野常民とアレキサンダー・シーボルトとの関係である。

一八七五年（明治八）八月からアレキサンダー・シーボルトは二度目の雇用関係を大蔵省と契約した。一八七七年（明治十）母の死去もあって四度目のヨーロッパ行きとなったが、翌年パリ万国博覧会のために日本委員、大蔵大輔・松方正義（のちに第二代日赤社長）がヨーロッパにきたので、アレキサンダー・シーボルトはヨーロッパ諸国の巡回に随行した。

このころ、ベルリンにある日本公使館が彼に注目して雇いたいとの希望を外務省に連絡してきたといわれる。これによってアレキサンダー・シーボルトは一八七八年（明治十一）正式に外務省の雇いとして在ドイツ公使館に籍をおいたまま、比較的自由にローマ、パリ、ベルリンなどで活躍していくのである。いずれにしても日本国に役立つ人物であったに違いない。一八七九年（明治十二）九月には外務卿・寺島宗則にかわって井上馨が外務卿に就任し、その後八年間このポストを占めるから、前述の外交文書は外務卿・井上馨とアレキサンダー・シーボルトとが承知していたものである。

4　井上馨とアレキサンダー・シーボルト

この時代の外務卿・井上馨の横顔について、手元にある『ベルツの日記』初版本（浜辺政彦訳　昭和十四年発行）には明治十四年五月十九日の日記に名医ベルツが次のように書いているので、そのまま引用する。

「本日、外務卿井上邸に往診す。氏は数箇月来、記憶力減退に悩み、平素の氏は極めて闊達の仁で有るに係らず、殆んど憂鬱病になる程悲観し切っていた。井上氏は甚だ多能且教養ある士で、新日本に最も相応しい人物の一人である。氏は特に、円転滑脱なるを以て、外交官としては他の何れの日本人よりも一層適任である。氏は特異なる過去の所有者である。長州人にて、多くの外人と交わり、英語を学んだ最初の日本人の一人である。氏は長期間、英国における日本の代表者であった。約六年前、大蔵大輔となり、間もなく下野隠退し、建白書を提出して、政府を鋭く攻撃した。しかし、現在は前述の如く外務卿で、その職務を前任者よりも遥かに手際よく為了している。氏は小柄の、溌剌たる智的風貌の士で、西欧の文化並びに生活様式を、最も完全に同化せる日本人である。更に特に注意すべきは、氏は十七歳の令嬢を全く欧風に教育せし一事である。井上氏は実際、体軀に三箇所の異様な傷痕を負っている。これは十八年前の昔に蒙ったもので、第一は背部、第二のものは後頭部に、第三の傷は顔面にある。氏は九死に一生を得たのは只管に喫驚する許りである」

以上は名医ベルツ（明治九年から明治三十八年まで日本に滞在）が見た、明治十四年五月十九日の外務卿・井上馨に関する印象である。

明治十八年以前の明治十五年には「条約改正予議会」が開催され、アレキサンダー・シーボルトは外務卿・井上馨の通訳のために東京に呼び戻された。その条約予議会は明治十五年一月から七月までの半年間に二十一回の会議を開いて終了した。そのときアレキサンダー・シーボルトは外務卿・井上馨を献身的に支えた功績によって勲三等旭日中綬章を受けている。また八月には銀貨一万円与えられるが、この全額を十年間据え置きにして預金し、日本政府の外交に協力することを約束した文書を外務卿・井上馨と大蔵卿・松方正義（のちに第二代日赤社長）の連名で与えている（明治十五年八月一日付「三條太政大臣閣下の御達に従い誠実奉職の件を以て下賜せられたる銀貨一万円に係る約定書」参照）。

このように、アレキサンダー・シーボルトはヨーロッパ外交の中で果たす役割がますます増大していったのであろう。ここに外務省の秘密文書の一部にサインを残している男、男爵アレキサンダー・シーボルトについて詳しく書いてきたが、一八八五年（明治十八）八月二十九日付の一通の文書の解明には必要なアプローチであった。

さらに明治十八年には鹿鳴館を中心に外国人との文化交流が活発に行なわれた時代であるが、その一方において、ジュネーブ条約加盟の準備を秘密裏に進めていたのである。その第一の証拠品が日本の外務省が赤十字国際委員会のギュスタブ・モアニエに宛てた秘密文書であった。

その数カ月前の明治十八年四月には外務卿・井上馨はアレキサンダー・シーボルトをローマから日本に呼び寄せている。記録によればアレキサンダー・シーボルトは六月十五日に横浜に着いて、翌日は東京の外務卿・井上馨に挨拶している。外務省は三年前の条約改正予議会を終えて、改正条約草案を関係国に送付したころである。いよいよ明治十九年（一八八六）の条約改正会議へ段取りが進行中であった。その準備のためにアレキサンダー・シーボルトは帰国し、明治二十年八月十三日、横浜からアメリカ経由でロンドンに向けて出発するまで、約二年間、日本に滞在していた。したがって、この秘密文書は外務卿・井上馨とアレキサンダー・シーボルトとが東京で相談の上、ジュネーブに送ったものと考えられる。

この時期の七月、八月の二カ月間に外務卿・井上馨とアレキサンダー・シーボルトとが会談した日付のみを列記すれば、七月は十一日、十六日、十七日、二十九日、八月は八日、十日、十九日と頻繁に会っている（今井庄次著『お雇い外国人　外交』一九七五年発行、鹿島出版参照）。それらに関連して、橋本綱常は前年の「赤十字」に関する調査報告、赤十字条約文・加盟手続書を添えて、明治十八年六月二十四日に提出している（本書「第八章　史料編」の「第一節　未知の断面に関する史料・資料」「3　橋本綱常に関する部分」参照）。この時期には、博愛社の大給恒や佐野常民などはアレキサンダー・シーボルトに積極的に働きかけていたのであろう。

　ちなみに、ここに掲載した写真は手元にある『ジーボルト最終日本紀行』のドイツ語版（一九〇三年、ベルリン発行）からの転載である。この十三歳の少年、アレキサンダー・シーボルトは一八五九年四月十三日にヨーロッパを出発し、バタビア経由で日本の長崎へ八月十四日に到着した。このころ、アンリー・デュナンは赤十字発祥の地・イタリア北部のソルフェリーノの戦場で救助の実践活動を通じて赤十字思想のひらめきがあった。アンリー・デュナンが『ソルフェリーノの思い出』をジュネーブにおいて執筆中の時期には、父親のシーボルトは維新前の幕府の顧問として活躍していた。また『ソルフェリーノの思い出』が出版される年、一八六二年（文久二）には十五歳のアレキサンダー・シーボルトを日本に一人残したまま父親は帰国していくのである。

シーボルトの父と子・アレキサンダー
（1859年〔安政6〕長崎にて）

　話は少しそれるが、この文久二年に二十三歳の大給恒は藩主として信州南佐久に日本における幕末最後の城、五稜郭・龍岡城の建設計画を進めている。また四十歳の佐野常民は佐賀三重津（佐賀県佐賀郡川副町早津江）の海軍所の海軍取調方付役として日本における最初の蒸気船建造に尽力中であった。さらに十七歳の橋本綱常は、長崎においてオランダ人シントレルにオランダ語を学ぶと同時に松本良順（のちに順）の塾に入って長崎や京都で医学の勉強中である。そして十六歳の蜂須賀茂韶《もちあき》は京都御所の警護にあたっている、などの時代であった。

これらの人々が二十三年後に博愛社が日本赤十字社へと発展するジュネーブ条約加盟の前後、謎の明治十八年を中心に互いに協力して、それぞれの力量を発揮していた。しかも、この謎の足跡についてアレキサンダー・シーボルトがジュネーブに明確な証拠の文書を残していたのである。

5　謎の足跡―蜂須賀茂韶の尽力―

前述した一八八五年八月二十九日付の秘密文書に続く五通の文書も私の手元にある。その中にはＨａｃｈｉｓｕｋａ、Ｈａｓｈｉｍｏｔｏ、Ｍａｒｓｈａｌｌなどの名前が出現するのである。この人々はジュネーブ条約加盟の交渉段階では重要な役割を果したはずである。この「谷間の足跡」の探求は、この人々の足跡を辿ることに一致するといってよい。

さて蜂須賀とは如何なる人物かについて多少詳しく触れる必要がある。貴重本『和譯蜂須賀家記』（明治九年発行および昭和十八年版）参考にしながら、私流の考察を加えて、謎の解明を急ぐことにする。これは徳島藩最後の藩主・蜂須賀茂韶のことである。信長の上洛作戦に秀吉の部下として登場する野武士・蜂須賀小六、その子の家政が徳島藩の藩祖となってから数えて十五代目の末裔に相当するが、血のつながりは全然ない。むしろ十一代将軍・徳川家斉の孫にあたる人物が蜂須賀茂韶であるといった方が適当であろう。

蜂須賀茂韶は弘化三年（一八四六）八月八日、父・斉裕（将軍徳川家斉の第二十二子）の長男として江戸鍛冶町、別名大名小路の邸に生まれている。青年時代の蜂須賀茂韶と父親・斉裕との横顔について、イギリスの外交官アーネスト・サトウが『一外交官の見た明治維新』（坂田精一訳、「第二十一章　大坂と徳島」）の中で徳島に招かれたときの印象を次のように書いているので引用する。

「この藩主の正式の呼び名は阿波守で年の頃四十七歳ばかり、中背で少し痘痕はあるが、上品な風貌をしていた。態度はぶっきらぼうで尊大ではなかったが、至ってきげんがよかった。世子の淡路守（茂韶）は二十二歳ぐらいで身長は父親より少し高く、温和な肉付きのよい顔をしており、態度も温厚かつ控え目で父親に対して大いに敬意をはらっていた。日本料理の膳はいつもの順序を逆にしたかたちでまっ先に飯と吸い物と焼き肴が出た。これらの料理が下げられると、ついで酒になり、朱塗りの杯がまずハリー卿に呈せられた。私はハリー卿に杯洗をとって杯をすすぐようにささやいた。……（中略）……淡路守（茂韶）も同じく情味をもった態度で思うことを私に話した」

多少長い引用になったが、これは慶応三年（一八六七）八月三日のことであり、蜂須賀茂韶が間もなく満二十一歳の誕生日を迎えるころの話である。

明治五年（一八七二）から十二年（一八七九）までイギリスに留学して政治経済を勉強した。特に調査研究したのは立憲政治体制や国会運営であり、鉄道事業の調査である。明治十二年一月二十五日に帰国し、二月十七日にドイツ、イタリア皇族、アメリカ大統領の来日に際して接待掛を命じられた。その後、八月三十日には外務省御用掛を命じられ、外交畑との関係を深めていくのである。

明治十五年十二月二十日、特命全権公使としてフランス駐在を命じられた。明治十六年一月二十三日からスペイン、ポルトガル、スイス三国の公使兼務を命じられ、さらにベルギー全権公使も兼ねるのである。明治十七年七月に侯爵を授けられるが、ヨーロッパの外交官として肩書が必要な時代であろう。

そして明治二十一年（一八八八）に帰国しているからジュネーブ条約加盟の前後にはフランス公使であったことは間違いない。帰国後は元老院議官をつとめ、明治二十三年から東京府知事、大津事件のあと退官して明治二十四年貴族院議長、明治二十九年には松方正義（のちに日赤第二代社長）内閣の文部大臣となり、明治三十年（一八九七）二月十日、東京高輪の別邸で七十一歳の生涯を終わった。墓は徳島市佐古万年山にある。

以上の蜂須賀茂韶の経歴からみても優れた人物であり、ジュネーブ条約調印への原動力となったのであろう。このとき三十九歳の働き盛りであった。前述の一八八五年八月二十九日付の秘密文書は十月九日付の蜂須賀茂韶の署名入りの文書である。その三日後の十月十一日付のものもあり、写真はその一部を示している。それらの文書の内容の要点は次の通りである。

「パリ日本公使館、１８８５年10月11日、今日、今月9日付の手紙の返事を受け取りました。マーシャルは火曜日の夕方ジュネーブに着くでしょう。彼はナショナル・ホテルに泊まり、水曜日（14日）朝10時ごろ貴殿のところにお伺い致します」

ここに新しく登場するマーシャルという人物はＦｒｅｄｅｒｉｃｈ　Ｍａｒｓｈａｌｌでパリのフランス公使館に勤務した。英語、仏語に精通したイギリス人である。紙幅の関係から詳しくは触れないが、ジュネーブ条約加盟の交渉には最も献身的に蜂須賀茂韶に協力したのであろう。

さて、マーシャルによって書かれた文書がジュネーブに送られたのは前述した蜂須賀茂韶の二通の文書（十月九日、十一日付）に続く直後の十月二十三日付の文書があり、約半年間の交渉を経て、さらに明治十九年四月十九日付の条約調印の直前にマーシャルの筆跡を明瞭に残した文書がある。この交渉のステップを経て、六月五日のジュネーブ条約調印となるが、その後の八月一日付のマーシャル文書なども含めてジュネーブ条約加盟の前後の謎の足跡を証明するものは、私がジュネーブにおいて発掘した一連の外交秘密文書であった。

6　日本政府・外務省の史料を探る

ジュネーブの赤十字国際委員会の倉庫に百年以上も前の史料、日本の外交秘密文書・六通が奇跡的に眠っていた。その発掘を契機に、「日赤史未知の断面―ジュネーブ条約加盟の前後―」と題して『赤十字新聞』（昭和五十三年〔一九七八〕一月～三月号）に私は論考を連載した。その後、日本の政府・外務省の動向を裏付ける史料を探してきた。その結果、国立公文書館所蔵史料「公文類聚　第十編　明治十九年　巻之十一」の冊子の中に、前述したジュネーブで発掘した外交秘密文書の行間を埋める関係史料が幾つか含まれていた。

それらの重要史料は本書の「第八章　史料編」の「第四節　国立公文書館の史料から」に詳述するので、ここでは、その概要だけにとどめたい。その貴重な史料は外務省や太政官の罫紙に墨書され、綴じ込まれていた。その第一のものは「明治十九年二月十七日　外務大臣伯井上馨　内閣総理大臣伯伊藤博文殿」の文書があり、その末尾に朱書「上奏ノ通裁下相成タリ　明治十九年三月三日」が記入されていた。

そこには、ギュスタブ・モアニエが蜂須賀茂韶に送った一八八五年十一月五日付のジュネーブからの書簡の訳文「千八百八十五年十一月五日　於ジュネーヴ　ジヱー、モイニヱー自署　於巴里　日本公使侯爵蜂須賀閣下」と「千八百六十四年ヂュ子ーブ條約」と「千八百六十八年追加條款」との訳文全文が添えられていた。さらにフレデリック・マーシャルが蜂須賀茂韶宛に書いた一八八五年十月十九日付の報告書「一千八百八十五年十月十九日　巴里府ニ於テ　フレデリック、マルシャル　特命全権公使侯爵蜂須賀閣下」の訳文も綴じ込まれていた。

前述した明治十九年二月十七日付の外務大臣・井上馨が内閣総理大臣・伊藤博文宛に提出された書類を受けて、

蜂須賀茂韶

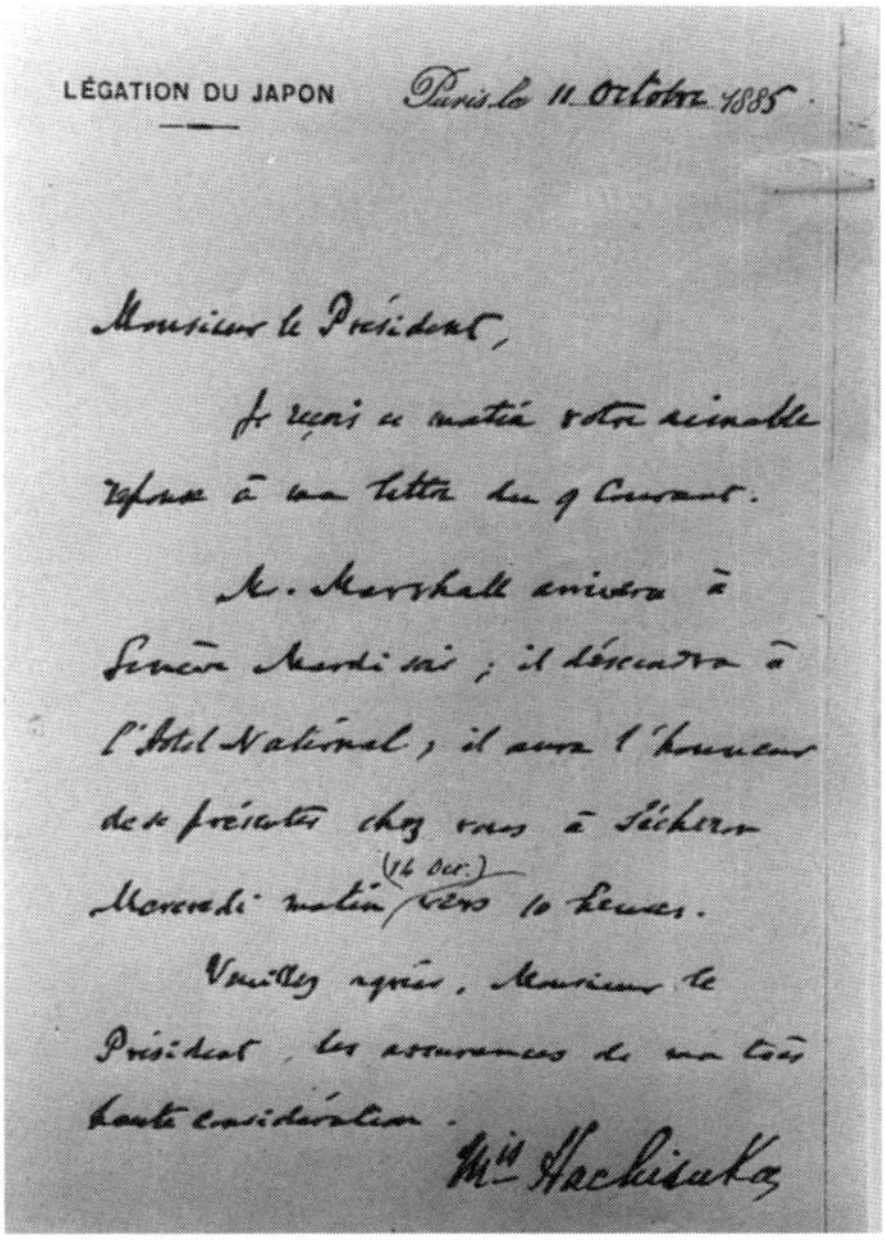

LÉGATION DU JAPON　Paris, le 11 Octobre 1885.

Monsieur le Président,

Je reçois ce matin votre aimable réponse à ma lettre du 9 courant.

M. Marshall arrivera à Genève Mardi soir ; il descendra à l'Hôtel National ; il aura l'honneur de se présenter chez vous à Sécheron Mercredi matin (14 Oct.) vers 10 heures.

Veuillez agréer, Monsieur le Président, les assurances de ma très haute considération.

Mis Hachisuka

蜂須賀公使からギュスタブ・モアニエ会長宛の1885年10月11日付の書簡

「外務大臣上奏瑞西國政府ニ於テ赤十字ニ加盟ノ件　右謹テ奏ス　明治十九年三月一日　内閣総理大臣伯爵伊藤博文」という文書が続いている。これは「太政官」の罫紙に墨書され、左上に「聞」の角印・朱印が鮮明に押されている。明治天皇の対応を窺うことができる貴重な歴史史料である。天皇の許可印には「可」「聞」「覧」の三種類があるといわれる。ここにある「聞」は伊藤博文から直接に説明を聞いて許可したものであろう。明治十九年三月三日に裁可されている。

また明治十九年二月二十四日付の文書「別紙外務大臣上奏瑞西國政府ニ於テ設立ノ赤十字社ニ加盟ノ件ハ戦時負傷者ヲ救済スルノ義擧ニ付御裁可ノ上該條約書ニ記名調印ノ全権ヲ在佛國蜂須賀公使へ御委任相成可然ト信任ス」には法制局長官、各大臣（陸軍、司法、農商務、大蔵、海軍、文部、逓信）のそれぞれの花押や印が押されている。「三月三日裁可」の閣議決定の書類である。

その他の重要書類・史料も綴じ込まれているが、ここでは割愛する。詳細は本書「第八章　史料編」の「第四節　国立公文書館の史料から」を参照していただきたい。このように、前述したジュネーブの赤十字国際委員会で発掘した文書とともに外交交渉の動向が次第に鮮明になってきた。

それを要約すると、一八八五年（明治十八）八月二十九日付の外交交渉秘密文書を出発点として、駐仏公使蜂須賀茂韶、顧問フレデリック・マーシャルとギュスタブ・モアニエとの間で、加盟手続きの具体的な交渉が行なわれた。その報告を受けて政府・外務省では「明治十九年二月二十七日　外務大臣伯井上馨　内閣総理大臣伯伊藤博文殿」の文書をはじめ、「明治十九年三月一日　内閣総理大臣伯爵伊藤博文」の「外務大臣上奏瑞西國政府ニ於テ設立ノ赤十字社ニ加盟ノ件　右謹テ奏ス」となり、三月三日に裁可された。そして、明治十九年六月五日のジュネーブ条約調印へ向けて段取りができたのであった。

それにしても、長い間、今までジュネーブ条約調印への経緯を正確に記述したものがないのも不思議なことである。それは『日本赤十字社発達史』（明治四十一年発行）や『日本赤十字社史稿』（明治四十四年発行）に記録されなかったことに原因があると思われる。一八八六年六月五日のジュネーブ条約調印の日から数えて百十五年以上の歳月が流れ、歴史的空白のまま二十一世紀を迎えてしまったのである。

7　明治十九年六月五日の調印とその後

今まで書いてきた日赤歴史の未知の断面、ジュネーブ条約加盟の前後の謎の足跡は、過去の日赤歴史百余年の一年間、まさに約一パーセントにすぎない。しかし、博愛社から日本赤十字社へと質的転換をはかる歴史の大きなモーメントを与えた重要部分である。

若い友人の一人が「国際的な赤十字に加盟するのに、なぜ秘密裏に交渉したのでしょうか」という素朴な疑問を私に投げかけてきた。このことは困難な外交交渉に対する配慮からであろう。「君の縁談だって結婚式まで公開されなかったではないか」、この答えは結婚した直後の彼を説得するには十分であった。むしろ昨今の外交交渉はさまざまなマスコミの情報が乱れ飛んで、日本の国益に沿った外交交渉を困難にしている場合が多い。その意味でもジュネーブ条約加盟という歴史的交渉が、このような形で進行していたことは極めて合理的であり、鹿鳴館時代の今日につながる最大の遺産といってよい。

このような一連の流れを経て明治十九年六月五日にパリのスイス公使館において、特命全権公使・蜂須賀茂韶が調印した。その調印の直後、「明治十九年六月十一日　在佛國　特命全権公使侯蜂須賀茂韶　外務大臣伯井上馨殿」宛の文書によって報告された。この報告を受けて、「明治十九年九月二十八日　外務大臣伯井上馨　内閣総理大臣伯伊藤博文殿」の文書（「第八章　史料編」の「第四節　国立公文書館の史料から」参照）へつながり、明治十九年十一月十五日に政府は赤十字条約加盟の勅令を公布して正式にジュネーブ条約加盟を発表している。翌年、明治二十年三月二十五日、博愛社臨時社員総会において社名を日本赤十字社と改める社則を決議した。その後の五月二十日、日本赤十字社第一回総会が開催された。社則はすでに決定済みであり、役員選出が主題であった。社長・佐野常民、副社長・大給恒、花房義質、幹事柳栖悦、清水俊、松平乗承ら三十人を選出した。

その一週間後、五月二十七日付で日本からジュネーブに届けた日本赤十字社の最初の公式文書が赤十字社国際委員会に保存されている。毛筆で書かれた日本語とともにフランス語の訳文も添えられている。これはジュネーブに郵送されたものではない。明治二十年九月、ドイツのカルルスルーエにおいて第四回万国赤十字総会が開かれた。これに日本から最初の国際会議代表として日赤幹事・松平乗承（のちに大正二～七年、第四代日赤副社長）と政府委員・陸軍軍医監・石黒忠悳（のちに大正六～九年、第四代日赤社長）を派遣した。このとき二人がジュネーブの赤十字万国中央社に持参した文書であろう。

二人は九月二十二日（『日本赤十字社史稿』五一一ページには二十三日となっているが、時差を含む日本時間のためか一日ずれている。ここでは森鷗外の日記を全面的に信用して現地の日時を採用した）からカルルスルーエの万国赤十字社の総会に参加して国際的交流を深めた。このときの通訳は明治十七年以来、兵食調査のためドイツ留学中の森林太郎・鷗外があたった。このことについて森鷗外の日記を原文のまま引用すれば次のように書いている。

「九月二十二日、午前赤十字各社委員会 Delegierten Comission を開く。日本赤十字社の代表人たる松平乗承之に赴く。余舌人として随行す。国際会の議事規則 Ordung を議定す。議長伯爵ストルベルヒ Otto Graff Zu Stolberg は独逸中央社長なり。容貌優美、一目して其貴人たるを知る。議員中人の目を注ぐは瑞西万国社長モアニエエ Moynier 米婦人バリトン氏 Miss Clara Barton なり。モアニエエは矮軀短首、頭髪頒白、大鼻の中央にして屈折したるさま、国匠画くところの木葉天狗に髣髴たり……（以下略）」（『森鷗外全集』第三十五巻、岩波書店発行）

この会議は九月二十二日から二十七日まで続き、その状況は森鷗外の優れたタッチで詳細に書かれている。前述したように日本がジュネーブ条約に加盟し、博愛社から日本赤十字社となって最初の歴史的国際会議であった。今日の会議と同じように、各国赤十字社の代表一人と政府代表一人とが対等の資格で列席して討議と採決を行なうのである。アジアからの参加国はまだ日本とトルコだけといった時代であった。二十五歳の森鷗外は上司の石黒忠悳のために「舌人（通訳）」という立場であったが、単なる通訳以上の大活躍をしたことが日記から窺われる。日記の中で、自分

森　鷗外

ギュスタブ・モアニエ

の上司・石黒忠悳を「石君」と書いている点も面白いが、二人の間に何かあるのであろう。

なお、この会議では各国に明確に示さなければならない重要な日本の立場があった。日本赤十字社の組織が強固なものであり、ジュネーブ条約を遵守する態度であった。若き日の森鷗外は、加盟したばかりのジュネーブ条約の普及に日本がいかに努力しているかを声を大にして参会者に説明している。これは九月二十七日の森鷗外の日記に詳しく書かれている。ちなみに森鷗外が明治十七年六月、ドイツに留学した経緯については上司・石黒忠悳軍医監は、「一等軍医医学士森林太郎を独逸に留学せしめ、同氏に衛生学を専修せしめ、中にも、此兵食について頗る研究に重きを……」と記している。そして多くの業績をあげて、明治二十一年九月に石黒忠悳とともに同じ船で横浜に戻るという次第である。この二人は明治期においてジュネーブ条約を最もよく理解し、その普及に尽力した代表的人物である。

以上のように、赤一字から赤十字への質的転換には明治十九年六月五日のジュネーブ条約調印があった。「人道」「中立」などを象徴する赤十字は今日、ジュネーブ条約加盟国一九〇カ国によって堅持され、国連とは別に存在する。アンリー・デュナンが一八六四年ジュネーブで創設した赤十字の原点は、平和への願いをこめて書いた『ソルフェリーノの思い出』であった。アンリー・デュナンは「赤十字の創設者、ジュネーブ条約の推進者」として、二十世紀の初頭、一九〇一年に第一回ノーベル平和賞を受賞している。

そして百年後の二〇〇一年のノーベル平和賞は国連のアナン事務総長に贈られた。スイスでは前述したように、二〇〇二年三月三日の国民投票によって百九十番目の国連加盟を決定した。永世中立国スイスは国連に加盟しても局外中立の立場から、「ジュネーブ条約」の「人道」「中立」などの世界的課題を推進するに違いない。二十一世紀の初頭において改めて赤十字と平和問題を考えてみたい。

（第五章は「信濃毎日新聞」夕刊ぶんか欄、昭和五十八年〔一九八三〕五月十六日〜二十五日に連載された論考に加筆したものである）

第六章　赤十字幻灯は語る

1　はじめに―見つかった幻灯スライドから―

昭和五十四年（一九七九）四月、日本赤十字社長野県支部の倉庫から明治二十年代から使用されたと思われる幻灯スライド三百十二枚が見つかった。私がかねて長野県支部の河野史郎氏に探索を依頼しておいた貴重なものである。これと同類のものは、名古屋市郊外の博物館明治村の赤十字記念館にわずかに保存されているだけである。

　これまで調査した結果によれば、この幻灯の一部分は、『赤十字幻燈演述の要旨　日本赤十字社員　石黒忠悳《ただのり》述』の小冊子（六三ページ）・国会図書館に貴重本として保存されている内容と完全に一致した。明治時代の赤十字思想やジュネーブ条約の普及のために、軍医総監・石黒忠悳（森鷗外の上司）が明治二十四年（一八九一）以降につくった幻灯スライドである。しかも日本における視聴覚教育の最初といってよいものである。

　ちなみに、日本赤十字社は明治十年（一八七七）西南戦争の最中、五月に博愛社として発足した。このことは、「第一章　赤十字のふるさと」「第三章　日赤創立と大給恒」などで詳しく触れてきた。大給恒、佐野常民、石黒忠悳、有栖川宮熾仁親王などの努力によって博愛社（日本赤十字社の前身）が創設された。この博愛社がジュネーブ条約に調印したのは、約十年後の明治十九年六月五日のことであった。このジュネーブ条約加盟までの努力の足跡について日本赤十字社の本社には明確な史料がなかった。近年ようやく解明されてきたことは「第五章　赤一字から赤十字へ」の中で書いた通りである。

　この時期は悪評をかった鹿鳴館時代であるが、裏面では外務省の外務卿・井上馨がアレキサンダー・シーボルト（フォン・シーボルトの長男）や蜂須賀茂韶《もちあき》（当時は駐仏公使）、フレデリック・マーシャルなどを介して秘密裏に外交交渉を推進していた。しかもジュネーブ条約加盟手続きの方法はアレキサンダー・シーボルトや橋本綱常（橋本左内の末弟、のちに日本赤十字社病院初代病院長）によって調査され、外交交渉が内密に展開されていた。このことを証明する史料、秘密文書がジュネーブの赤十字国際委員会に奇跡的に保存されていた。

一九七七年八月、幸運にも私が関係して発掘することができた。それは、本書の「第八章　史料編」の中で詳述する予定である。ジュネーブ条約に日本が加盟した翌年の明治二十年五月二十日、第一回日本赤十字社総会において役員などを決定し、日本赤十字社と改称した。その年の秋、最初の国際会議（第四回万国赤十字総会）がドイツのカルルスルーエで九月二十二日から開かれた。日本政府代表・石黒忠悳と日本赤十字社代表・松平乗承の二人がこれに参加した。この会議の通訳はドイツ留学中（石黒忠悳によって兵食調査のため留学）の森鷗外があたっている。そして一年後の明治二十一年九月には石黒忠悳は森鷗外と一緒に帰国している。このことは森鷗外の日記に詳細に書かれている。

石黒忠悳

フロレンス・ナイチンゲル嬢

2　赤十字思想とジュネーブ条約の普及に

石黒忠悳が帰国後の明治二十四年六月から、ジュネーブ条約と赤十字思想の普及のために幻灯を製作した。縦八センチメートル、横九センチメートルの長方形のガラス板を使って直径七センチメートルの円内に写真や絵を配置した彩色・幻灯スライドであり、地方講演に使用したものである。これには森鷗外も協力しているように思われる。

それは赤十字の創設者、ジュネーブ条約の推進者であり、第一回ノーベル平和賞（一九〇一）受賞者アンリー・デュナンについて、「ヘンリー・ヂュナント」とか「ヘンリイ・ドュナン」と書いている。森鷗外自身が書いている赤十字に関する論文「赤十字条約並ニ其略評」を見ても容易に想像できる。

さて、この幻灯スライドの中には四十二枚が一組のものがある。1．石黒忠悳、2．フロレンス・ナイチンゲル嬢、

ヘンリー・ヂュナント

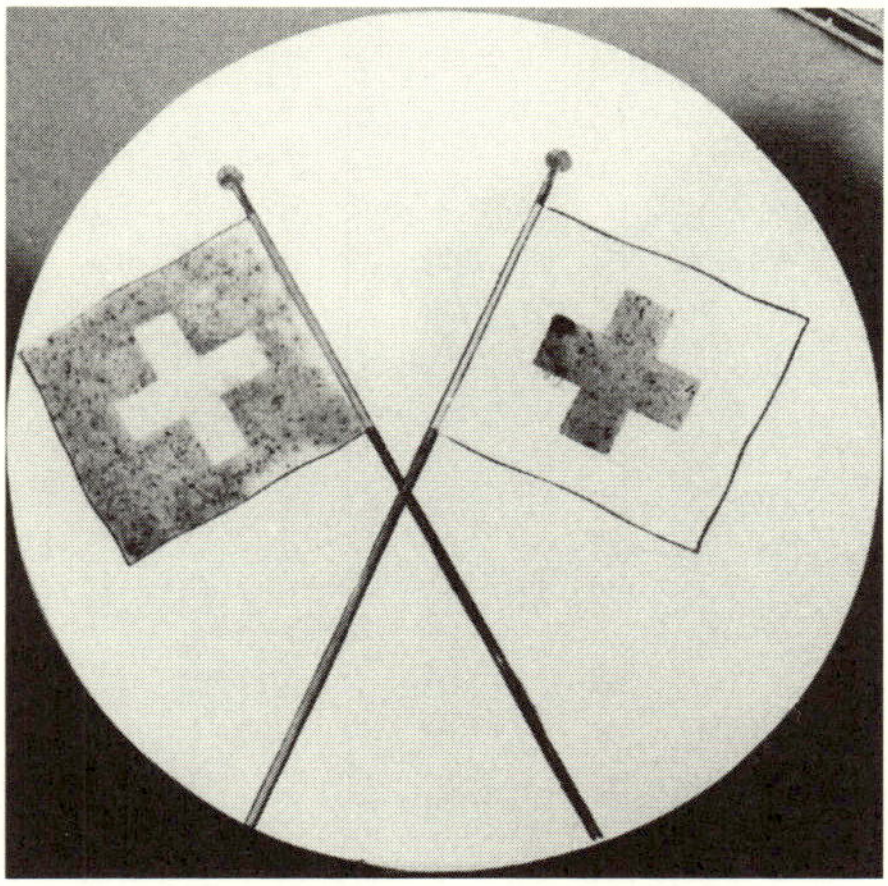
スイス国旗に赤十字旗の交叉

3・ヘンリー・デュナント、4・スイス国旗に赤十字旗の交叉、5・野戦の傷兵、6・救護者傷者を拾ふ、7・台湾にて敵兵を救ふ、8・台湾における天幕病院、9・大阪臨時病院へ臨幸、10・皇后陛下親ら綿撒糸を製し給ふ、11・小松宮彰仁親王殿下、12・博愛社の仮病院、13・日本赤十字社病院、14・日本赤十字社長佐野伯爵、15・広島大本営、16・広島大本営平面図、17・東宮殿下東京予備病院へ行啓、18・皇后陛下広島予備病院へ行啓、19・捕虜患者にも義足を賜ふ、20・衛生隊の仁川上陸、21・仁川に於て第一派遣救護員の勤務、22・野戦病院の山路行軍、23・朝鮮地方の炎天に患者を運搬す、24・一片赤十字旗の効力、25・支那地方に捕虜を治療す、26・遼東の烈寒に雪中患者を拾救す、27・金州兵站病院、28・施仁医院、29・台湾に於ける北白川宮殿下、30・広島予備病院第一分院全景、31・患者を手術室に運搬の図、32・手術室に於て手術の図、33・最重症患者看護の図、34・第三分院全景、35・患者運搬の図、36・篤志看護婦人会員繃帯を製造す、37・篤志看護婦人捕虜救護に従事す、38・其地方に於ける幻灯を加ふ、39・台北兵站病院、40・巴里の赤十字社病院汽車、41・一瓢の水を以て傷者の渇きたる喉を湿す、42・両陛下御真影、明治天皇と皇后、で終わっている。

石黒忠悳は赤十字の幻灯演説と称して赤十字思想の普及やジュネーブ条約の話をした。興味をもって聴衆に聞かせ、理解を深めるためにスライドの併用を考案したことが窺われる。この工夫は明治時代の日本における視聴覚教育の嚆矢に違いない。

3　アンリー・デュナンの顔写真をめぐって

この四十二枚のセットのものには、赤十字の創設者アンリー・デュナンが第三番に位置する点も面白い。「名前を忘れられた男」のアンリー・デュナンの再発見は明治二十八年（一八九五）五月十七日にドイツの一新聞記者ゲオルグ・バウムベルガーによって生存が報道されたことによる。日本では翌年の明治二十九年十月十日に東京朝日新聞が「世界に栄ゆる赤十字の創始者、見る影もなく零落して済貧病院の一隅に呻吟」と格調の高い見出しとともに詳細を報道している。その本文にはヘンリイ・ヂュナンと書かれている。したがってアンリー・デュナン晩年の顔写真が幻灯の中に顔を出すのは、それ以後のことと考えられる。

正確には明治三十一年（一八九八）二月の石黒忠悳の講本「補訂四版」の時期から、赤い椅子に腰掛けている晩年のアンリー・デュナンの写真が入ることになると思われる。一番目に石黒忠悳の写真が入っているのは、各地からの赤十字幻灯講演の依頼が多く、それに応じきれずに、代理の弁士が講本を代読する時期に加わったものと考えるのが妥当であろう。

明治時代には赤十字の創設者、アンリー・デュナンはヘンリイ・ヂュナント、ヘンリイ・ジュナン、ハインリッヒ・ヂュナンなどと様々な響きである。前述のように森鷗外はヘンリー・ドュナンと書いている。ジュネーブ生まれのHENRY　DUNANTを最近ではフランス式にアンリー・デュナンと書くようになったが、ここにも赤十字が

石黒忠悳の赤十字幻灯の中にあった３種類のアンリー・デュナン

誰によって創設されたか、長い間、忘れられる男の運命と歴史的背景があった。

また幻灯では明治二十四年の製作当初からナイチンゲールがトップに顔を出し、二番目にアンリー・デュナンと展開され、三番目に赤十字の旗へとつながっている。石黒忠悳の赤十字幻灯に現われる赤十字の創設者アンリー・デュナンの写真には今回、三種類のものが発見された。その中の一枚は、今まで日本で知られていた八種類の写真とは全く異なった貴重な写真であった。

今日、多くの日本人は平和を口にしながら、平和がジュネーブ条約によって堅持されていることを忘れている。またジュネーブ条約と赤十字との関係について文化人といわれる人々でも無知のことがある。国際的にみても明治十九年六月五日に、ジュネーブ条約に調印している日本は、先進国の平和国家として十分な責任を果たす必要があろう。

昭和五十四年（一九七九）四月に大量に見つかった石黒忠悳の幻灯スライドと幻灯演説の台本を調査して多くのことを考えさせられた。明治時代においてジュネーブ条約・赤十字条約に加盟調印し、国際法の中で最も重要な今日の人道法の原点に位置するジュネーブ条約とアンリー・デュナンの思想の普及に努力してきた先人の姿と足跡をはっきりと知ることができる。

4　佐久間象山と石黒忠悳

石黒忠悳と信州とは特別の関係がある。その点について触れれば、幕末の安政五年（一八五八）十四歳のころ、信州坂城の中之城の陣屋、叔父の秋山省三のもとに滞在して勉学した一時期がある。また五年後の文久三年（一八六三）春には信州松代の佐久間象山を訪れて三日間にわたって教えを受けている。十九歳の青年、石黒忠悳と五十三歳の佐久間象山との出会いがなければ、前述したドイツのカルルスルーエの話も森鷗外や赤十字との関係もなかったかもしれない。

松代ではわずか三日ほどの佐久間象山との会見とはいいながら、門人同様にいろいろと教えられたようである。しかし石黒忠悳は「今日のお教えを受けて敬服に堪えないが、残念なことに門人に加えていただくわけにはいきません。私には同志があり、いずれも攘夷家であって、先生のように西洋の横文字を習い洋学をやることは世間を惑わす非行であると存じます」という意味のことをいっている。

これに対して佐久間象山は「若い者はしばらくはそんなことをいっているが、早晩必ず横文字を読まなければならないときがやってくる。そのときになって横文字は物好きで読むのではない。読む必要があることを自覚するであろう。今のような説を吐くのもしばらくの間にすぎない」といった。その後、石黒忠悳は横文字を読む必要に迫られた。江戸に出て西洋医学を勉強することになったからである。その意味でも佐久間象山との出会いが石黒忠悳に大きな転機を与えたように思われる。

この出会いの翌年、元治元年（一八六四年ジュネーブ条約成立の年）七月十一日、佐久間象山は京都で暗殺される運命にあったが、その二十三年後の明治二十年九月に石黒忠悳は日本赤十字社の最初（ジュネーブ条約加盟後）の国際

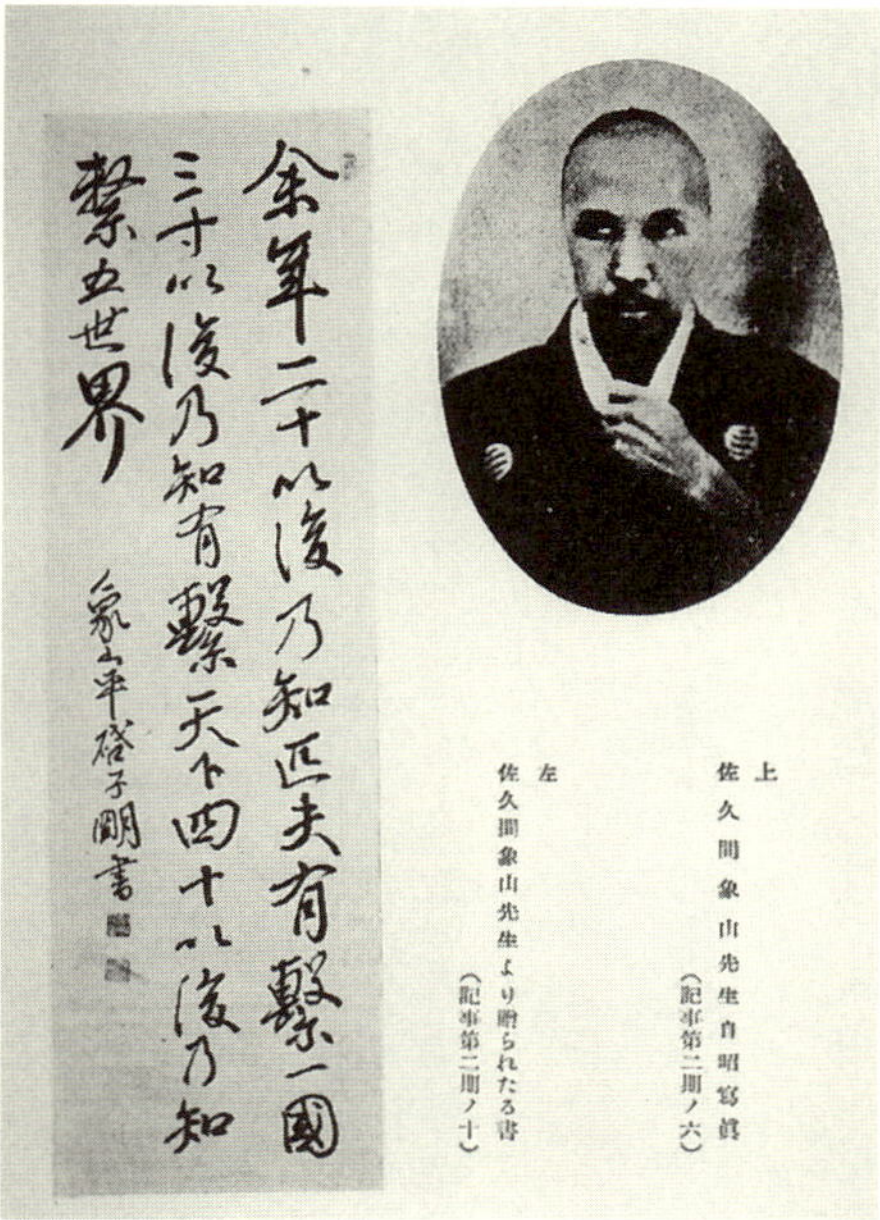

佐久間象山が石黒忠悳に贈った書
「余年二十以後乃知匹夫有繫一國
三十以後乃知有繫天下四十以後乃知
繫五世界　　　　象山平啓子明書」
とある。
（『石黒忠悳懐旧九十年』から）

会議、第四回万国赤十字総会の政府代表となった。のちになって石黒忠悳は佐久間象山との会見の非礼を霊前に詫びている。

石黒忠悳は幕末の江戸に出て医学所で松本良順（のちに順）の教えを受け、明治二十三年には橋本綱常のあとを受けて陸軍医務局長、陸軍軍医総監などを歴任した。長い間にわたって森鷗外の上司であった。明治三十年退官後、貴族院議員となったが、赤十字事業に関しては創立当時から強力な後援者としてその発展を助けてきた。閑院宮日赤総裁のすすめや諸条件が重なって、七十二歳の大正六年から大正九年まで第四代日赤社長をつとめたのである。昭和十六年四月、九十七歳の長い生涯を終わっている。

5　『石黒忠悳懐旧九十年』の中に

私が所蔵している『石黒忠悳懐旧九十年』（昭和十一年発行）にはちょっとしたエピソードがある。石黒忠悳や森鷗外に関係する史料調査をかねて、陸軍軍医学校の流れを汲む陸上自衛隊衛生学校（東京都世田谷区池尻一―二―二四）の資料館「彰古館」を訪れてみた。その際に新家清衛生学校長（陸将補）、荒井良長衛生資材研究室長、中宮安夫中央病院放射部長にお世話になったときに中宮安夫医師からいただいた書籍がある。長い間、手に入れたいと考えて、なじみの東京神田の古書店に依頼しておいたが、ついに買うことができなかった。一度は古書の目録に出現して早速注文したが、抽選にはずれた記憶が今も鮮明に残っている。のちに一九八三年、岩波文庫の一冊となっている。

中宮安夫医師と面談したときにも、幻灯スライドの話が出て探そうと思っていたものであった。日本赤十字社長野県支部の河野史郎氏に電話をかけてみた。そして、すでに忘れられ「ないだろう」といわれた幻の「幻灯スライド」を改めて探してもらった。その結果、三百十二枚の石黒忠悳の赤十字幻灯が出現したのである。この幻灯について『石黒忠悳懐旧九十年』には「赤十字幻灯演説とその台覧」の大見出しで次のように説明している。

「さて、我々は日本赤十字社の主旨を世上に普及したいと考えて、いろいろと其方法を工夫したけれども、何分にも世人は其事に興味を寄せて呉れません。……（中略）……内国外国の赤十字事業の有様などを絵に画き、之を幻灯に仕組んで映写し、講演を助ける事にしました。……（中略）……私の考えでは、赤十字事業其物の仁徳に基く人類愛、世界愛である所以を世人に周知せしめると共に……（中略）……宣伝するには金がいるが、経費の出処がありません。全く自腹を切ってやったのです。……（中略）……幸い私の妻は、赤十字事業に熱心であり幻灯にも興味があって自ら技師の役目を取ろうといい出したので幻灯の使用法を妻に習わせて暑中休暇などには夫婦で地方を巡り、学校を借りて此の赤十字幻灯演説を催しました。……」

これは明治二十四年（一八九一）ころの話である。今日でいう視聴覚教育である。この時代にジュネーブ条約について正確な情報をPRしていたのである。

明治20年ドイツにおける石黒忠悳（『石黒忠悳懐旧九十年』から）

6　おわりに

昭和五十四年（一九七九）東京のアンリー・デュナン教育研究所では橋本祐子主幹を中心に赤十字発祥の地に現地ロケを開始していた。そのVTRは石黒忠悳の赤十字幻灯の現代版となろう。日本がジュネーブ条約に加盟し、博愛社が日本赤十字社へと質的転換をはかった時代の関係者の努力を想像するとき「幻灯からVTRへ」「戦争から平和へ」と確かに時代は変化してきた。しかしジュネーブ条約・赤十字条約や赤十字思想の普及は一層必要な時代になるように思われる。

当時、世界の一四六カ国がジュネーブ条約に加盟し、一二五カ国には赤十字（赤新月を含む）がつくられていた。今日、二〇〇三年四月末現在では世界の一九〇カ国がジュネーブ条約に加盟し、一七九カ国に赤十字社・赤新月社（赤十字社一四九カ国、赤新月社三〇ヵ国）がつくられている。二〇〇二年三月三日のスイス国民投票の結果、百九十番目の国連加盟が決定した。それによってジュネーブ条約の重要性、「人道」「中立」が国連の大きな課題になる時代を迎えている。

日本が明治十九年（一八八六）にジュネーブ条約に調印以来、すでに百十六年になる。石黒忠悳や森鷗外が明治時代に赤十字思想の普及に尽力してきた証拠品としての赤十字幻灯スライドの出現を契機に、ジュネーブ条約と赤十字の意味を改めて考えてみたいのである。

（第六章は「信濃毎日新聞」夕刊ぶんか欄、昭和五十四年（一九七九）五月十九日～二十一日に連載された論考に加筆したものである）

第七章 国際貢献とジュネーブ条約

I ジュネーブ条約・赤十字条約

平成四年（一九九二）、国際貢献を強調したＰＫＯ協力法が国会で成立し、多くの課題を残しながら一里塚を越えた。その前年平成三年、ＰＫＯ問題が話題になり始めたころ、私は『大給恒と赤十字』（銀河書房発行）を公刊してきた。その中で、日本の国際貢献は国連よりも歴史と伝統をもつ赤十字の道を選択すること、日本が明治十九年（一八八六）六月五日にジュネーブ条約に調印した経緯「日赤歴史未知の断面」などについて詳述してきた。

「ジュネーブ条約」とは赤十字条約のことである。現在のジュネーブ条約の起源は赤十字の創設者アンリー・デュナンなどの尽力による「戦地軍隊傷病者の保護に関するジュネーブ条約」（一八六四年）であり、日本はその二十二年後の明治十九年にジュネーブ条約に調印していた。翌年、明治二十年には最初の国際会議、第四回万国赤十字総会がドイツのカルルスルーエで開かれ、日本政府代表・石黒忠悳《ただのり》と日本赤十字社代表・松平乗承《のりつぐ》とが参加した。その会議では通訳をドイツ留学中の森林太郎（鷗外）が担当した。会議は九月二十二日から二十七日まで続き、その模様は森鷗外の『独逸日記』の中に優れた筆致で書かれている。

その翌年、明治二十一年九月に一緒に帰国した石黒忠悳と森鷗外などはジュネーブ条約の重要性を深く認識していた。そのためか明治二十年代には赤十字思想の普及に官民あげて努力した史実がある（「第六章　赤十字幻灯は語る」を参照）。この時代は現在よりジュネーブ条約・赤十字条約の意味がよく知られていたようである。

その後の日露戦争を経て変化してきたように思われる。たとえば、捕虜の取り扱いに関する条約、一九二九年（昭和四）のジュネーブ条約（捕虜の待遇に関するジュネーブ条約）は国際会議で署名したにもかかわらず「わが軍には捕虜となるものはいない」として批准しないままとなった。そのために太平洋戦争を通じてジュネーブ条約に違反するような行為を重ねた日本及び日本人は、ジュネーブ条約の発展に努力してきた欧米先進国に比較して、大きな落差があるように思われる。

今日のジュネーブ条約は第二次世界大戦の経験を経て一九四九年に全面的に改正された。基本的には四つの条約、①陸の条約（一八六四年）「戦地軍隊傷病者の保護に関するジュネーブ条約」、②海の条約（一八九九年）「ジュネーブ条約の原則を海戦に応用するヘーグ条約」、③捕虜の条約（一九二九年）「捕虜の待遇に関するジュネーブ条約」、④文民の条約（一九四九年）「戦時文民の保護に関するジュネーブ条約」である。

それらは一九四九年にスイス連邦政府の招請した外交会議で四月二十一日から八月十二日まで五カ月にわたって審議を重ね、四つの条約とも改正された。これを一括して「戦争犠牲者の保護に関する一九四九年八月十二日のジュネーブ条約」と呼んでいる。

2 「ジュネーブ条約追加議定書」の国会批准を急げ

敗戦後、サンフランシスコ平和条約の宣言に沿って昭和二十八年（一九五三）四月、日本は四つの条約に正式に加盟した。その後のジュネーブ条約はベトナム戦争などの経験を経て、一九七七年に二つの「ジュネーブ条約追加議定書」によって補完されて今日に至っている。

しかし、日本は一九七七年にこの追加議定書に署名しながら、二十五年ほども経過する今も日本の国会は加盟を承認していない。広範にわたり具体的な補足事項を定めた追加議定書は重要であり、いまだに批准していないことは、日本が国際人道法を軽視することにつながるのである。先進国として未加盟の状態を続けていくことは国際的に信用を落とすのである。平和国家を口にし、国際的貢献を云々するならば、ＰＫＯ、ＰＫＦよりも「ジュネーブ条約追加議定書」を速やかに国会承認すべきであろう。

日本の国会が約二十五年間も棚上げして、批准を遅らせているのは、それなりの国内的事情によるのであろう。それは日本国憲法はじめ自衛隊法、特殊法人・日本赤十字社法などの国内法の整合性に欠ける問題が多いからである。たとえば、災害救助の場合に出動する日本赤十字社の医療チームと陸上自衛隊・衛生部隊の赤十字のマークをつけたヘリコプターや四輪駆動車の活動とは、その命令系統が異なっている。阪神淡路大震災のときの対応のずれからも明確である。しかし、これらの諸活動の行動基準は国際法のジュネーブ条約を遵守しなければならないことは当然である。

紙幅の関係から詳しくは触れないが、一八六四年、アンリー・デュナンによって赤十字条約・ジュネーブ条約が創設された。そして、その価値が評価され二十世紀の初頭の一九〇一年「赤十字の創設者、ジュネーブ条約の推進者、アンリー・デュナン」に対して第一回ノーベル平和賞が贈られた。二十一世紀初頭の昨今、その意味を改めて考えれば、日本が平和国家に徹して世界の平和に貢献するために、国連よりも歴史と伝統をもつ赤十字の組織を通じて、貢献する道を選択することである。

（第七章は「信濃毎日新聞」朝刊文化欄、平成四年（一九九二）七月八日に掲載された論考に加筆したものである）

第八章　史料編

第一節　未知の断面に関する史料・資料

1　はじめに

前述した「第五章　赤一字から赤十字へ」の内容は、赤十字新聞の一九七八年一月号から三月号までに連載した「日赤史未知の断面—ジュネーブ条約加盟の前後—」と題する論考に加筆したものである。これを赤十字新聞にまず報告したことは、日本赤十字社に対する私の配慮からであった。

当時、日赤百年の歴史の中で、博愛社から日本赤十字社への転換期の重要部分について、空白のまま（記録のないまま）歳月が流れていた。そのことを他の新聞や雑誌に公表することは容易であり、日本赤十字社創立百年の時期にマスコミの文化・学芸欄の最も適当な材料であることは十分承知していた。事実そのような話もあったが、私はその方法を選びたくなかった。

さて、前述の内容を補足する意味で、追加事項として「ジュネーブ条約加盟の前後」の謎の足跡を証明する「外交交渉文書」の主なもの一八八五年八月二十九日付、十月九日付、十月十一日付、十月二十三日付、一八八六年四月十九日付、八月一日付の六通の全文を史料として記録しておきたい。このフランス語の文書の翻訳はアンリー・デュナン研究家、村上直子さんに協力していただいた。ここに特記して感謝の意を表する次第である。

さらに参考文献として使用してきたもので、今日では入手困難な文献が多い。そこで「日赤歴史未知の断面」を解明するために必要であった史料・資料に、それぞれ「橋本綱常に関する部分」「蜂須賀茂韶に関する部分」「アレキサンダー・シーボルトに関する部分」「森鷗外に関する部分」「赤十字の標章に関する部分」と題して、多少の覚え書きを加えて原文を紹介しておきたい。これも、さらに別の立場から、他の人々によって研究が推進されることを期待してやまないからである。

2　発掘した外交交渉文書

本書の「第五章　赤一字から赤十字へ―ジュネーブ条約加盟の前後―」の中で外交文書・六通に触れてきた。それは一八八五年八月二十九日付（Ｓｉｅｂｏｌｄ文書）、十月九日付（Ｈａｃｈｉｓｕｋａ文書）、十月十一日付（Ｈａｃｈｉｓｕｋａ文書）、十月二十三日付（Ｍａｒｓｈａｌｌ文書）、一八八六年四月十九日付（Ｍａｒｓｈａｌｌ文書）、八月一日付（Ｍａｒｓｈａｌｌ文書）である。日本がジュネーブ条約に調印した一八八六年（明治十九）六月五日をはさんで、前が五通、後が一通、合計六通である。それらの外交文書について、私の著書『続・日本赤十字社をつくり育てた人々―日赤歴史未知の断面―ジュネーブ条約加盟の前後』（一九七八年発行、アンリー・デュナン教育研究所）から図版を整理して次ページ以降に掲載する。

発掘した外交交渉文書

1885年8月29日付 Siebold 文書

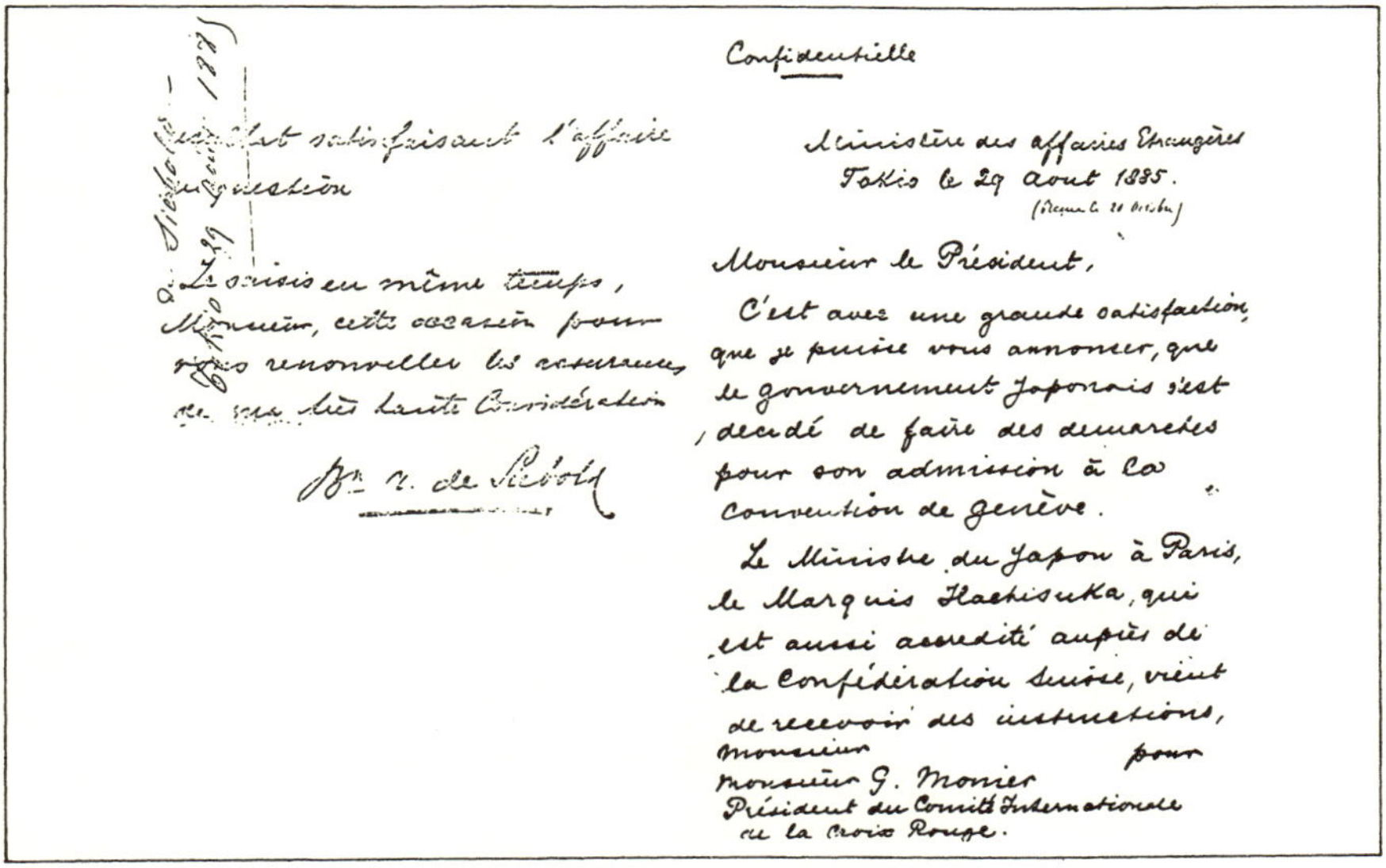

Confidentielle

Ministère des affaires Etrangères
Tokio le 29 Aout 1885.
(Reçue le 20 Octobre)

Monsieur le Président,

C'est avec une grande satisfaction, que je puisse vous annoncer, que le gouvernement Japonais s'est décidé de faire des démarches pour son admission à la Convention de Genève.

Le Ministre du Japon à Paris, le Marquis Hachisuka, qui est aussi accredité auprès de la Confédération Suisse, vient de recevoir des instructions, pour

Monsieur G. Monier
Président du Comité International de la Croix Rouge.

…ultat satisfaisant l'affaire en question.

Je saisis en même temps, Monsieur, cette occasion pour vous renouveller les assurances de ma très haute considération

Bn. v. de Siebold

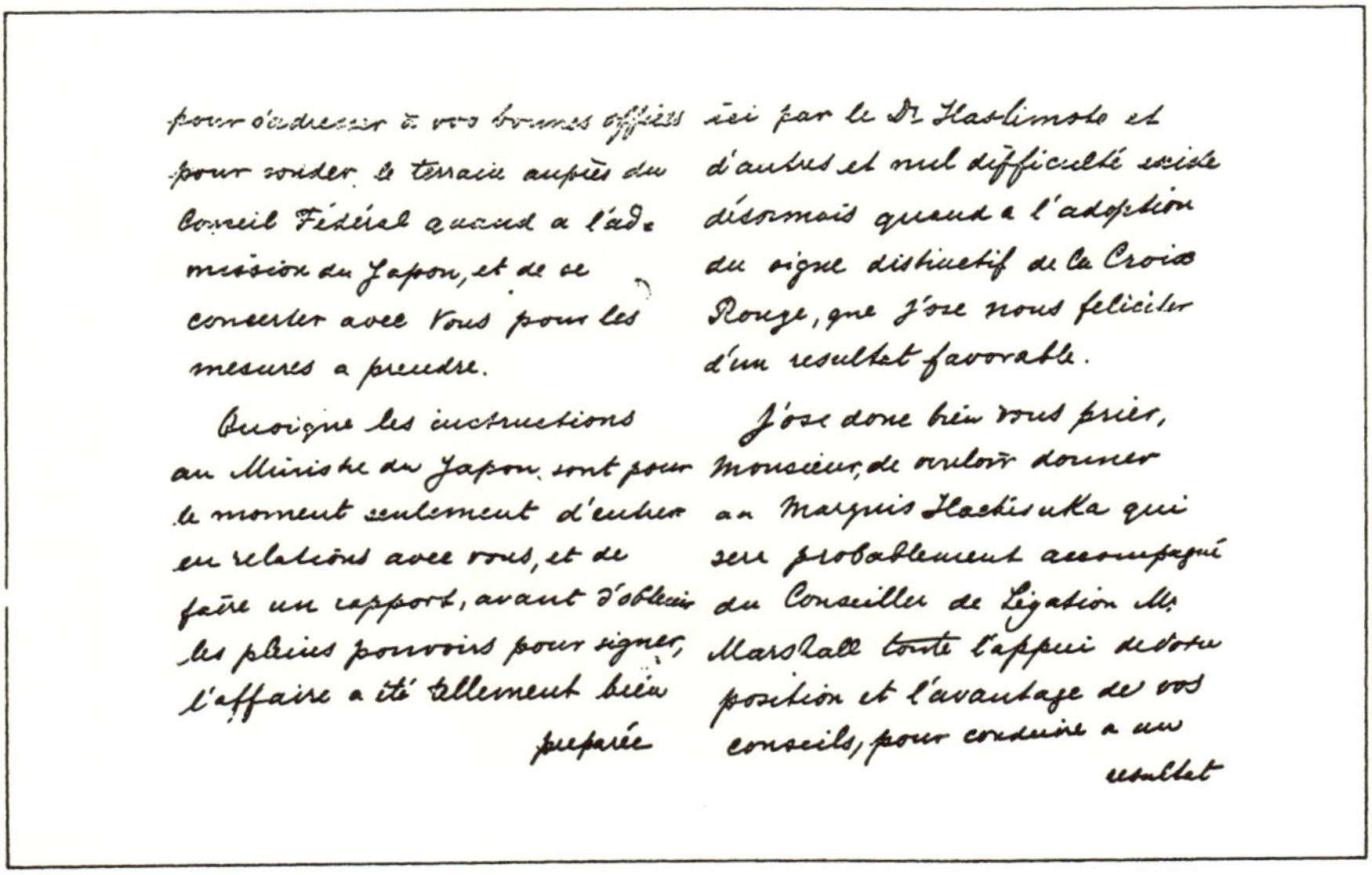

pour s'adresser à vos bonnes offices pour sonder le terrain auprès du Conseil Fédéral quand à l'admission du Japon, et de se concerter avec vous pour les mesures à prendre.

Quoique les instructions au Ministre du Japon sont pour le moment seulement d'entrer en relations avec vous, et de faire un rapport, avant d'obtenir les pleins pouvoirs pour signer, l'affaire a été tellement bien préparée ici par le Dr. Hashimoto et d'autres et nul difficulté existe désormais quand à l'adoption du signe distinctif de la Croix Rouge, que j'ose nous féliciter d'un resultat favorable.

J'ose donc bien vous prier, Monsieur, de vouloir donner au Marquis Hachisuka qui sera probablement accompagné du Conseiller de Légation Mr. Marshall toute l'appui de votre position et l'avantage de vos conseils, pour conduire à un resultat

秘密文書

外務省

東京　１８８５年8月２９日

（１０月２０日受理）

会長殿

日本政府がジュネーブ条約加盟許可願い運動を開始することを決意したことを大きな喜びとしてお知らせ致します。

パリの駐仏公使であり、スイス連邦の代理公使でもあります蜂須賀侯爵が日本の加盟許可に関して、スイス連邦会議の情勢や対策を協議するために貴殿の事務局に問合せるための指示を受けました。

日本公使への指示が今のところただ貴殿と関係を結び、調印のための全権を獲得する前に報告することであります。橋本博士らによって必要事項は非常によく準備されました。また赤十字の特別のしるしの採用に関しても今はいかなる困難も存在しませんので、私はこのよい結果に大変満足しております。

そこで貴殿には公使館参事官マーシャルを同伴する筈の蜂須賀公使にこの事柄が満足のいく結果を導かれるように絶大なご支援と多くのご助言を賜りますようお願い致します。

敬具

シーボルト

1885年10月9日付 Hachisuka 文書

Confidentielle　　　le 9 Octobre 1885

Légation du Japon
à Paris

Monsieur,

Je suis chargé par mon Gouvernement de me mettre en relation avec vous, officieusement et confidentiellement, au sujet de l'adhésion du Japon à la Convention de Genève.

Je confie la mission d'aller vous voir à Genève, afin de vous consulter sur la question, à Mr. Marshall, Conseiller de ma Légation.

Par conséquent, Monsieur, je vous serai très obligé de vouloir bien avoir la bonté de m'informer à quel moment il vous sera possible de faire à Mr. Marshall l'honneur de le recevoir dans ce but.

Il est prêt à partir immédiatement et il sera à Genève le jour qu'il vous conviendra de m'indiquer.

Je saisis cette occasion avec empressement, Monsieur, pour vous offrir les assurances de mes sentiments de la plus haute considération.

Mis Hachisuka

秘密文書

１８８５年１０月９日

パリ日本公使館

拝啓

私は政府からジュネーブ条約加盟について、非公式に内密に貴殿と連絡をとるよう命令をうけました。

私はこの問題に関してご意見を伺いに、ジュネーブに参上する使命を公使館参事官マーシャルに委託します。

したがって、この目的のためにマーシャルにお会いくださるのに都合のよい日を私にお知らせくだされば大変有難く存じます。彼はすぐに出発できる準備ができておりますので、貴殿の指定される都合のよい日にジュネーブに参上致します。

敬具

蜂須賀公使

１８８５年１０月１１日付 Hachisuka 文書

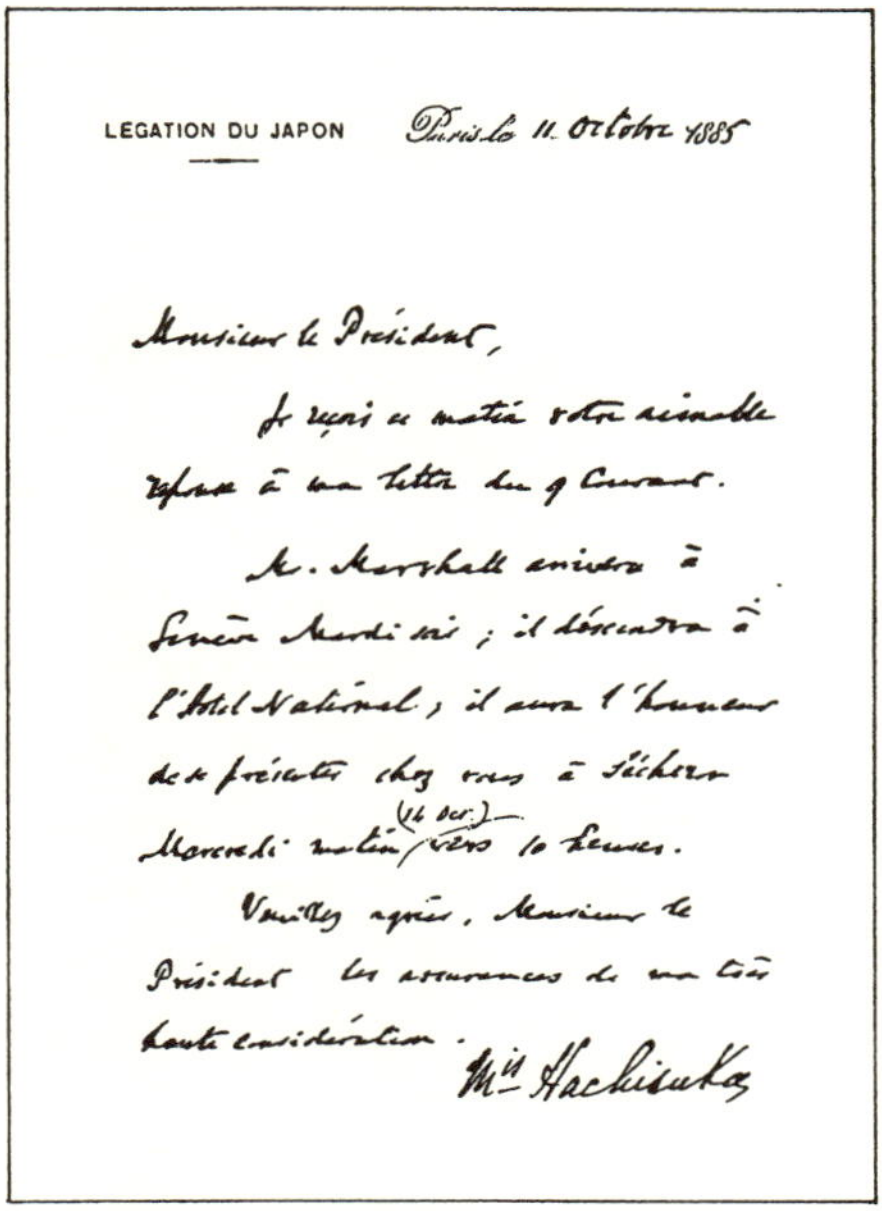

LÉGATION DU JAPON　Paris le 11 Octobre 1885

Monsieur le Président,

Je reçois ce matin votre aimable réponse à ma lettre du 9 courant.

M. Marshall arrivera à Genève Mardi soir; il descendra à l'Hôtel National; il aura l'honneur de se présenter chez vous à Sécheron Mercredi matin (14 oct.) vers 10 heures.

Veuillez agréer, Monsieur le Président les assurances de ma très haute considération.

Mis Hachisuka

パリ　１８８５年１０月１１日

日本公使館

会長　殿

今朝、私の今月９日付の手紙に対する貴殿の返事を受け取りました。

マーシャルは火曜日の夕方ジュネーブに着くでしょう。彼はナショナル・ホテルに泊ります。彼は水曜日（１０月１４日）ごろ貴殿のところにお伺い致します。

敬具

蜂須賀公使

1885年10月23日付 Marshall 文書

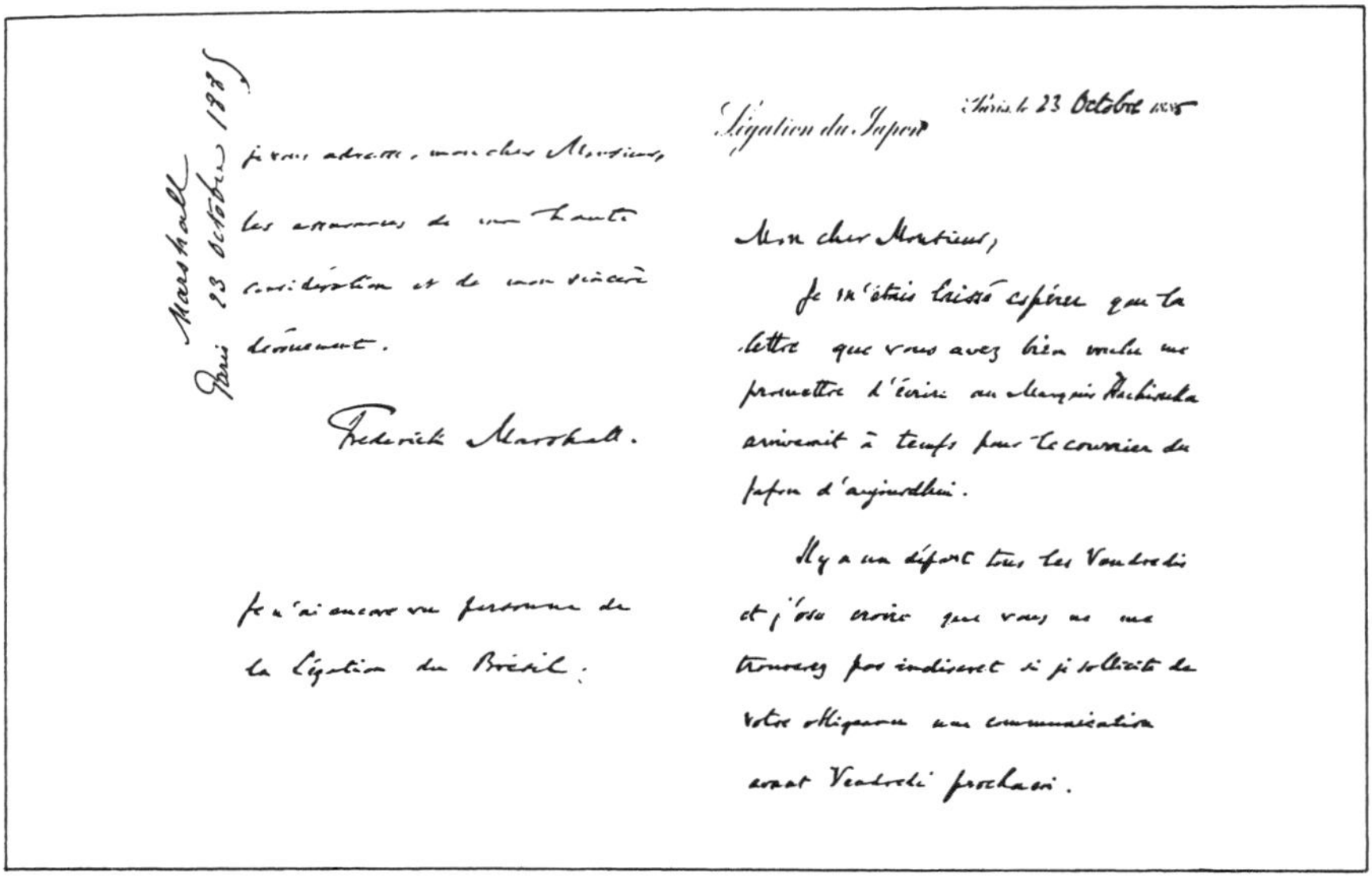

Légation du Japon

Paris, le 23 Octobre 1885

Mon cher Monsieur,

Je m'étais laissé espérer que la lettre que vous avez bien voulu me promettre d'écrire au Marquis Hachisuka arriverait à temps pour le courrier du Japon d'aujourd'hui.

Il y a un départ tous les Vendredis et j'ose croire que vous ne me trouverez pas indiscret si je sollicite de votre obligeance une communication avant Vendredi prochain.

Marshall
Paris 23 octobre 1885

je vous adresse, mon cher Monsieur, les assurances de ma haute considération et de mon sincère dévouement.

Frederick Marshall.

Je n'ai encore vu personne de la Légation du Brésil.

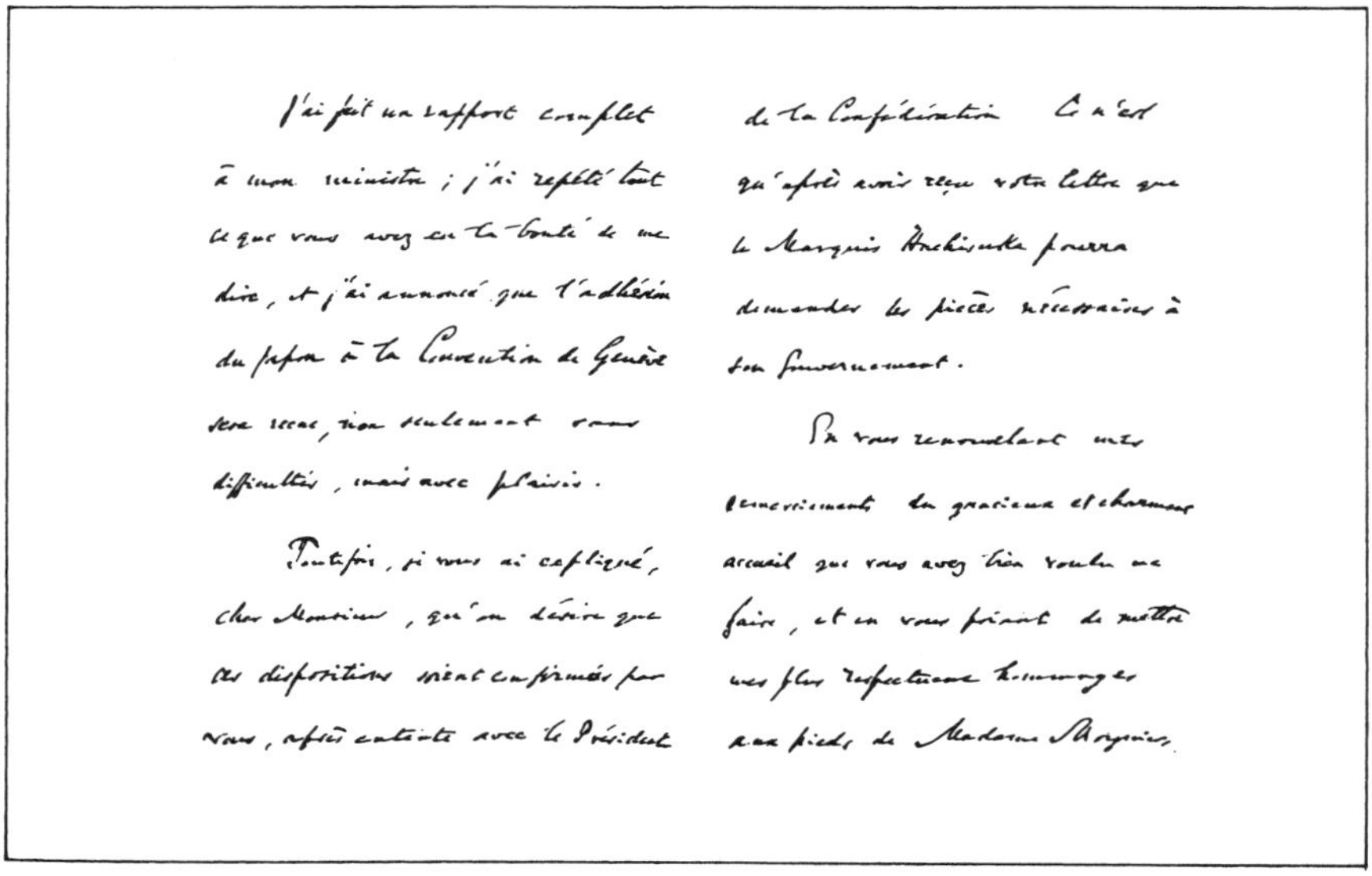

J'ai fait un rapport complet à mon ministre ; j'ai répété tout ce que vous avez eu la bonté de me dire, et j'ai annoncé que l'adhésion du Japon à la Convention de Genève sera reçue, non seulement sans difficultés, mais avec plaisir.

Toutefois, je vous ai expliqué, cher Monsieur, qu'on désire que ces dispositions soient confirmées par vous, après entente avec le Président de la Confédération. Ce n'est qu'après avoir reçu votre lettre que le Marquis Hachisuka pourra demander les pièces nécessaires à son gouvernement.

En vous renouvelant mes remerciements du gracieux et charmant accueil que vous avez bien voulu me faire, et en vous priant de mettre mes plus respectueux hommages aux pieds de Madame Marquise,

パリ　１８８５年１０月２３日

日本公使館

親愛なる方へ

蜂須賀侯爵に書くと私に約束された貴殿からの手紙が今日の郵便馬車に遅れずに到着すると秘かに期待しておりました。

毎週金曜日に発送があります。そこで私が貴殿に次の金曜日前に通知してくださいますようお願いしても不仕付けとお思いにはならないと信じております。

私は完全な報告を私の公使に致しました。私は貴殿の申されたことをすべて報告致しました。そしてジュネーブ条約への日本の加盟は困難なくというだけでなく、喜んで受け入れられるでしょうと報告致しました。

しかしながら私が貴殿に説明致しましたが、これらの意向をスイス連邦大統領と合意の後、貴殿から確認されることを望んでおります。

貴殿の手紙を受け取った後からでないと　蜂須賀侯爵は日本政府に必要書類を請求できないのです。

貴殿の丁重な暖かいおもてなしに厚く感謝致しますと同時に　マダム・モワニエにも私の感謝の気持をお伝えください。

敬具

フレデリック・マーシャル

ブラジル公使館の誰にもまだ会っておりません。

1886年4月19日付　Marshall 文書

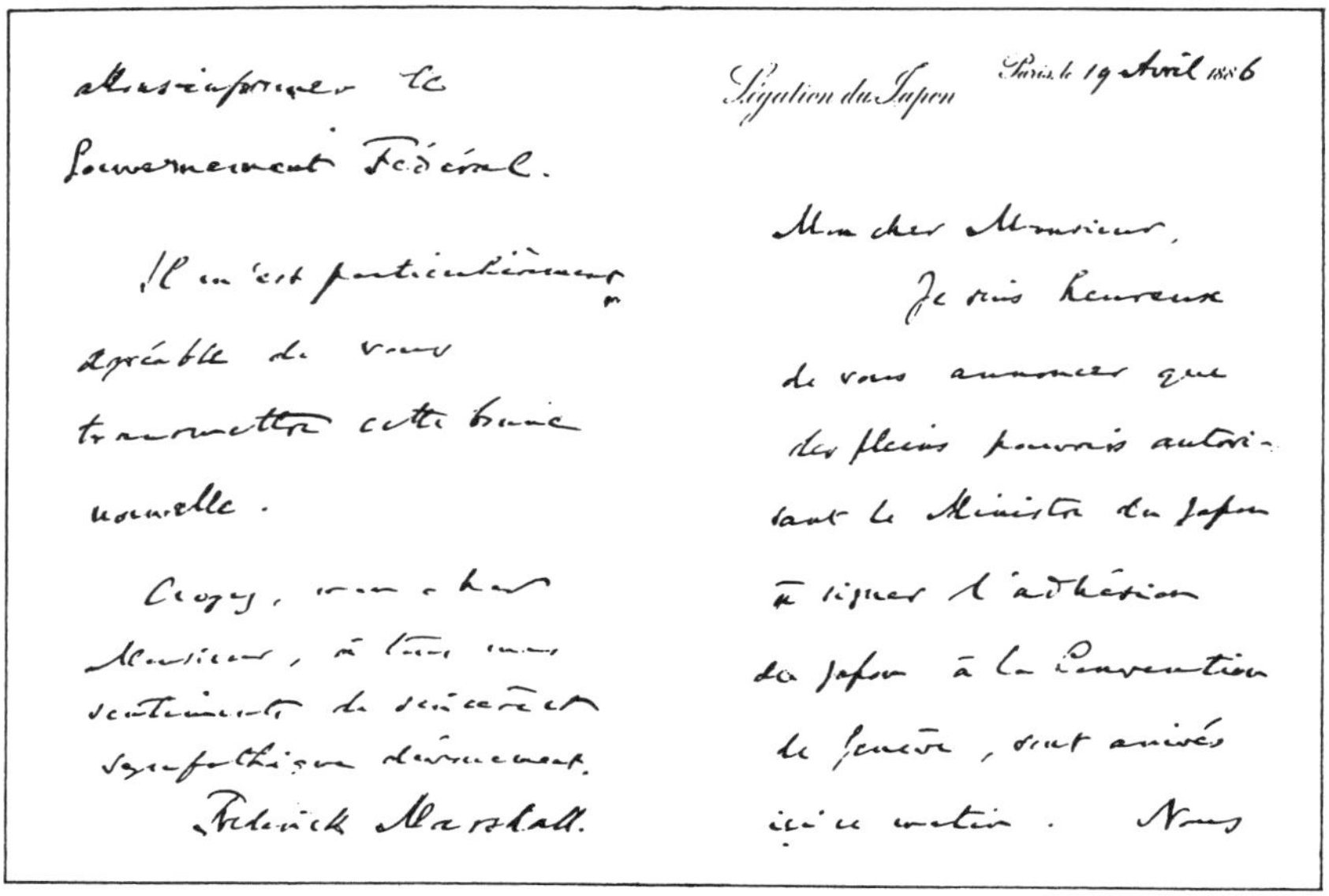

Légation du Japon　Paris le 19 Avril 1886

Mon cher Monsieur,

Je suis heureux de vous annoncer que les pleins pouvoirs autorisant le Ministre du Japon à signer l'adhésion du Japon à la Convention de Genève, sont arrivés ici ce matin. Nous allons informer le Gouvernement Fédéral.

Il m'est particulièrement agréable de vous transmettre cette bonne nouvelle.

Croyez, mon cher Monsieur, à tous mes sentiments de sincère et sympathique dévouement.

Frédérick Marshall.

パリ　1886年4月19日

日本公使館

親愛なる方へ

蜂須賀公使へのジュネーブ条約日本加盟への調印の権限が与えられる全権が今朝届いたことを貴殿にお知らせすることを嬉しく思います。

スイス連邦政府にも知らせるつもりです。

貴殿にこのよい知らせをお伝えすることは私にとって特に嬉しいことです。

敬具

フレデリック・マーシャル

1886年8月1日付　Marshall 文書

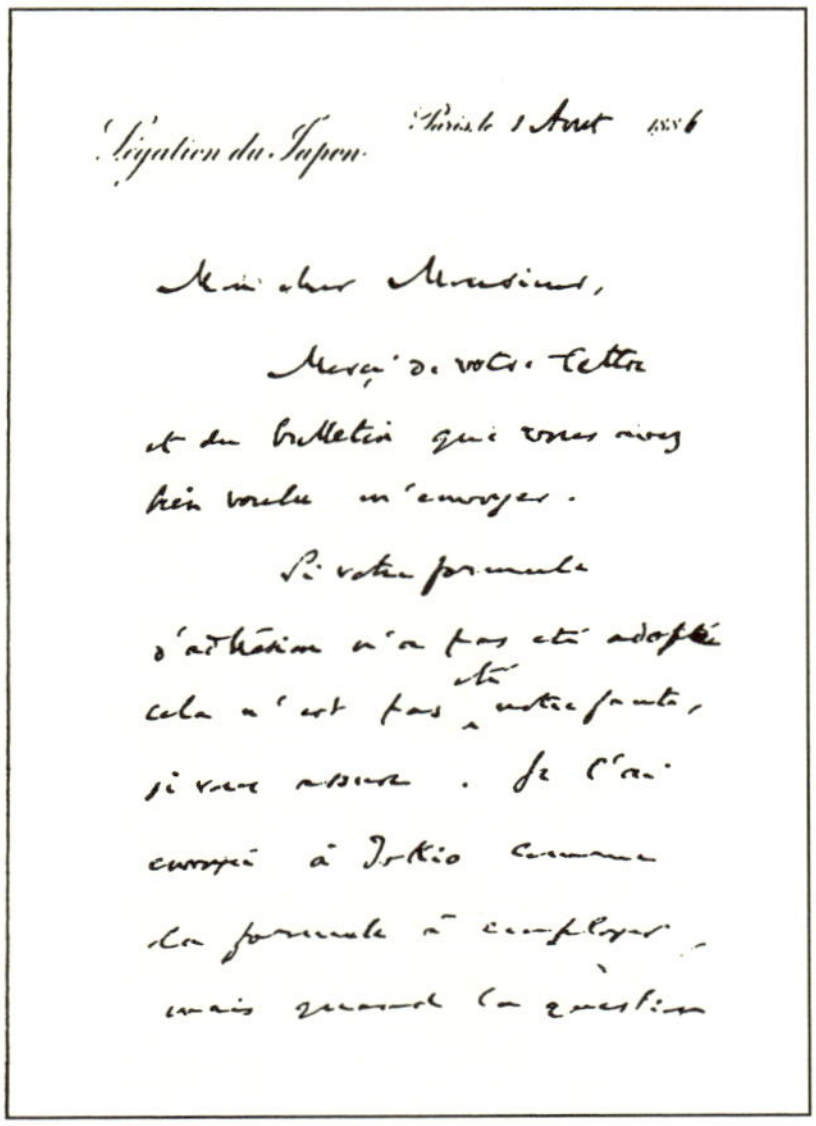
Légation du Japon　Paris le 1 Août 1886

Mon cher Monsieur,

Merci de votre lettre et du bulletin que vous avez bien voulu m'envoyer.

Si votre formule d'adhésion n'a pas été adoptée cela n'est pas été votre faute, je vous assure. Je l'ai envoyé à Tokio comme la formule à employer, mais quand la question

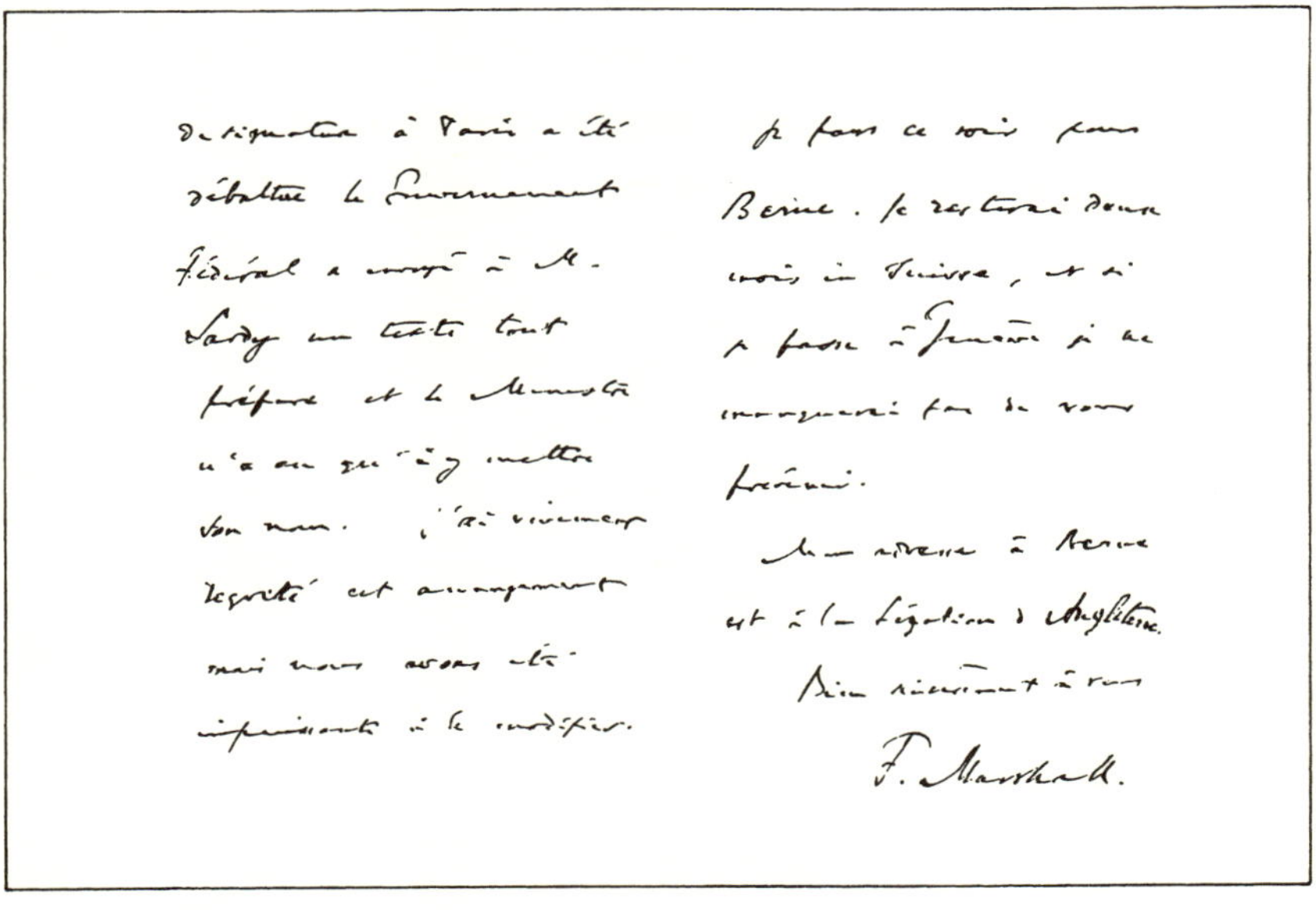
de signature à Paris a été débattue le Gouvernement fédéral a envoyé à M. Lardy un texte tout préparé et le Ministre n'a eu qu'à y mettre son nom. J'ai vivement regretté cet arrangement mais nous avons été impuissants à le modifier.

Je pars ce soir pour Berne. Je resterai deux mois en Suisse, et si je passe à Genève je ne manquerai pas de vous prévenir.

Mon adresse à Berne est à la Légation d'Angleterre.

Bien sincèrement à vous

F. Marshall.

パリ　１８８６年8月1日

日本公使館

親愛なる方へ

お手紙と報告を有難うございました。

加盟における貴殿の形式が採用されなかったことは、決して貴殿の誤ちではありません。それは確かです。私はそれを東京に使用すべき形式として送りました。しかし署名の問題がパリで討議されたとき、連邦政府はM.L（サインが不明）に出来上った原文を送り、公使はただそれにサインをすればよいだけになりました。こういう処置を残念に思いますが、私どもにはそれを変更することができませんでした。

私は今夜ベルンに出発します。スイスには２カ月間滞在するつもりです。もしジュネーブに寄ることがあれば、事前に貴殿にお知らせ致します。

ベルンの私の住所はイギリス公使館です。

敬具

フレデリック・マーシャル

3　橋本綱常に関する部分

（一）　私の覚え書きから

明治二十年五月二十日に博愛社が日本赤十字社と転換する以前、ジュネーブ条約加盟の前段階において、その手続き方法の調査に大きな役割を果たしたのは陸軍軍医監・橋本綱常であった。その後、日本赤十字社病院の初代病院長になった人物であるが、彼が橋本左内の末弟であることはあまり知られていない。

一九七七年八月、ジュネーブの赤十字国際委員会で発掘した外交秘密文書の中にもDr. Hashimotoの名前は書かれていた。またスイス東北端のハイデン村（アンリー・デュナンの晩年の地）の文化人レーニー・ローナー女史が大切にしている蔵書『Catharina Sturzenegger』の中にも橋本男爵は登場していた。「日赤歴史未知の断面」を書きながら、折りをみて橋本綱常の生涯を偲ぶことを考えていた。史料を求めて福井市を訪れたのは一九七七年十一月のことであった。福井駅前通りを真っすぐ五〇〇メートルほど歩くと路面電車通りに出る。この交差点を右折して、五〇〇メートルほど行った地点の信号のある交差点を左折した。右手に裁判所、その横隣りに福井新聞社がある。この近くの裏通りにあたる福井市春山町二丁目九―二六（旧町名は常盤町といった）が橋本綱常の誕生の地であった。ここには、すでに家もなく街角の一隅に「橋本左内の宅」の碑が朝日に映えていた。

橋本綱常（明治19年〔1886〕ころ）

長兄・橋本左内の名前はあるが、末弟・綱常の名前はどこにもない。私には何故か、三人の男兄弟、左内・綱維・綱常の名前が重なってみえるようであった。この地に隣接して福井大学教授・川端哲夫氏（父・川端太平は松平春嶽や橋本景岳の研究家で著書も多い）のアトリエがあり、幸運にも在宅の先生からいろいろ伺うことができた。また、ここから反対の方角にある足羽川に近い橋本左内公園の一角にある郷土歴史博物館にも立ち寄り、所蔵史料を拝見した。

橋本綱常に関する資料は市販されているものはなく、『橋本綱常先生』（昭和十一年十一月十五日発行、日本赤十字社病院）が最重要文献といってよい。橋本綱常について、一九七七年十二月、アンリー・デュナン教育研究所から出版された松平永芳著『橋本綱常博士の生涯』は誠に時宜を得たものであり、橋本綱常の生涯を偲ぶには適当な本である。ここでも前記文献『橋本綱常先生』が引用されているが、本稿に関係のある明治十八年六月二十四日の手続き書の内容について、紙幅の関係からか詳述されていないのが残念である。橋本綱常の報告書の筋書きが外務省の秘密文書を発信させる時期の大きな原動力となっていることは間違いない。

その意味でも橋本綱常は「日本赤十字社をつくり育てた人」の重要人物の一人であると考えている。したがって昭和十一年（一九三六）、日本赤十字社病院発行の『橋本綱常先生』の数ページを原文のまま重要関係資料として次に掲載しておきたい。

（二）『橋本綱常先生』から

第三回萬國赤十字総会は、此の年の九月一日より六日に亘りてジュネーヴに開催されたが、之より先き同會から滞獨中の大山陸軍卿に案内状が来た。然し卿は差支へがあったので其旨を答えられ、改めて橋本軍醫監に案内状が来たのであった。依って橋本先生は八月二十五日陸軍卿に随って伯林を出發、先づ墺國モンデスに向ひ、當時同地に病気療養中の上野公使を見舞はれた後、卿と別れてジュネーヴに到り、非公式ながら日本を代表して萬國会議に出席された。日本の醫人にして斯る會に列し、その名を留められた最初である。

當時の萬國赤十字中央社長はモアニエー氏であり、先生は各國の會議参列者中に舊知の人々があって種々便宜を受けられた。然し社長モアニエー氏は日本の國情に疎く、日本は歐洲各國と宗教を異にし、道徳観念が一致せぬとて、条約加入には容易に首肯せなんだが、先生は堂々と、赤十字精神が我仁義の精神と道徳の根帯を一にする所以を説き、我國が斷じて歐洲諸國に劣らざる實情を強調して、遂にモ社長を諒承せしめられた。

橋本先生と、ジュネーヴに行き、先生を補佐したシーボルト氏の功績も多い。シ氏は日本在留中、明治十年西南の役に際し、三條太政大臣、岩倉右大臣の爲に、獨逸軍人負傷自費衛生會社規則を譯述し、次で博愛社創立に参与したが、今や博愛社が歐洲の赤十字に聯伍せんとするを聞いて、大に喜び、博愛社委員の名を以て、中央社長に交渉し、此の總会には特に斡旋する所多く、先生も氏に頼って各種の調査を遂ぐる便を得られた。

尚ほ本件につき明治十八年六月、先生より上司に提出せる上申書「萬國赤十字條約加盟ノ件」（別記）に添付された「赤十字社ノ儀ニ付調査」を左に掲げて交渉状況を知るに便にする。（陸軍衛生制度史）

赤十字社ノ儀ニ付調査

軍医監　橋本綱常

明治十七年一月、大山陸軍卿ニ隨テ歐米ニ發程スルニ際シ、赤十字事業調査ノ事ハ、其條項中ニ在ルノミナラズ、特ニ博愛社總長小松宮殿下ヨリモ御囑託アリタリ。而シテ、獨逸國ニ着スルヤ、幸ニジュネーヴニ於テ該社第三回大會ヲ催スニ際シ、彼社長ヨリ我大山陸軍卿ニ招請状ヲ差越タリ。然ルニ大山卿閣キ難キ当用アラルルヲ以テ、之ニ答酬スルニ左ノ文意ノ書状ヲ以テセラレタリ。

『今回貴社ノ大會ニ際シ、幸ニ招状ヲ辱フシ感謝ニ堪ズ。然ルニ、此ニ閣キ難キ當用アリテ、之ニ参スルヲ得ス、去ナカラ、幸ニ我一行中ニ軍醫監橋本綱常ナルモノアリ、希クハ余ニ代ルニ此人ヲシテ、貴招ニ応ズルコトヲ得バ幸甚。』

右ノ返書ヲ發スルヤ、該社長ハ更ニ橋本軍醫監ニ招状ヲ差越シタリ。

綱常ハフォン・シーボルト氏（北野註、アレキサンダー・シーボルト）ト共ニ之ニ赴キ、八月三十一日ジュネーヴニ着シ、其大會ニ参シタルニ、尚ホ會初ニシテ舊識人ナル、ランゲンベック氏（伯林大學教授軍醫監）ポンペ氏（和蘭醫師として二十年前長崎に教師たり）ロングモール氏（英國軍醫總監）チーベル氏（佛國法律家）等ニ面會シ。此人等ノ親切ナル賛成ヲ得テ、社長モアニエー氏ハ綱常ヲシテ員外ノ席ニ着セシメタリ。
社長モアニエー氏特ニ語テ曰ク、貴國若シ我社ニ加ランコトヲ望マレバ、左ノ四項ニ合格セスンハアラス。
其一　道徳。其二　法律。其三　醫師。其四　標準。
右ノ其一、道徳ニ於テ日本人風俗ノ野蠻ニアラサルコト。其二、法律ニ於テ近年日本ニ新ナル法律ノ制定アリシコト。其三、醫師ニ於テ日本ニ醫学大ニ開闡進歩スルコトハ皆已ニ余輩之ヲ信ゼリ。其四、標章ニ至テモ日本人ガ我赤十字ノ標章ヲ附スルヲ忌マザルコトヲ信ズ。然ハ即チ貴社ノ我社ニ加入セラルルハ別ニ異議アル可キニアラザレドモ、貴國ヨリ國書ヲ差越サレザルノ前ニ於テ、貴國外務卿若クハ陸軍卿ヨリ、先ツ本社ヘ内問合状ヲ差越サレ、内照會濟ミテ後、國書ヲ差越サレナバ入社ノ都合ヲナスニ充分ナラン。

此の如く先生は日本を代表して國際會議に臨み、主張すべきことを主張し、遂に社長モアニエー氏をして日本の赤十字條約加盟の件を内諾せしめたのであるが、時は明治十七年で、我が国力未だ世界に重きをなさず、又泰西人の我邦に對する認識の足らざる時代であり、先生の努力が多かったことを偲ばれるであらふ。（明治十九年正式加盟後、翌二十年の第四回萬國赤十字總会には「赤十字條約中にある列国は相互に恵み病傷者を彼我の別なく救療する」という明文は、之を歐洲以外の國に適用すべきかといふ議題があって討論に附せられやうとする際、我政府代表石黒忠悳氏に依って抗議され、豫て我國醫育に貢献多き和蘭代表ポンペ氏等に依って問題にすべからずと主張し、議題は撤回されたが（石黒氏著「懐旧九十年」及日本赤十字社史稿）之を見ても、十七年内交渉當時の空気を察することができる）

かくて先生は、九月十八日に伯林に歸られ、同地に醫学研究中の小金井良精・佐々木政吉・緒方正規・三浦守治・榊俶・高橋順太郎・佐藤三吉・青山胤通・樫村清徳・宮本仲の諸氏が、先生を迎えて一夕の宴を張り、記念撮影をしてゐる。

大山卿一行は十月二十日伯林を去り、翌二十一日墺国維也納着、上野公使・本間書記官の出迎えを受け、三十日ブタベストに於て皇帝陛下に拜謁し御陪食を賜った。

維也納には先生の舊師ビルロート教授が居り、先生に同行した難波氏は同教授に就て研學中であり、先生は維也納大學にビ氏を訪はれた。
かくて大山卿一行は視察を了り、米国經由にて歸朝する爲め、十一月十日維也納發、巴里より倫敦に向ひ、約十日間を倫敦に過し、同月二十二日「セルビヤ」號にてリバプールより米國へ向ひ、三十日紐育に著し、ワシントンに大統領を訪ひ、直に歸途に上る豫定であったのを、大山卿は西郷從道氏と息從理君の病を訪ふて日を重ね、先生は卿の依頼で親しく診察されたが、後、同君は遂に客死された。十二月十日一行は紐育に戻り、シカゴを經て二十六日桑港に到着、太平洋郵便船、「シチー・オブ・ニューヨーク」號にて歸航の途に就き、翌明治十八年一月二十五日横濱に安著された。出發以来三百四十餘日にして、諸調査の結果は、歸朝後着々として我が兵制上に現はれた。先生は陸軍軍醫總監に進み陸軍軍醫本部長・醫務局長となり、歐洲視察の成果を衛生制度上に實現された。
此の歐洲出張に當り大山卿以下、歐洲歴訪國より勲章を受領されたが、其の中、橋本先生は、伊・墺・獨各國皇帝陛下及佛蘭西共和国政府より叙勲された。（年譜参照）中略
赤十字条約加盟のこと
先生は歸朝後、赤十字條約加盟方に就て、要路に進言して之を實現せしむる爲に努力されたのであるが、「赤十字」に關する歐羅巴視察の成果を纏める爲に、特に屯田兵軍醫長山上軍醫正（兼善）を北海道より招致して、連日先生の邸に詰切らせ、其の報告及上申等の立案を完整させられ、十八年六月二十四日に此の條約加盟の件に就いて、赤十字條約文・加盟手續書を添へたる左の上申書を上司に提出された。
歐洲諸國ノ赤十字社ニ加盟シ、戰時負傷者ヲシテ、彼我ノ別ナク救護候ハ勿論、其赤十字標ヲ附スル物件人員ニ至テハ、局外中立ニ認メラレ候ヨリ、軍醫部戰時事業活發ニ運動シ、毫モ澁滯障碍ナキニヨリ、互ニ軍人ノ幸福ヲ致ハ贅言ヲ要セズ。殊ニ昨年陸軍卿ニ隨行シ、歐米各國ヲ巡回スルニ際シ、特ニ博愛社總長二品彰仁親王殿下ヨリ御依頼之儀モ有之、該社事業竝右社へ我政府御同盟可相成候手續等、調査候處、別ニ差支モ無之、加之假令同盟相成候上ニテモ、負擔候義務トシテ別ニ困難ヲ来スベキモノニ無之ニ付テハ、我政府ニ於テモ速ニ御同盟相成候ハヽ、一ハ以テ軍人ノ幸福ヲ加ヘ、一ハ以テ我國國位ノ品等ヲ高尚ニシ可申ト存候、依之該規則譯文竝ニ同盟手續書相添此段申進候

也

入社ノ手續

（一）日本政府ハ、彼ノ赤十字社ニ加入センコトヲ望ムトキハ、外務卿若クハ陸軍卿ハ、ジュネーヴノ「インターナシナル・コンミッチー」長モアニエー氏ニ據リテ、瑞西政府ニ該社加入ノコトヲ内問合スルコト。

（二）モアニエー氏ハ、此外務卿若クハ陸軍卿ノ内照合ヲ得ルヤ、其事ヲ直ニ瑞西政府ニ開申シ、瑞西政府ハ之ヲ同盟各國ニ向テ意見ヲ問ヒ其許諾ヲ決定スルノ後、モアニエー氏ヲシテ日本ヘ回答ヲナサシム。

（三）モアニエー氏ノ返書ニ由テ、入社差支ナキコトヲ承知スルニ及ンデ、我　天皇陛下ハ左ノ條約書ヲ制定セラル其文ニ曰ク

千八百六十四年ジュネーヴニ於テ戰時負傷者ノ不幸ヲ齊救スルカ爲ニ、同年八月二十二日結約シタル條條ニ爾後我政府ハ同意ヲ表シ其精神ヲ固定スルモノ也。

右ノ國書ヲ、全權公使ヲ經テ、瑞西政府ニ送ル可シ、瑞西政府ハ、此國書ヲ得ルヤ、更ニ日本政府ニ向テ其返リ約條書ヲ送ル可シ

（四）前條双方ノ約條相濟ムト齊シク、瑞西政府ハ此同盟新加入ノコトヲ、同盟國ニ布告ス。

（五）瑞西政府、前條ノ布告ヲ發スルト同時ニ、日本政府ハ内國ニ左ノ布告ヲ發ス可シ。軍人ハ勿論、我日本人民ハ、此條約書ノ精神ヲ固定スベシ。

右ノ布告ヲ發シタルコトヲ瑞西政府ニ報告ス可シ。

以上

一方、博愛社に於ても、夙に赤十字條約の加盟を熱望し、其手續等を調査したるは、既記の通りで先生上申に先ち、十七年十二月博愛社總長の名を以て、條約加盟の建議書を政府に提出されてゐる。

この建議書提出に就ては、條約加盟方を調査したシーボルト氏の功労が多い。シ氏は既記の通り橋本先生と共に萬國會議に出席し、會議概況及博愛社の加盟順序等に就き左の如く報告を寄せたものである。

（北野註、このあとに「シーボルトの詳報」が記録されているが、この部分は後述の「アレキサンダー・シーボルトに関す

る部分」に収録する。本書一五七ページ参照）
この書翰は十一月四日博愛社に達し、社は社員總會の議決を經て、上記の如く政府に建議書を提出することに至ったのである。
是に於て政府は條約加盟の廳議を決し、十九年六月五日蜂須賀特命全權公使は巴里瑞西國公使館に於て條約加盟の調印を了し、次で政府より左記勅令の公布があった。
朕西暦千八百六十四年戰時負傷者ノ不幸ヲ救濟スル爲メ瑞西國外十一國ノ間ニ締結セル赤十字條約ニ加入シ茲ニ之ヲ公布セシム

御名御璽

明治十九年十一月十五日

内閣總理大臣外務陸軍海軍大臣連署（以下省略）

以上『橋本綱常先生』より

4　蜂須賀茂韶に関する部分

（一）『和譯蜂須賀家記』について

蜂須賀茂韶《もちあき》に関する資料として、私の手元にあるものは明治九年十月発行、岡田鴨里編『和譯蜂須賀家記』である。この増補版には山田立夫の著作を追加して、昭和十八年（一九四三）十二月二十日、阿波郷土会から発行（非売品）が唯一の重要文献である。かつて東京神田の明治堂書店で手に入れた貴重なものである。表紙もないボロボロの三三三ページの書籍であった。一九七七年の夏、ジュネーブ条約加盟の外交秘密文書を発掘してから、帰国して早速改めて製本屋に出した。今は立派な表紙がついて大事に取り扱われるようになった。

ここでは蜂須賀茂韶の生涯について詳しく触れるつもりはない。明治十七年以降のジュネーブ条約加盟の前後の状況を知る意味で、この時期に限定して原文を紹介する。この部分の原著者・山田貢村（名前は立夫）も蜂須賀茂韶について記述しているが、赤十字に関する部分については疑問点があると私は考えている。しかし、この時期における赤十字に関係する文献がほとんどないのであるから、これは重要文献であるに違いない。いずれにしても次の文章は蜂須賀茂韶の努力の足跡を行間に偲ぶことができる。

（二）『和譯蜂須賀家記』（三一八〜三二二ページから）

十七年三月十一日、西班牙国クラグドワドヱサベラカトレキ勲章を佩用するを允許せらる。七月七日、侯爵を授かる。是の年、公、外務卿井上馨の内訓を受け、赤十字に加盟するの件を仏国政府に交渉す。赤十字社なる者は、列国政府中立中和の主旨を以て、赤十字条約を結び、其の中央局を瑞西に設置して、列国は各委員を設く。而して委員は則ち首相若くは外相を以て、之に充て、且つ列国相議し、書記長一人を選び、瑞西に在勤せしむ。我が国も、亦該条約に加盟の必要を感じ爰を以て、井上外務卿は、内訓を公に発す。公、乃ち其の意を体し、仏国外相に就き、其の希望を開陳す。外相深く我が国の誠意を信じ、之に賛し、直に赤十字中央委員会総理に交渉す。委員相議して謂ふ。赤十字条約なるものは基督教の道徳を以て第一義と為す。而るに日本帝国は仏教を以て基と為せり。我が赤十字社は、未だ曾て異教を加へざるなりと。乃ち之を拒絶し来れり。公、論して曰く、我が帝国仏教を奉ずる者無きにあらざるも、仏教は国教にあらざるなり。抑も、仏教は印度より起り、支那国を経て我が帝国に遍伝せり。我が帝国は、之を公認するに過ぎず。而して仏教中宗派あり。一宗一派を総る毎に管長なる者ありて、之を統治し、未だ嘗て教主なるものあらず。且つ独逸国及び北米合衆国、米国各国の如きは、基督教を以て国教と為さずと雖ども、既に之に加盟せり。独り、我が帝国に対してのみ之を拒絶せらる、豈此の如きの理あらんや。況んや我が国儒教あり、儒仏の二教は、各宗派を異とす雖ども、其の説く所、皆仁愛慈悲なり。儒仏の仁慈、耶蘇教の愛と異言同旨のみ、何ぞ齟齬する所あらんや。且つ、我が国古来の風俗、文明を説く頗る凱切にして、鑿鑿として中窾すと。列国委員、亦之が為に釈然了解する所あり。而れども猶ほ未だ加盟を諾するに至らざるなり。

十八年十二月五日、西班牙国皇帝第十二世大葬列特派大使を命ぜられる。是の年、羅馬法王、其の国大司教某を以て特派大使となし、東京築地に駐在せしめ、図書を明治天皇に奉呈し、以て信教自由を奉謝せんと欲す。而るに法王は基督教国においては、則ち国王たりと雖も、我が帝国より之を観れば、一宗一派の管長たるに過ぎず。故に其の請ふ所を許さず。爰を以て、特に仏国大使の拝謁を許す。大司教は公使の随員として謁を賜ふ。大司教謹んで謝恩の意を表す。天皇図書を親覧して曰く、我が帝国の宗教に於ける宗派の異同を問わず、信教の自由を許すと。公使、大司教稽首して聖恩の忝きを拝謝す。井上外務卿乃ち電信を以て、之を公報ず。公、直に、之を仏国新聞に掲載す。爰を以て、仏国始めて我が帝国の仏教国にあらざるを知ると云ふ。

十九年三月十六日、公、勅任官一等となる。九月二十三日、賜暇帰朝す。十一月九日、本籍を芝区綱町に移す。是の年、赤十字委員会則ち我が帝国の宗教を待つ所以を了解して、赤十字条約に加盟を諾す。且つ、歓迎の意を表す。乃ち仏国政府を経て、公に内諾す。公、之を外務卿に報告し、委任状を領し、之を赤十字代表中央委員会（仏国外務卿）に示し、加盟条約を締結し、之を外務卿に致し、允裁を経て終に公布せり。公の仏国に駐紮するや、当時、我が外交の功績未だ全く挙らず。殊に条約改正の如きに至ては、商議未だ整はず。公、深く之を憂ひ、典の位に莅むや、断然として公使館を整理し、樽俎折衝之れ務め、駐在国朝野名士と交り両国親密の基礎を定め、且つ兼摂各国と益々交誼を厚くし、常に心誠を披瀝し、以て我が国情を説き、彼をして些の誤解なからしむ。公、帝国名族の故を以て、特に各国元首の優遇を受け、百般の折衝遅滞あることなし。独り条約改正に至りては、未だ其の効を遂ぐる能はず。公、之を憂ひ、専ら各国の状勢を考察し、力を其の準備に尽くして孳々として懈らざるなり。他日、条約改正の成るもの、公の精励尽力に胚胎せさるはなし。公、憲法及び内閣制度、議会制度等を精査し、之を政府

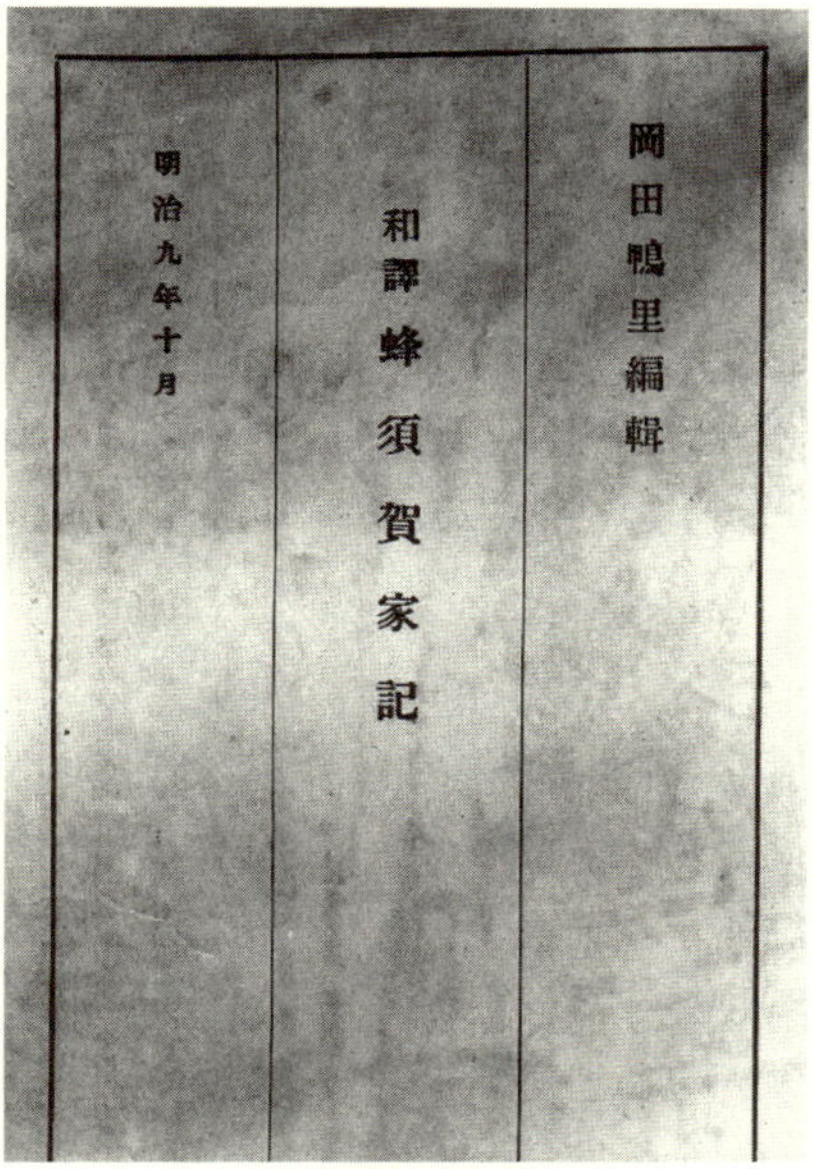

貴重本『和譯蜂須賀家記』

に報ず。且つ、太政官及び各省の委嘱を受け、法律、行政、経済其の他百般の政務を調査し、外務省を経て復答せり。我が国制度文物に資するもの、蓋し、枚挙に遑あらざるなり。公、兼攝国たる白耳義各地方及び瑞西、西班牙、葡萄牙を視察し、其の西班牙国に抵るや、印度文明の欧州に及ぶ所以を攻究し頗る得る所あり又、地学協会員となり尤も尽力す。其の我が邦に於て、地学会員と為るもの、公を以て始祖となす尋て、第一回商法万国会議を白耳義国に開くに際し、公斡旋尤も勗む。秋月佐都夫、鈴木馬左也等数人、外務省外交留学生を以て仏国に来る。公彼等をして白耳義大学校に入らしめ、外交官養成を奨励す。適々閑院宮載仁親王（北野註、第四代日本赤十字社総裁・明治三十六〜昭和二十年）の仏国留学し給ふや、公、補導啓沃す。親王陸軍士官学校の大試験に及第し給ふや、宮内卿特に電報を以て、公に謝すと云ふ。

二十年一月二十二日、世子鶴松君名を正韶と改む。三月二十二日、公徳島に赴き祖宗の廟墓に展し、旧藩諸老子弟を延き旧誼を温め、五月四日帰京す。六月三日、正韶君英国に遊学す。六月四日、仏国巴里府在勤及び白耳義、西班牙、葡萄牙公使の兼務を免ぜらる。（以下省略）

以上『和譯蜂須賀家記』より

5　アレキサンダー・シーボルトに関する部分

（一）シーボルト親子の来日のころ

アレキサンダー・シーボルトについては、「第五章　赤一字から赤十字へ」の中ですでに詳しく触れてきた。ここでは手元にある貴重な文献のうち、一九〇三年にベルリンにおいて発行された一三〇ページの本、ドイツ語版に関連して補足的事項を記すことにする。

その本の題名は『PH. FR. VON SIEBOLDS LETZTE REISE NACH JAPAN 1859―1862 VON SEINEM ALTESTEN SOHNE ALEXANDER FREIH

ERR VON SIEBOLD フィリップ・フレンツ・フォン ジーボルト最終日本紀行 男爵アレキサンデル・ジーボルト著』である。

その本の口絵に掲載されている写真（第五章一〇九ページ）はシーボルト親子が長崎に到着したときのものである。写真説明には「フィリップ・フレンツ・フォン・シーボルトと長男アレキサンダー・シーボルト、1859 長崎にて」と書かれている。

この十三歳の少年は一八五九年四月十三日にヨーロッパを出発してバタビア経由で日本に向かった。アンリー・デュナンが赤十字発祥の地・ソルフェリーノで救助の実践活動を通じて赤十字思想のひらめきがあった年である。日本の年号では安政六年である。このとき父親とともに長崎に上陸していたのであった。父親のシーボルトはアンリー・デュナンが『ソルフェリーノの思い出』をジュネーブにおいて執筆中の時期には明治維新前の幕府の顧問として活躍していた。また『ソルフェリーノの思い出』が出版される年、一八六二年（文久二）には十五歳の少年を一人で日本に残したまま帰国したのである。

話は少しそれるが、この文久二年には二十三歳の大給恒は藩主として信州南佐久の田野口（長野県南佐久郡臼田町）に日本における幕末最後の城郭・五稜郭龍岡城の建設計画を進めている。また四十歳の佐野常民は佐賀三重津（佐賀県佐賀郡川副町早津江）の海軍所の海軍取調方付役として日本における最初の蒸気船建造に尽力中であった。さらに十七歳の橋本綱常は、長崎においてオランダ人シントレルにオランダ語を学ぶと同時に松本良順（のちの松本順）の塾に入って長崎や京都で医学を勉強中である。そして十六歳の蜂須賀茂韶は京都御所の警護にあたっている。これらの人々が二十三年後に、博愛社が日本赤十字社へと発展するジュネーブ条約加盟の前後、謎の明治十八年（一八八五）を中心に互いに協力して、それぞれの力量を発揮していた。しかも、その謎の足跡に関係して、アレキサンダー・シーボルトがジュネーブに明確な証拠の文書を残していたのである。前述した一八八五年八月二十九日付の秘密文書は極めて象徴的であり、歴史には多くのロマンが秘められていることを知るのである。

父親のシーボルトが最初に日本に滞在した期間は一八二三年から一八二八年までであり、この時期の一八二八年五

フィリップ フランツ フォン ジーボルト
最終日本紀行
PH. FR. VON SIEBOLD'S
LETZTE REISE NACH JAPAN
1859—1862
自安政六年至文久二年
VON SEINEM ÄLTESTEN SOHNE
ALEXANDER FREIHERR VON SIEBOLD
男爵アレキサンデル、ジーボルト著
BERLIN 伯林 1903
VERLAG VON KISAK TAMAI
出版人玉井喜作
HERAUSGEBER DER MONATSSCHRIFT „OST-ASIEN"
月刊雑誌「東亞」發行者
Kommissionsverlag: Buchhandlung Gustav Fock G. m. b. H., Leipzig.

アレキサンデル・ジーボルト著『最終日本紀行』

月八日にアンリー・デュナンは生まれている。シーボルトの娘・楠本イネが一歳になるころの話である。また三十年ぶりの二度目の日本滞在は『ソルフェリーノの思い出』が書かれるまでの一八五九年から一八六二年に完全に対応していることは、偶然とはいいながら面白い。

次に、この時期の日本の時代背景とシーボルト親子を偲ぶ意味で、前述の『ジーボルト最終日本紀行』（ドイツ語版）の前書きと目次の部分をここに私の訳文として紹介する。また、それに続いてアレキサンダー・シーボルトの一八八四年（明治十七）十一月四日に東京へ到着した報告書も掲載する。

(二)『ジーボルト最終日本紀行』から

まえがき

一七九六年（寛政八）二月二十七日、ヴルツブルクに生まれたフィリップ・フランツ・シーボルトはオランダのインド参謀本部付陸軍大佐であり、一八二三年（文政六）八月、国王の命令によって日本に旅行した。その後一八三〇年（天保元）一月まで日本に滞在して指導にあたってきた。

その学問的業績は有名であり、また当時の経験と迫害の報告も同様である。それは長崎における幕府の管理下に耐え忍んだ彼（父親・シーボルト）と日本の弟子に対する追及であり、以前の旅行の際に起こったことである。

この新版は数年間、日本で付き合った広い範囲の仲間の人々と国家に関する貴重な労作である。今まで二度目の旅行、最終旅行では一八五九年（安政六）開国論が起こり、激動の最中にあった江戸滞在についての記述はなかった。

したがって、当時の父の同伴者である私（アレキサンダー・シーボルト）が自分の直感的印象を次の行間に描写している。また私の回想を蘇らせる手紙を故郷に書いている。
その時期の政治上の動乱、日本国の革命の前兆の描写、江戸滞在中の緊張した政治上の事件についての記述は、日本の十九世紀の疾風怒濤の時代の真実の姿を与えている。最後の一八六八年（慶応四＝明治元）には天皇政権の回復と進歩的改革を展開した。これは現実に全世界の驚きのうちに転換している。

ヴルツブルクにて　一九〇二年十二月　アレキサンダー・シーボルト

目次

（以下省略）

以上『ジーボルト最終日本紀行』より

（三）アレキサンダー・シーボルトの報告書（書簡）

（明治十七年（一八八四）十一月四日、東京の博愛社に到着）

去ル九月一日ジュネーヴニ於テ赤十字社列國會議開設相成候處、日本政府、未ダ赤十字條約ニ加入セズ、博愛社ノ儀モ亦列國委員ノ承認スル所ニ無之候得ハ、我ニ對シテ固ヨリ公然タル照會無之、但私ニ案内致サレ、尋テ軍醫橋本氏之ニ参シ候ニ付、余ハ則チ氏ヲ補佐シ候儀御承知可被下候。

日本政府ニ於テジュネーヴ條約ニ合縦シ、赤十字社ニ連衡シ候儀必要ト存候ニ付、誠ニ其旨ヲ将軍大山及軍醫橋本ニ就キ、且報告書ヲ井上氏ニ呈付致候。惟フニ、戰場負傷者ヲ保護スルカ爲メ、此列國條約ニ加入スルノ後ニアラサレハ、緩急事アルノ日、日本ヲ目シテ開明國トナスモノ無之、衛生軍團又ハ有志者協會ヲ設ケテ、以テ負傷者ヲ擁護セントスルモ、畢竟其ノ効ナク、徒ニ徒勞ニ属ス可クヤト存候。

千八百六十四年ジュネーヴニ於テ列國ノ盟約セシ所ハ、極メテ簡単ニシテ、其數項ニ過キサルハ閣下既ニ御了知ニ候得共、爰ニ其ノ要ヲ擧テ他ノ之ヲ知ラサル者ノ参看ニ供候（此處赤十字條約箇條略ス）以上約記セシ條約ニ據リ、開明諸國ニ於ケル負傷者ノ情状ハ大ニ改良ヲ致候處、東洋ノ戰況ニ至リテハ、尚甚惨然タルヲ免レサルハ、近ク東京・福州若クハ蘇丹等ノ事ヲ以テ徴スルニ足ル可ク候。

尋テ各國ニ於テ有志ノ協会ヲ設ケ、以テ政府ヲ翼賛スルモノ相踵キテ起リ、各國概ネ中央委員ヲ置キテ諸協會ヲ齊整セシメ、又ジュネーヴニ於テ列國委員ヲ設ケ、以テ互ニ氣脈ヲ相通スルニ至リ候。但シジュネーヴ條約ニ列セラレ國ニ於テモ、亦有志者ノ協會ヲ起ス者固ヨリ之アル可ク候得共、他ノ協會又ハ政府ニ於テ之ヲ承認スヘカラサルハ勿論ニ御座候。

今。日本ニ於テ、「ジュネーヴ」條約ニ加盟相成候共、他國ノ間ニ於テ戰ヲ開クノ秋ニ方リ、之ヲ扶助スヘキ義務ナキハ固ヨリ論ヲ俟タサル所ニシテ、唯日本國ガ他ノ同盟國ト仗ヲ交フル場合ニ於テ、「ジュネーヴ」條約ノ條款ヲ遵奉スヘキ迄ニ御座候。斯ク自家ノ關係セサル戰争ニ就キテハ、毫モ盡スヘキノ義務ナク、自ラ其局ニ當ルノ日、僅ニ約ヲ踐ムコトヲ要スルノミニシテ、日本ノ現況ハ、充分其ノ約ヲ踐ミ、其分ヲ盡クスニ足ル可シト存候。赤十字ノ記號ハ、其場合ニ於テハ宗教上ニ關係スルモノニ無之、萬國ニ於テ特ニ慈仁ノ擧ヲ表スルノ章トシテ用フル所ニ候得ハ、日本ニ於テモ亦之ヲ採用セント被成候共、右條約ノ旨ヲ奉スルニアラサレハ、他ニ於テ承認致間敷候。

以上、余カジュネーヴ又ハ他所ニ於テ、詢間視察致候事ノ梗概ニシテ、博愛社ノ爲メニ之ヲ考フルニ、畢竟日本政府ヲシテ「ジュネーヴ」條約ニ加入セシメサレハ、其目的ハ極メテ美ナルモ實効幾ント之ナカル可シト存候。依テ切ニ閣下カ、博愛社ノ急務ハ、政府ニ説クニ右加盟ノ事ヲ以テスルニアルヲ御承知被成候ハンコトヲ希望仕候。

このアレキサンダー・シーボルトの書簡が明治十七年十一月四日に東京の博愛社に到着した。十一月二十五日の社員総会の議決を経て、ジュネーブ条約加盟の建議書を十二月に政府に提出する契機となっている。一方、橋本綱常の「赤十字社ノ儀付調査」の報告に基づいて、政府は特命全権公使・蜂須賀茂韶を任命した。そして密かに外交交渉を展開したことは、「第五章　赤一字から赤十字へ」で記述した通りである。明治十九年（一八八六）六月五日、パリのスイス国公使館において、ジュネーブ条約調印となったのである。

6　森鷗外に関する部分

(一)　森林太郎・鷗外と石黒忠悳と佐久間象山

森鷗外が明治十七年（一八八四）、ドイツに留学した経緯については、石黒忠悳陸軍軍医監（のちに日本赤十字社第四代社長）が『陸軍軍医学校五十年史』（昭和十一年十一月七日発行）の中に明確に書いている。

それによれば、「一等軍医学士森林太郎を独逸に留学せしめ、同氏に衛生学を専修せしめ、中にも、此兵食について頗る研究に重きを置き、帰朝後直に兵食試験に取り掛り、幾多の辛苦を経て試験実験を積み……」と述べている。同書の他の部分でも「……故に其次に留学せしめたのが森で、是は軍隊衛生学、殊に兵食のことに就て専ら調査するために留学せしめられた」と留学の目的をはっきり述べているのは面白い。

明治二十年（一八八七）には、森鷗外の上司にあたる軍医監・石黒忠悳が政府代表として、ドイツのカルルスルーエにおける第四回万国赤十字総会に日赤代表・松平乗承とともに出席した。このことは、すでに書いてきたが、この時期には石黒忠悳はすっかり森鷗外の「舌人（通訳）」の世話になったのである。そして一年後に、石黒忠悳と森鷗外は同じ船に乗って横浜港に戻ったという次第である。

ここで余談をすれば、新潟生まれの石黒忠悳が広く世界に目を向けていく契機は文久三年（一八六三）春、信州松代の佐久間象山を訪問したときに始まるといってよい。この年は偶然にも赤十字国際委員会の前身・五人委員会が発

明治21年ドイツ滞在中の医学関係者　石黒忠悳（前列右から３人目)、**森林太郎**（後列の最左端）**など。**

足している。十九歳の青年石黒忠悳と五十三歳の佐久間象山の出会いがなければ、カルルスルーエの話も赤十字との関係もなかったかもしれない。

ここでは、佐久間象山との出会いについて詳細に触れるつもりはない。わずか三日間の会見とはいいながら、佐久間象山は石黒忠悳（当時の名は庸太郎）を門人同様に打ち解けて教えてくれたといわれる。佐久間象山の教えに対して石黒忠悳は「今日のお教えを受けて一層敬服に堪えないが、残念なことに門人に加えていただくようにお願いできません。私には同志があり、いずれも攘夷家であって、西洋の横文字を習い洋学を学ぶことは、世間を惑わす非行であると存じます。失礼でもあり、残念でもありますが、門下に加えていただくわけには参りません」といっている。

それに対して佐久間象山は「若い者はしばらくはそんなことをいっているのもよいが、早晩必ず横文字を読まなければならないときがやってくる。そのときになって、横文字を物好きに読むのではない。読む必要があることを自覚するだろう。今のような説を吐くのもしばらくの間にすぎないだろう」といった。その数カ月後には石黒忠悳は横文字を読む必要に迫られた。江戸に出て西洋医学を勉強することになったからである。その意味でも佐久間象山との出会いが石黒忠悳に大きな影響を与えている。

この出会いの翌年、一八六四年（ジュネーブ条約成立の年　元治元）七月十一日、佐久間象山は京都で暗殺された。その二十三年後に石黒忠悳は前述のように日本赤十字社の最初の国際会議の代表となったのである。後年、佐久間象山の霊前に詫びている。「先年、先生は横文字をお読みになるから門下生にはならないと申し上げました。別段お叱りもなく靄々春日のごときお教えを賜わりましたが、今になってかえって秋霜烈日のしたにあるようで誠に申し訳ありません。ご在世であれば百里馳せ参じお許しを請うべきでありますが、それもできません。昔年、平田篤胤は本居宣長先生の死後門人と称したといいますが、私もまた先生の死後の門人でありたいと願います」という意味の一文に謝意を述べている。

石黒忠悳は幕末の江戸に出て医学所で松本良順の教えを受けた。後に、明治二十三年（一八九〇）橋本綱常の後任の陸軍医務局長、陸軍軍医総監などを歴任した。明治三十年（一八九七）退官後、貴族院議員となったが、赤十字事業に関しては博愛社の創立当時から強力な後援者としてその発展に尽くしてきた。のちに日本赤十字社総裁・閑院宮のお薦めや諸条件が重なって、大正六年から大正九年まで第四代日本赤十字社社長をつとめた。昭和十六年（一九四一）四月、九十七歳の長い生涯を終わっている。石黒忠悳の詳細については、昭和十一年発行の『石黒忠悳懐旧九十年』や一九八三年岩波文庫の一冊になった石黒忠悳著『懐旧九十年』を参照していただきたい。

次に、森鷗外の『独逸日記』明治二十年九月二十二日から九月二十八日まで、第四回万国赤十字総会の様子を窺うために引用する。日記の文章の中に「石君」と書かれているのは石黒忠悳のことである。なぜ森林太郎は自分の上司・石黒忠悳を「石君」と記したのであろうか。

（二）　森鷗外『独逸日記』から

二十二日。午前赤十字各社委員會 Delegierten Commission を開く。日本赤十字社の代表人たる松平乗承之に赴く。余舌人として随行す。國際會の議事規則 Geschaefts Ordnung を議定する。議長伯爵ストルベルヒ Graf Otto zu Stolberg 獨逸中央社長たり。容貌優美、一目して其貴人たるを知る。議員中人の目を注ぐは瑞西萬国社長モアニエエ Ｍｏｙｎｉｅｒ、米婦人バルトン氏 Ｍｉｓｓ Ｃｌａｒａ Ｂａｒｔｏｎ なり。モアニエエは矮軀短首、頭髪頒白、大鼻の中央にして屈折したるさま、國匠畫くところの木葉天狗に髣髴たり。バルトン氏は面色淡黄、雜白の頭髪を中央にて分ち、左右に梳りたり。眼光人を射る。數々發言して其長處を現はしたるは佛國のエリサン Ａｌｂｅｒｔ Ｅｌｉｓｓｅｎ、魯國のオオム Ｃｒｉｅｇｅｒｎ Ｒａｔｈ ｖｏｎ Ｏｏｍ、索遜のクリイゲルン Ｖｏｎ Ｃｒｉｅｇｅｒｎ 等なり。日本委員は別に意見もなきこと故、唯多数決を取るとき、大意を松平君に譯傳し、起立せしむ。歸途一人ありて余等に近く。軀幹魁偉、白頭朱顏、其顱の形雲谷畫の阿羅漢像に似たり。曰く余は和蘭の人ポムペ Ｐｏｍｐｅ ｖａｎ Ｍｅｅｒｄｅｒｖｏｏｒｔ なり。余の曰く君は新醫學を我日本に輸入したるポムペなる乎。曰く然り。乃ち松本翁健在なり又家君間接に足下の門より出づなど告げて分る。午後三時石君、谷口と同じく日本政府の代議士として萬国會に臨む。ストルベルヒ議長たり。會員中知名の醫家はロングモオア Ｓｉｒ Ｔｈｏｍａｓ Ｌｏｎｇｍｏｒｅ なるべし。長軀瘦面、英人の特相なれども、面容常に笑を帯ぶる處、例の冷淡なる英紳士風と自ら殊なる所あり。紅色の軍服古くして斑なるは面白し。此人軍醫監にして大學教授を兼ぬ。普國軍醫監コオレル、拜焉國軍醫總監ロツベツクも亦在り。會場は議院 Ｓｔａｅｎｄｅｈａｕｓ なる故、階上には貴族席あり。大侯及夫人臨まる。ストルベルヒ開會演説をなすに當り、特に日本の事を述ぶ。余石君以下に告げて起立して謝意を表せしむ。又モアニエエ及ロングモオアに石君を引き合はせ、舌人となりて語を交へしむ。夕八時大臣ツルバンの家に招かる。大侯、大侯夫人石君に挨拶あり。余傳譯す。バルトン氏と語る。ツルバン氏の女は紅頰の少艾、客に接すること頗る懇切、余と語ること數十分時なりき。

二十三日。午前十時臨會。此日防腐療法を軍隊に用ゐることを勸むる議出づ。余日本委員一同に代り、日本陸軍には已に公然此法を用ゐる法則を設け、且其材料を備へたることを報ず。午後二時半カル、スルウエ擔架團 Ｋａｒｌｓｒｕｈｅｒ Ｋｒａｎｋｅｎｔｒａｅｇｅｒ Ｃｏｒｐｓ の演習を觀る。私社なれども救護者の制服は皇后陛下の親ら定められたる所なりと云ふ。五時三十分大侯宮に赴く。カル、王 Ｐｒｉｎｚ Ｋａｒｌ 及其夫人レナアル Ｇｒａｅｆｉｎ Ｖｏｎ Ｒｅｎａｒｄ と語る。レナアルは頗る言辭に善し。多く東洋紀行を讀み、我邦の事に熟す。大侯夫人は石君に對して日本陸軍の防腐療法を普施することの連なるを賞讃す。八時カル、スルウエ軍醫會にグロオセ氏客館 Hotel Grosse に赴く。石君演説す。余傳譯す。此日ブラジリア Brasilien 帝ドン、ベドロ Don Pedro に謁す。白頭の老人なり。古言學に邃しと云ふ。伊國人ソンメル Chevalier Guelio VonSommer と語る。曰く僕君が日本兵食論を譯し、新誌に掲げ、曾て一本を君に寄せたることありと、余偶然相見る喜を叙し、更に今回維納の會に出さんとて草したる文（Zur Nahrungsfrage in Japan）數部を贈る。

二十四日。午前十時臨會。此日ジユネフ國際社各政府の認可を受くることを要する議出づ。ハイデルベルヒ Heidelberg 大學教授シユルチエ Schulze 國際法上より論究して之を賛成したる演説は大に人聴を驚かせり。普魯西の吏 ヘプケ Preussischer Legationsrath Dr. R. Hepke 之を駁す。少し過激なりき。午後二時會場にてグラスケ教授 Professor Graske 新弾（Lorenzs Compound Bullet）の説を演ぶ。新弾は小銃弾の鋼鐵薄皮を被れる者にして、物に中りたる後分裂變形すること稀なり。故に創傷單純にして治し易しといふ。三時造弾廠 Deutche Metall Patronen Fabrik Lorenz に至り、新弾射的試験を觀る。ロングモオア其夫人と亦來る。七時樂を聚珍館會 Museums Gesellschaft に聴く。シエツフエル Scheffel の詩 Lied der Margaretha を唱へたる女優、音調最美、容色も人を超えたり。

二十五日。巴丁巴丁市 Baden—Baden の遊あり。午前十時汽車カル、スルウエを發し、午時市に達す。即ち羅馬時代の古市（Civitas Aurelia aquensis）是なり。鑛泉全歐に名あり。來り浴する者甚だ衆し。停車場より馬車にてホオヘンバアデン Hohenbaden の古城に至る。城は高丘の上に在り。第十七世紀佛兵に毀たる。今存ずる所は其外郭なり。其下民家碁布オオス渓 Oosthal 迂回し、眺望頗る美なり。府知事余等を城庭 Schlosshof に迎へ、食を供し、樂を奏す。是より佛特力泉 Friedrichsbad を觀る。ロツツベツク夫人と再會す。夕六時會話廳 Conversationssaal に會す。盛饌を供せらる。前園には十字形の大燈を點す。歸車中ポムぺと語る。余等に向ひて曰く。諸君の中森氏の面大に林紀君に似たり。林紀君の倭蘭に在るや、殊に婦人と葛藤を生じ、余をして機外神 Deus ex Machina の役を勤めしめたり。森氏の性亦之に類することなき乎と。又曰く。余が日本に在りて行ひたる所は今や只歴史上価値を存ずるのみ。而れども當時は隨分至難なる境に逢ひしことありと。

二十六日。午前十時臨會。歐洲の諸會は歐洲外の戰あるに臨みて傷病者の救助を爲すべきや否の問出づ。是れ和蘭中央社の出す所にして、眼中唯だ歐洲人の殖民地あるを見て發したる倉卒の問なり。余石君の同意を請ひし後曰く。本題は單に歐洲の諸會を以て救助を爲す者と見做したる問なり。若し決を取るに至らば日本委員は賛否の外に立つべしと。米国委員は默然たり。議論百出して決を取るに足らず。

二十七日。午前十時臨會。前議を繼ぐ。余石君の許可を得て後曰く。日本委員は前日演べたる説を維持す。畢竟本題を國際會に出さんと欲せば、宜く「一大洲の赤十字は他の大洲の戰に」云々と云ふ如き文に改むべきなり。是れ修正案を提出するに非ず。之を言へば則ち足れり。若し夫れ本題に反對せる場合即ち亜細亜外の諸邦に戰あるときは、日本諸社は救助に力を盡すこと必然ならんと思考す。全會壯哉（Bravo!）と呼び、謹聽と呼ぶ。背後の一議員會員簿を閲して曰く。學士森林太郎（Rintaro Mori. Dr.）なり。大學の科程を經たる者は自ら殊なる所あり云々。ポムぺ偶々書記席より自席に歸る。余が傍を經、余が肩を撫し、一笑して去る。書記の役を勤る佛人エリサン Elissen 來りて演説の草案を請ふ。余素より即席にて考へたること故草案なし。乃ち此意を述ぶ。曰く高説関係する所甚だ大なり。聞きたる所に依りて記録せしむべしと。魯國式部官ユセフオヰツチユ von Jusevovitsch。Wirklicher Staatsrath 我説を稱賛す。此人は聖彼得堡の貴人に斯かるものにやと思ふ程優美なる骨相あり。獨逸人ヱエベル Weber 曰く。本題は未熟なり。宜く次會に廻すべし。又余が説を補足して曰く。某大洲と區分するは現今單に地學上の餘習に止まり、民學上の意味なし。且歐洲外と云ふ中には米国の大なるもあるに非ずや。又歐洲諸會の歐洲外の戰に對する擧動は是れ一の場合に過ぎず。本會に出すまでもなし云々。遂に本題は次會に巡すことに決す。ジュネフ盟約を軍隊に知らしむる策を議す。余石君に告げて日本にてジユネフ盟約に注釋を加へ士卒に頒ちたる報告をなし、其印本數部を會に示す。全會傾聽す。ユセフオキツチユ後より指にて余が背に觸て曰く。驚嘆々々と。是より會員の日本委員を見ること前日と其趣を殊にせり。此日の議中ジユネフに記念碑を建つることの可否に至り、クネゼベツク von dem Knesebeck Cabinetsrath の演説喝采を博せり。曰く建碑の議往日一時の熱中に出づ。且ジユネフ諸君の意を推測するに、人心中の記念碑（ein Monument im Herzen）を重んじ、金石の記念碑をば輕んぜらるゝならんと。遂に否決す。尋いで閉會式あり。此日場を出でゝ馬車に上る時、石君雙手もて我手をとりて曰く。感謝々々と。以上記する所の他、石君の起草、余の翻譯にて印刷し、全員に頒ちたる書あり。日本赤十字前紀（Vorgeschichte das Roten Kreuzes in Japan）是なり。石君公報の尾に曰く。忠悳獨逸語に熟せず。佛蘭語の若きは其未だ曾て學ばざる所なり。故に今回の會谷口謙、森林太郎の補助を得ること多し。會場にての應答は森林太郎をして負擔せしめたり云々。谷口醉中余に謂て曰く。今回の會君の盡力多きに居る。僕力の君に及ばざるを知る。然れども僕微りせば誰か能く石黒の爲めに祗席の周旋をなさんと。午後告別の訪問を爲す。宮中の夜會に列す。大侯夫人余に向ひて賞詞あり。

二十八日。爽旦東洋急行列車 Orient—Express—Zug に乗り、カル、スルウエを發す。夕に維納府に着し、寵人街 Favoriten—Strasse なる勝利神客館 Hotel Victoria に投ず。

維納行は石君の日本政府を代表して萬国衛生會に臨まるゝに随ふなり。同君已に内務省の官僚北里柴三郎、中濱東一郎を派して此府に在り。余と谷口とは私人の格を以て會に臨む。故に維納に滞する間は公務なし。

以上は森鷗外『独逸日記』の明治二十年九月二十二日から九月二十八日までの全文である。日本赤十字社と改称した最初の国際会議・第四回万国赤十字総会の状況を詳細に記述している。日記の行間からその雰囲気を窺うことができるので、ここに貴重な史料として掲載した。

日記の文中に登場する日本人の名前は次の五人である。松平乗承（日本赤十字社代表）、石君とは森林太郎の上司・石黒忠悳（日本政府代表）、松本翁とは松本良順（のちに順、第一代・第三代陸軍軍医総監）、林紀（西南戦争のときの征討軍団軍医部長、のちに第二代陸軍軍医総監)、谷口謙(明治十九年からドイツ留学中、のちに軍医学校長、軍医監など歴任)などである。森林太郎・鷗外は通訳の仕事以上に石黒忠悳に協力し、日本のPRにも積極的に努力している姿が記されている。

たとえば、閉会式の当日、九月二十七日の日記には、「尋いで閉会式あり。此日場を出でゝ馬車に上る時、石君雙手もて我手をとりて曰く。感謝々々と。以上記する所の他、石君の起草、余の翻譯にて印刷し、全員に頒ちたる書あり。日本赤十字前紀(Vorgeschichte das Roten Kreuzes in Japan)是なり。石君公報の尾に曰く。忠悳獨逸語に熟せず。佛蘭語の若きは其未だ曾て學ばざる所なり。故に今回の會谷口謙、森林太郎の補助を得ること多し。會場にての應答は森林太郎をして負擔せしめたり云々。……」と記している。また赤十字国際委員会の会長ギュスタブ・モアニエについて、九月二十二日の日記に「議員中人の目を注ぐは瑞西萬国社長モアニエ Moynier……モアニエは矮軀短首、頭髮頒白、大鼻の中央にして屈折したるさま、國匠畫くところの木葉天狗に髣髴たり」とその人相描写は極めて正確である。

このとき森鷗外は二十七歳であり、石黒忠悳は四十三歳であったと思われる。いずれにしても当時、日本がジュネーブ条約調印後の最初の国際会議・第四回万国赤十字総会の状況をリアルに記録した史料は他にない。森鷗外は自分の日記としてだけでなく、後世の日本および日本人のために、歴史史料として『独逸日記』を正確に記述していたのであろう。

7　赤十字の標章に関する部分

(一)　赤十字の旗の意味

スイス国旗の赤地に白十字の色を逆にした赤十字の旗は、「人道」「中立」の象徴として優れた価値をもっている。それは戦争のような極限状態でも、これをつけているものは攻撃から除外する約束である。これに「中立」と呼ぶ法的条件を与えればよいという新しい価値の創造から始まっている。ここにジュネーブ条約に発展する赤十字の創設者アンリー・デュナンの天才的発想があった。

すでに百余年を経過し、全世界に定着している赤十字の標章でも、時にはジュネーブ条約に関する無知から、赤十字のしるしが日常簡単に使われている場合も見られる。たとえば、学校の運動会の救護所に安易に用いられている。これはジュネーブ条約に対する理解に欠けているからである。このことは平和国家をめざす日本の教育にジュネーブ条約や赤十字に関する適切な教育が欠如しているからであろう。赤十字の標章が正しい形で日本に導入されたのは、前述したジュネーブ条約・赤十字条約に調印加盟した時期であることはいうまでもない。

明治初期の赤一字の標章（『陸軍軍医学校五十年史』から）

（二）　赤の横一文字から赤十字へ

日本赤十字社になる以前の博愛社の草創期には、赤の横一文字の上に赤丸をつけていた。ジュネーブ条約加盟前に陸軍の衛生兵が用いたものは写真に示す赤の一文字の標章であった。これは前述してきた外務省の交渉秘密文書の中にも「赤十字のしるしについて今はいかなる困難も存在しませんので、……」と書かれているように、赤十字のしるしが日本では宗教上の困難があったことを具体的に示している。

ことに十字架との誤解を避けてきた赤の横一文字は明治四年以降に軍医頭・松本順（良順）の配慮によって採用されてきた（口絵カラー写真と「第五章　赤一字から赤十字へ」を参照）。後に、これは縦一文字を追加して赤十字に転換させる関係者の努力と先見性とを窺うことができる。

前述した『和譯蜂須賀家記』その他の関係文献が示すように、赤十字の標章の採用は、博愛社の時代の関係者、大給恒、佐野常民、松本順、石黒忠悳、橋本綱常などの頭を悩ませた問題であった。そして知恵を出した形跡が見えてくる。ここに、はっきりとジュネーブ条約加盟後に赤十字の標章が位置づけられることも、偶然とはいいながら、面白い歴史的な事実である。

ジュネーブ条約加盟とともに、軍隊の衛生部の標章とされてきた「赤一字」も必然的に廃止となった。明治二十年に「赤十字章」が制定されていく経緯を示す「上申書」が橋本綱常医務局長によって提出されている。次に参考史料として、その全文を掲載しておきたい。

衛生部ノ徽章ニ付醫務局長上申書

（明治十九年十一月二十四日）

本月十五日勅令ヲ以テ「ジュネーヴ」赤十字條約ニ御加盟ノ公布相成候ニ就テ、左ノ通閣議ニ提出相成候。

本月勅令ヲ以テ、瑞西國外十一国ノ間ニ締結セル赤十字條約ニ御加盟相成候儀、公布有之候上ハ、陸軍衛生材料其他戰時ニ於ケル局外中立ニ可被認人員物體ノ標章ハ、赤十字ニ御定無之テハ、局外中立ノ資格ヲ受クヘキ標章ニ不相成候間、至急御定相成度、御聞定ノ上ハ是迄相用候陸軍軍醫部赤一字、標章被相廢、且又一般人民ニ於テ、慢ニ赤十字ノ標章（耶蘇教ノ十字ハ此限ニ非ズ）等用候儀ヲ被相禁度此段請閣議。

以上は、赤一字から赤十字へ転換する時期の状況を窺うことのできる貴重な史料である。

また余談として追記すれば、「赤十字の元祖は京都療病院」というジュネーブ条約と関係なく用いられた記録も残っているので、ついでに紹介する。次に宮武外骨著『府藩県政史』一六八ページの文章をそのまま引用するので参考にしていただきたい。

〔最初の京都療病院は知恩院の北隣粟田舊宮邸を假院として明治五年十一月の開業であった。それを御車道九軒町に新築して同八年四月に移転した。それで運砂の賑があった事を菊地三渓が「西京傳新記」第四号に記してある。「京都療病院新聞」というのは何号まで発行したものか未詳であるが、明治文庫には明治六年七月頃創刊の第一号より三号まで三冊（木版半紙数枚）所蔵此第一号で頗る非常の珍記事を発見した。これは次の一条、先年「ふたな」に記述した事である。明治二十年五月、博愛社を日本赤十字社と改称したが我邦で初めて赤十字の旗章を用ゐたのは、明治五年末に開業の京都療病院である。明治六年七月頃発行した「京都療病院新聞」第一号の八葉目に『嘗テ聞ク病院ノ標記ハ西洋諸国大概十字ヲ用フ標旗ニ此十字アルヤ人必ラズ其病院タルヲ知ル故ニ両敵相争フノ時トイエドモ此標旗アル處ハ相襲撃セズト今当院ヲ設置スルニヨリ亦之ヲ用ヒントス然ルニ十字ナル者ハ耶蘇教宗ニ之ヲ用フレバ我ハ以テ不可トナス者アリ此ニヨリテ議決セズ遂ニ之ヲ学教師「サウドルフ」ニ問フ「サウドルフ」曰ク病院ニ用フル所ノ標旗ハ耶蘇教宗ニ用フル所ト異ナル者ナリ何トナレバ土耳基ハ耶蘇ヲ奉ゼザルノ国ナル然ルニ病院ニ於テハ亦之ヲ用フレバ其異ナル知ルベシト是ニ於テ議決シ之ヲ用フ』此文句によって赤十字旗章の元祖であることが知れる。博愛社が大給恒、佐野常民等によって創立されたのは、西南戦争中の明治十年五月のことであるが、其創立当時の規則書に據ると「博愛社一般標章」といふのと医員肩標、事務員肩標、看病夫肩標（各二寸）といふのが、赤〇の下に一であってマダ赤十字を旗章としなかった。」

以上は『府藩県政史』の中の「赤十字の元祖は京都療病院」という見出しで書かれている全文である。これは明治初期の模索と混迷の時代を率直に示しているように思われる。イスラム教の国、土耳基・トルコについても触れている。また「博愛社が大給恒、佐野常民等によって創立されたのは、……」とあり、佐野常民より先に大給恒の名前を書いていることに注意していただきたい。

いずれにしても困難な時代を経過して、ジュネーブ条約加盟以後に正しい意味をもつ赤十字の標章が定着していくプロセスの一断面である。今日、苦痛と死に対して闘う「人道」を支えている「中立」の標章こそが赤十字のシンボルであることを改めて考えるのである。

8 「ジュネーブ条約加盟の前後」をたずねて

今まで書いてきた史料の内容は、日本赤十字社の百年以上の歴史の流れの「未知の断面」に関連する史料として、極めて重要な部分を占めると私は考えている。この一連の「ジュネーブ条約加盟の前後」の足跡の探究の動機は、前著『日本赤十字社をつくり育てた人々―大給恒と佐野常民―』を執筆したときであった。二人の博愛社副総長の大給恒と佐野常民との力量だけによって、ジュネーブ条約加盟に発展するとは考えられなかったからである。たとえばフランス語が堪能な大給恒が交渉の手紙を書いたと仮定しても……、また佐野常民が書いたと考えても、さまざまな困難点が残るのである。この時期の時代的背景は鹿鳴館時代に完全に一致し、大きな歴史の流れの一齣が秘められているように思われた。

日本に史料を求めても、前述した『橋本綱常先生』と『和譯蜂須賀家記』の記録以外にあまり参考になるものは私には無かった。しかも、この二つの文献に書かれている内容も全面的に信用することもできなかった。それならば交渉の経過を証明する何かの文書の存在・発見を期待する以外に謎の解明はできないことになる。この私の構想の中に幸運にも出現したのが、赤十字国際委員会の保存史料の発見であった。内容の詳細はすでに述べてきたが、それらは歴史的にどのような位置を占めているのであろうか。

未知の「外交交渉文書」の位置する点の座標（後述する）は一筋の流れの線上に明瞭に存在している。しかもジュネーブ条約加盟の前後「日赤歴史未知の断面」に内蔵されている六通の文書の発見は、前記の文献『橋本綱常先生』と『和譯蜂須賀家記』の記述を逆に証明する新しい史料として、必要十分な条件を備えることになった。

今後、さらに他の新しい史料の出現があれば、この一筋の流れに、今ようやく少しの光が当たっただけの谷間の足跡がもっとはっきり見えてくるに違いない。その意味で私の追跡を少し整理して次に列記しておきたい。

「ジュネーブ条約加盟の前後」の足跡

○印が今回の発見文書
□印は〔　〕内の文献に書かれているが、『日本赤十字社史稿』に記録されていない部分である。

明治十六年（一八八三）五月、柴田承桂ベルリン出張、博愛社調査を依頼
明治十七年（一八八四）二月、大山巌・橋本綱常の訪欧に調査依頼
明治十七年（一八八四）十一月四日、シーボルトの報告書が博愛社に到着
明治十七年（一八八四）十一月二十五日、博愛社総会の議決を経て、ジュネーブ条約加盟書を十二月に政府へ提出
□明治十七年（一八八四）外務卿・井上馨が駐仏公使・蜂須賀茂韶に内訓〔『和譯蜂須賀家記』〕
□明治十八年（一八八五）六月二十四日、橋本綱常の報告書、井上馨に提出〔『橋本綱常先生』〕
○明治十八年（一八八五）八月二十九日付、外務省秘密文書（アレキサンダー・シーボルト）
○明治十八年（一八八五）十月九日付、蜂須賀文書（パリ発信）
○明治十八年（一八八五）十月十一日付、蜂須賀文書（パリ発信）
○明治十八年（一八八五）十月二十三日付、マーシャル文書（パリ発信）
○明治十九年（一八八六）四月十九日付、マーシャル文書（パリ発信）
明治十九年（一八八六）六月五日、ジュネーブ条約加盟調印
○明治十九年（一八八六）八月一日付、マーシャル文書（パリ発信）
明治十九年（一八八六）十一月十五日、ジュネーブ条約加盟の勅令公布
明治二十年（一八八七）五月二十七日付、佐野常民の文書（赤十字国際委員会に保存）
明治二十年（一八八七）九月、カルルスルーエの第四回赤十字総会に日赤代表・松平乗承と政府代表・石黒忠悳が出席（森鷗外『独逸日記』参照）

以上のように一筋の流れを整理してみて、頭にひらめいた点を記述しておきたい。

それは前述した『ベルツの日記』に関連してのことである。ドイツの医学者ベルツが明治九年（一八七六）の来日以来、明治三十八年（一九〇五）に日本を去るまでの二十九年間にわたる記録である。その間、東京大学医学部で教鞭をとられ、名医であることも手伝ってか著名人との交際が極めて多いのである。宮中をはじめ明治の元老、大臣、華族など知人も多く一般には珍しい情報を日記に記録している。日記には橋本綱常はしばしば登場し、井上馨、アレキサンダー・シーボルト、石黒忠悳などについて書かれている部分も見られる。

しかし明治十七年から明治二十年までの四年間と明治三十年から三十二年までの三年間が欠落していることに私は改めて注目している。これは日記の一部が東京において古本屋の手に渡り、某氏がそれを買い取り、適当な処置を取ろうとした矢先に関東大震災のために焼失したといわれている。明治十七年から明治二十年までの期間、本書に関連のある時期にベルツは一体どのようなことを記述していたのであろうか。「ジュネーブ条約加盟の前後」に関係がある期間だけに、何か参考になる点もあったのではないかと想像しているのである。

9　おわりに

ジュネーブにある赤十字国際委員会、アンリー・デュナン研究所、赤十字社連盟などで入手した新史料について、私は謎の解明の構想をねりはじめた。それは一九七七年八月十日の夜、ジュネーブ郊外のセリーニのエキュメニカル・インステテュートの一室であった。

そこには八月七日から滞在してジュネーブに通っていたが、事前にお願いしておいた史料が手渡されたのは八月八日、赤十字国際委員会の資料室であった。早速、その史料に目を通したとき、一八八七年（明治二十）五月以降の文書ばかりであった。私の目標は一八八五年にあったので、改めて村上直子さんにお願いして「一八八六年以前の文書・史料がほしい」「それには時間がほしい。明後日に……」。アンドレ・デュラン（Ａｎｄｒｅ　Ｄｕｒｕｎｄ）氏と彼の秘書シューマッハー嬢（Ｍａｄｅｍｏｉｓｅｌｌ　Ｓ．Ｓｈｕｍａｃｈｅｒ）の努力によって探していただいた。

それが前述した外交交渉文書である。二日後の八月十日に彼女の協力によって手にすることができた。

したがって、この文書の解明の構想は、その後二週間、旅先で文献の少ない私の頭を悩ませた。ソルフェリーノ、ハイデンへと続いた旅の何日かが、かえってアンリー・デュナンと日本との関係を意識させることになった。たとえば、父親のシーボルトが最初に日本に滞在した期間は一八二三年から一八二八年までである。その時期の一八二八年五月八日にアンリー・デュナンはジュネーブに生まれた。三十年ぶりに父親シーボルトが息子アレキサンダー・シーボルトを連れて日本にきた年が一八五九年の夏、八月十四日であった。その少し前の六月二十四日にソルフェリーノの激戦があり、アンリー・デュナンは三十一歳のときである。

シーボルトの長崎への再来を連想しながら、私は二度と訪れる機会がないと思っていたイタリア北部の片田舎カスティリオーネの国際赤十字博物館の館長・ムッチー氏と再会した。ソルフェリーノの塔の上から眺めるロンバルジァ平野に包含される糸杉の丘は、西南戦争における熊本田原坂の激戦の様相と重なって見えるようであった。アンリー・デュナンの著書『ソルフェリーノの思い出』が出版される一八六二年には、シーボルトの父親は息子アレキサンダー・シーボルトを日本に残したまま去って行く……、などと私の頭をかけめぐる。

さらにアレキサンダー・シーボルトは一八六七年（慶応三）パリ万国博覧会に幕府代表・徳川昭武一行の通訳としてパリに滞在した。パリ万国博覧会には赤十字のパビリオンもあったといわれるから、アレキサンダー・シーボルトはアンリー・デュナンと話をしたかもしれない。佐野常民もアンリー・デュナンの姿を見ているかもしれない、などと勝手な想像に広がっていった。しかし、そのような証拠の史料は見当たらない。

ジュネーブで手に入れた文書のうち、佐野常民の署名のある日本赤十字社の最初の公式文書についても松平乗承、石黒忠悳が持参したころの船旅は三十九日ほどかかったことが、ハイデン村（アンリー・デュナン晩年の地）に住む文化人レーニー・ローナー女史が大切に保存していた本『Ｃａｔｈａｒｉｎａ　Ｓｔｕｒｚｅｎｇｇｅｒ』の中には書かれていた。アンリー・デュナンが五十九歳でハイデン村にとぼとぼと辿りついたのが一八八七年（明治二十）であった。博愛社が日本赤十字社へと改称した年である。アンリー・デュナンの存在は全く忘れられていたのである。

静かなハイデン村に一週間ほど滞在して私はさまざまな想像を続けた。一九七七年八月二十三日に羽田空港（当時は成田空港はなかった）に戻ってきた。帰国後、直ちに研究を進めた。前述してきた関係文献にあたって十月末には一応の見当がつき、脱稿することができた。

その結果として、その時期の功労者、橋本綱常の生涯を偲ぶために十一月上旬、福井市春山町の生誕地を訪ねてみた。その足で東京都港区西麻布二丁目二十一番三十四号、永平寺東京別院長谷寺にある橋本綱常の墓に参拝した。

ここでまた偶然な発見があった。橋本綱常の墓のすぐ手前に井上馨の墓があったのである。前述のように、明治十八年（一八八五）六月二十四日、当時の外務卿・井上馨に提出した橋本綱常の報告書に示された手続き方法の筋書き通りに、外交交渉が進行していたことが今回はじめて証明できた。最初の外交秘密文書にはヨーロッパで知名度の高いアレキサンダー・シーボルトがサインを残し、蜂須賀茂詔やマーシャルなど外務省関係者の尽力へとつながったのである。

ついでに井上馨の墓にも参拝した。「鹿鳴館で悪評をかった外務大臣」と学生時代に、歴史の時間に教わったことはその虚像であり、歴史の真相は別のところにあったと痛感した。この時期にジュネーブ条約加盟交渉に尽力していたことは、最も今日的意味をもつ歴史の実像であろう。長い間の誤った情報を改めて見直すことを私は強調しておきたい。

永平寺東京別院長谷寺の一角に眠る橋本綱常と井上馨との二人は、明治十八年、「日赤歴史未知の断面」を語りかけているように思われた。日本赤十字社の歴史を見直すために、『日本赤十字社史稿』（明治四十一年発行、日本赤十字社）を補足する意味で筆をとったのであるが、何かの参考になれば幸いである。

最後に大変お世話になった国際的赤十字人・橋本祐子先生（一九九五年に八十六歳で死去）とアンリー・デュナン研究家の村上直子さんに感謝の意を表する次第である。

（第八章第一節はアンリー・デュナン教育研究所から昭和五十三年（一九七八）に発刊された自著『続・日本赤十字社をつくり育てた人々—日赤歴史未知の断面—ジュネーブ条約加盟の前後』に加筆したものである）

第二節　赤十字幻灯と石黒忠悳の台本

明治二十六年三月二十九日に初版『赤十字幻燈演述の要旨』が発行されたが、明治三十一年二月二十五日発行の補訂四版（国会図書館所蔵）の原文を、この第二節に翻刻して掲載することにした。その貴重本とともに、私が発掘・整理した四十二枚のカラースライド（石黒忠悳の台本と完全に一致する一組）を貴重な史料として後世のために収録しておきたい。

I　翻刻史料

赤十字幻燈演述の要旨

日本赤十字社員　男爵　石黒忠悳述

緒言

第一號幻燈（石黒陸軍軍醫總監）

夫れ赤十字事業を勸奬するに如何せはよきかは各國赤十字熱心者の常に苦心する所なり余も亦此に思を焦すの一人なり吾人の經驗によれは此を勸奬するには熱心に赤十字の主意を演述して多くの人に聽かしめ又著述して多くの人に讀ましむるにあり然れとも此演述を政事演述時事問題等と違ひて人々固有する惻隠の心を奮ひ起す丈のものなる故に即座の興味少なく加之貧富貴賤を通し老若男女を別たざるもの故に甲に味ありと思はるれば乙には適せすとの嘲を来し内に能く了解せりと賞せらるれば丁には卑近なりと疎んぜらるゝの憂あり随て聽衆の感を惹くこと難く随て聽者をして倦まざらしむるは常に難うする所なり抑々吾人か事物によりて聞くよりも見て感を起すこと強きものあり又見る

よりも聞きて感を起すこと強きものありて一様には定め難けれども例へば戰地の惨状の如きは我らの巧ならざる言語を以て之を述ぶるは繪畫にて見るに如かず繪畫のみにて見るよりも繪を見て解を聞けば一層感を起すものなり此に於てか演述を補ふに幻燈を用ゐるの必要なることを考へ數枚の幻燈を撰べり

此に於て拙者は明治二十三年末に演述按の稿を起し妻久賀子と謀りて圖按を撰み遂に此幻燈を創めたり其時緒言の末に述て曰く

此を用ゐて同胞の感情を亢むるには重に本邦の實例を以てするの切實なるは論を俟たざれども本邦赤十字の事業猶幼稚なると我邦近年戰争なきとを以て此に加ふべき事實に乏しき故に近き外國戰記中より原料を資り補ひぬ若し萬一不幸にして本邦兵を動かすことあるに遇はゝ社友諸君は猶此外國戰記に記せられし如く我赤十字社の功績を立てらるゝことは決して疑を容れず而して此著しき功績を立るには平時其精神を養ふは勿論資本材料の貯積は最も必要りとす云々

然るに忠愛なる同胞諸君は明治二十七年役の起るや非常の熱心を以て此事業を振張せられ我戰勝に伴へる我陸軍衛生部の事業と共に本社事業は廣く各國に知れ渡れり此に於て二十七年迄は幻燈演述の下段即ち後半は外國の事例を述へて見聞に供せしも今は全く自國の近き事例を述へて尚ほ餘れるに至れり（明治二十九年十二月十二日夜記す）

今夕は此盛會の爲め〇〇〇〇〇君に演述の勞を囑託せり諸君は〇〇〇〇〇君の述べらるゝ處を余と思ひて聽き玉はんことを希望す

上段

赤十字事業とは戰争の時に當りて傷者病者を敬愛する事業なり夫れ軍人たるもの戰陣に臨むや互に敵味方と分れ鎬を削り弾を放ち身を捨て命を賭して戰ふと雖とも各其國家に代はりて戰ふものにして決して一個人の怨あるにはあらず故に其傷つきてもはや戰ふ事能はざるに至りてや敵もなく味方もなく人類相憐むの情を以て之を敬愛するは當然のことなり此敬愛の心を以て患者救護の事業をなす之を赤十字事業と云ふ此に其濫觴を尋ぬるに古より宇内各國とも戰争の間に互に傷者を勞るは其例あり近くは我か明治三十年を去ること四十五年前西洋の千八百五十三年より六年まで

発掘されたカラースライド（312枚のうちの42枚）

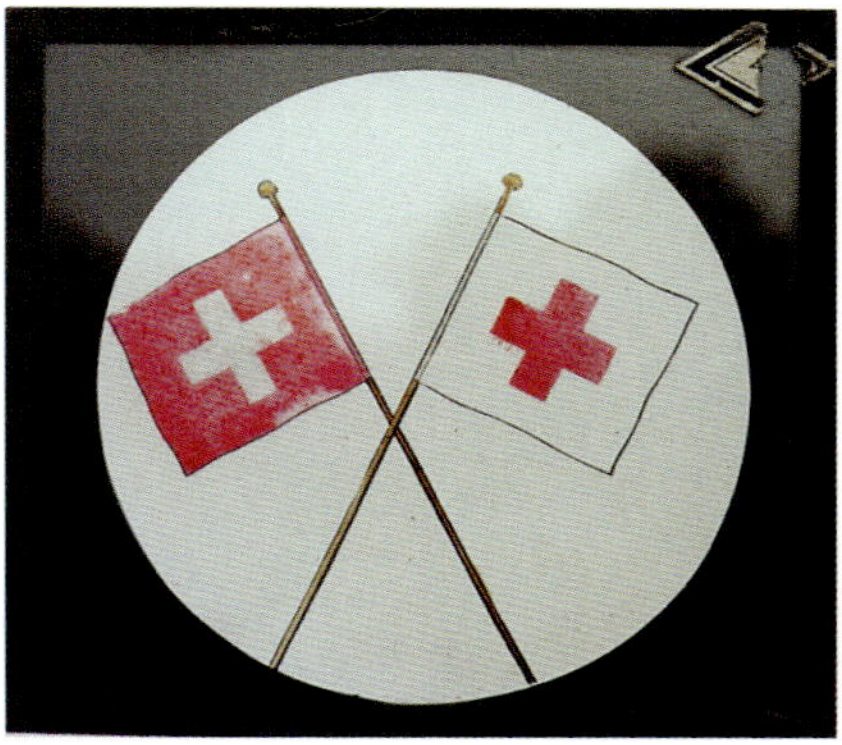

4　瑞西國旗に赤十字旗の交叉

1　石黒陸軍軍醫總監

5　戰野の傷者

2　フロレンス・ナイチンゲル孃

6　救護者傷者を拾ふ

3　ヘンリー・ヂユナント氏

10 皇后陛下親ら綿撒絲を製し給ふ

7 臺灣にて敵兵を救ふ

11 小松宮彰仁親王殿下

8 臺灣に於ける天幕病院

12 博愛社の假病院

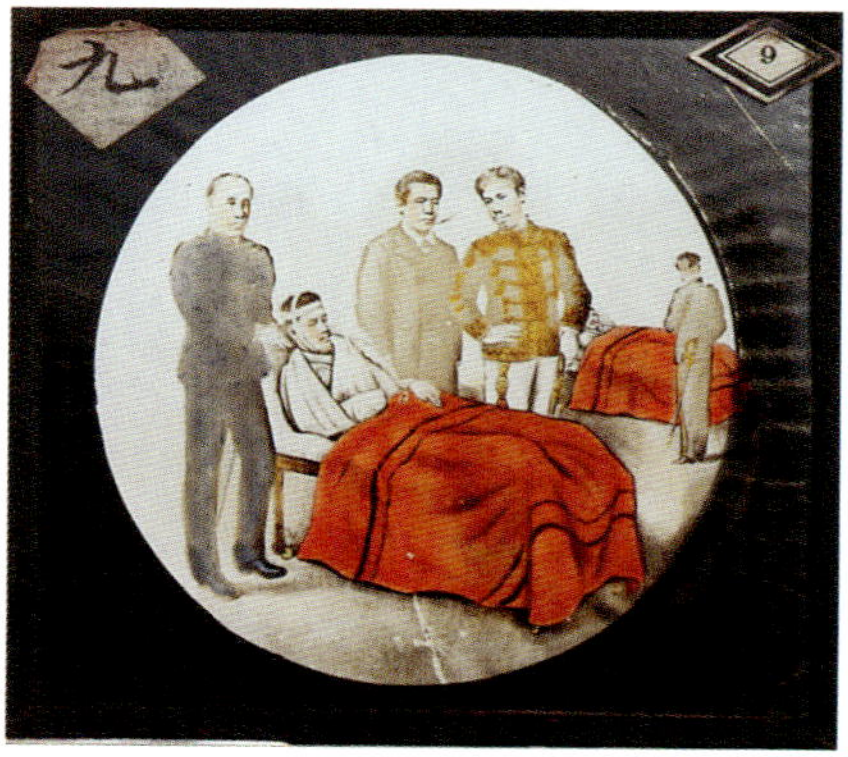

9 大阪臨時病院へ 臨幸

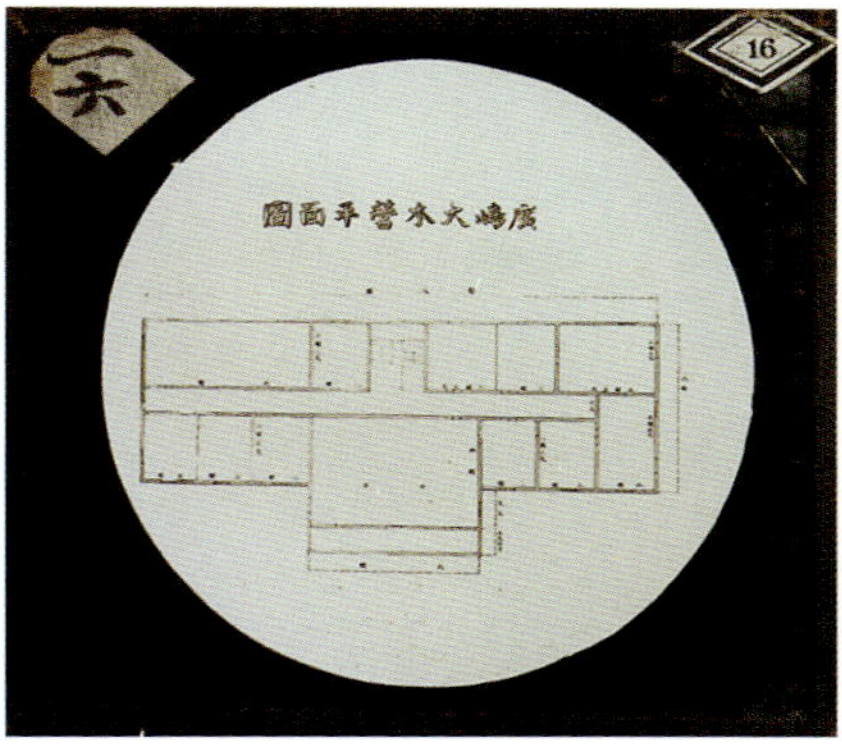

16 廣島大本營平面の圖

13 日本赤十字社病院

17 東宮殿下東京豫備病院へ 行啓

14 日本赤十字社長佐野伯爵

18 皇后陛下廣島豫備病院へ 行啓

15 廣島大本營

22 野戦病院の山路行軍

19 捕虜患者にも同く義足を賜ふ

23 朝鮮地方の炎天に患者を運搬す

20 衛生隊の仁川上陸

24 一片赤十字旗の効力

21 仁川に於て第一派遣救護員の勤務

28 施仁醫院

25 支那地方に捕虜を治療す

29 臺灣に於ける 北白川宮殿下

26 遼東の烈寒に雪中患者を拾救す

30 廣島豫備病院第一分院全景

27 金州兵站病院

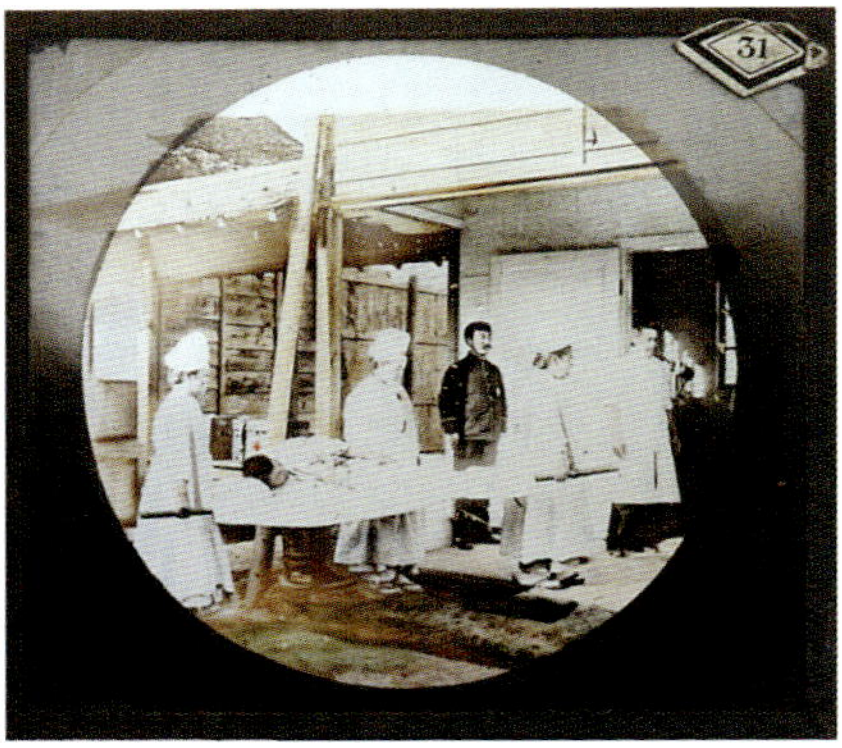

31同　患者を手術室に運搬の圖

32同　手術室に於て手術の圖

33同　最重症患者看護の圖

34同　第三分院全景

35同　患者運搬の圖

36　篤志看護婦人會員繃帯を製造す

40 巴里の赤十字社病院汽車

37 篤志看護婦人捕虜救護に従事す

41 一瓢の水を以て傷者の渇きたる喉を濕す

38（其地方に於ける幻燈を加ふ）

42 兩陛下御真影

39 臺北兵站病院

（日赤長野県支部所蔵）

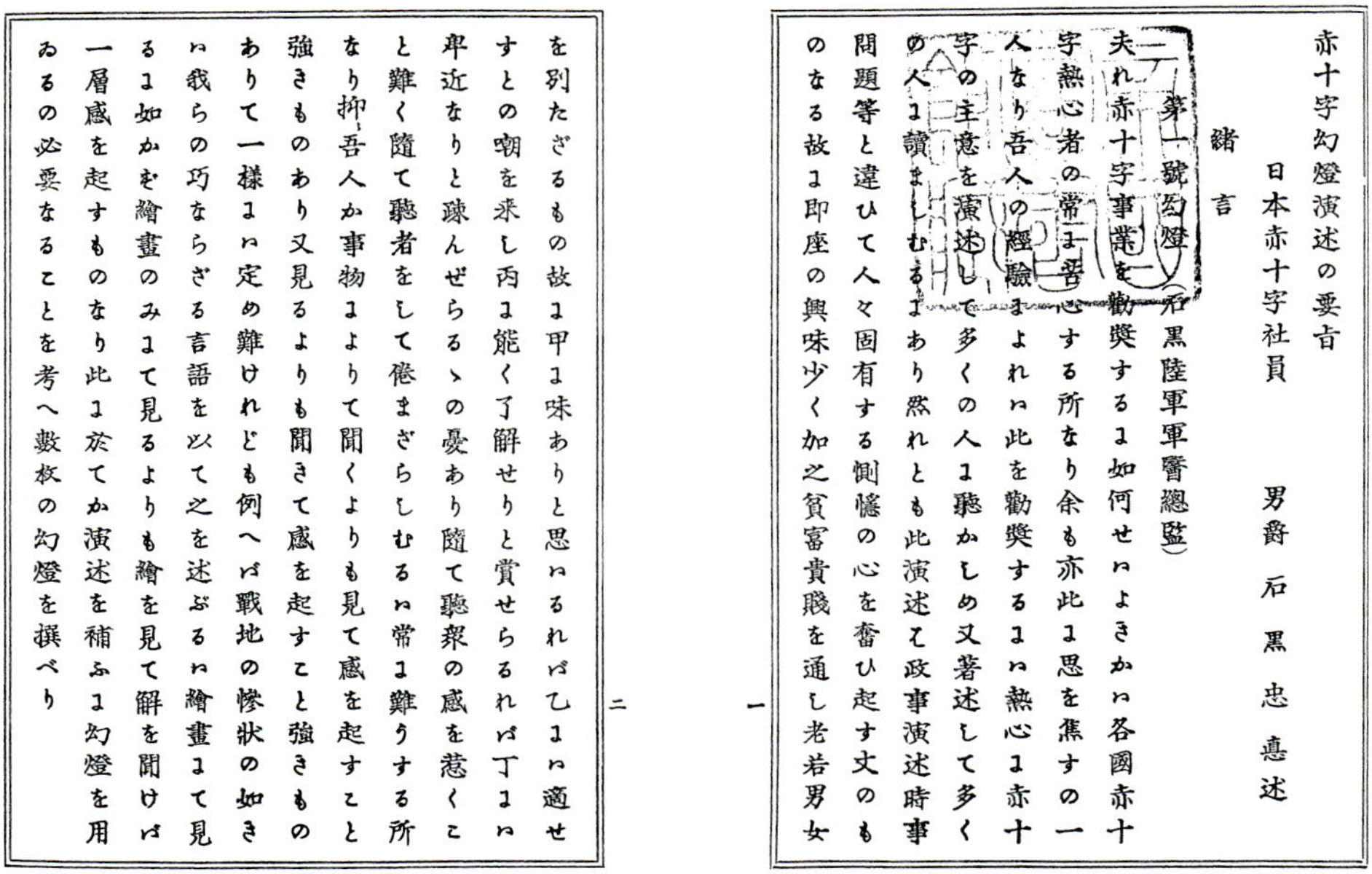
赤十字幻燈演述の要旨

日本赤十字社員　男爵　石黒忠悳述

緒言

第一號幻燈（石黒陸軍軍醫總監）

夫れ赤十字事業を勸奬するに如何せはよきかは各國赤十字熱心者の常に苦心する所なり余も亦此に思を焦すの一人なり吾人の經驗によれは此を勸奬するには熱心に赤十字の主意を演述して多くの人に聽かしめ又著述して多くの人に讀ましむるにあり然れとも此演述は政事演述時事問題等と違ひて人々固有する惻隱の心を奮ひ起す丈のものなる故に即座の興味少く加之貧富貴賤を通し老若男女

一

を別たざるもの故に甲には味ありと思はるれは乙には適せすとの嘲を來し丙に能く了解せりと賞せらるれは丁には卑近なりと疎んぜらるゝの憂あり隨て聽衆の感を惹くこと難く隨て聽者をして倦まざらしむるは常に難うする所なり抑吾人か事物によりて聞くよりも見て感を起すこと強きものあり又見るよりも聞きて感を起すこと強きものありて一樣には定め難けれども例へは戰地の慘狀の如きは我らの巧ならざる言語を以て之を述ぶるは繪畫にて見るに如かず繪畫のみにて見るよりも繪を見て解を聞けは一層感を起すものなり此に於てか演述を補ふに幻燈を用ゐるの必要なることを考へ數枚の幻燈を撰べり

二

石黒忠悳『赤十字幻燈演述の要旨』明治26年初版、同31年補訂４版（国会図書館所蔵）

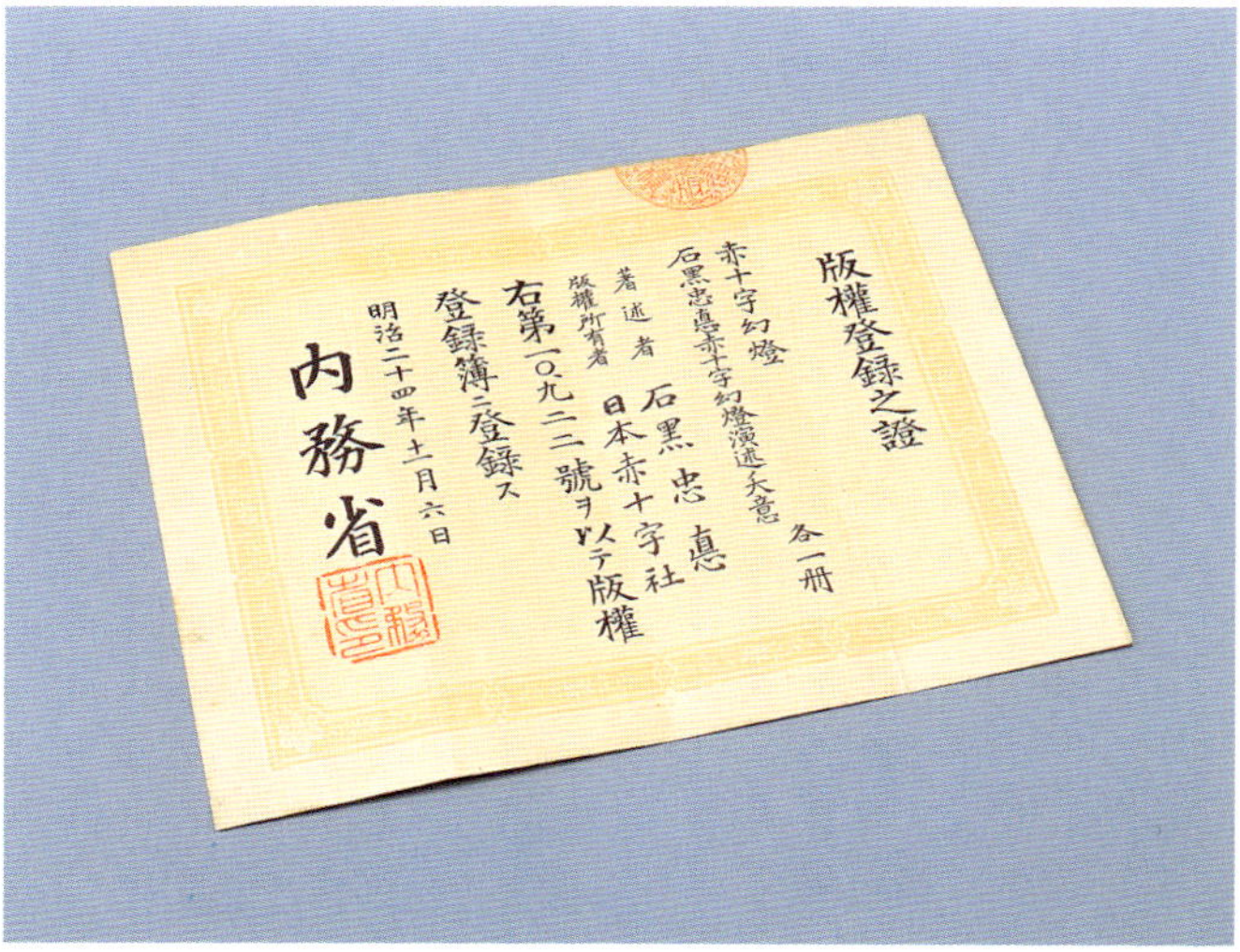

「『赤十字幻燈』版権登録之証」（日本赤十字社所蔵）

四年に亘り英佛の二國合縦して露國と戰ひたることありクリミヤの戰是なり此戰は聯合軍の總勢は凡十八萬人露軍は凡二十萬人百年以來に名高き大戰加之氣候順ならす疫病流行し病者は天幕軍艦等に充ち屍は山野に横はり其慘状目も當てられざりしか此時英國のフロレンス・ナイチンゲルと云へる貴嬢あり

第二號幻燈（フロレンス・ナイチンゲル孃）

此嬢天性慈悲心厚く義勇心に富み少時より看護學を修め病者の取扱に熟したりしがクリミヤの慘状を聞て奮然志を立て旅装を整へ遠く山海を越えクリミヤに赴きて病者を救助することを企て之を公言したるにこの非常なる義擧を傳聞し共に行きて其事を助けんといふ義人續々出て来りて遂に一救護團をなし遠く彼の地に赴き彼我夥多の患者を救護したるに患者はこれを神の使なりとて悦び其恵澤に浴するもの數を知らず此盛事を傳へ聞きて起て救護の事業を企てしもの頗る多かりき此ナイチンゲル孃が此戰争に付ての事を終結して英國に歸りたる時は歡び迎ふる人凱旋の將軍を歡迎するよりも尚ほ盛なりしといふさて此嬢は此戰役に非常の辛苦艱難を嘗めたる爲に身體を損し遂に病身となり年月をば多く病床にて暮す程になりければ英國の有志家は凡我邦の貳拾萬圓に當れる程の醵金をなし養老金に供したるに嬢は其一錢だも受けず此金にて一の看病婦學校を設立せしめて公益に供したり龍動のシントーマス病院に屬する「ナイチンゲル看病婦學校」是なり

此の如き例は古よりまゝあれども平時に於て邦國盟約し戰時に方り患者并に救護者及ひ救護材料を公法上局外中立のものと見做し敵味方共に之に敬愛を表するといふ約束即ち「ヂュネーヴ」條約、所謂赤十字條約といふものゝ濫觴を尋ぬれば前に述べたるクリミヤの戰鎮りて四年の後西洋の千八百五十九年に澳國と佛國の間に紛議を生じ遂に終を戰に決したり此時瑞人國ヘンリー・ヂユナント氏戰況視察の爲に戰地を實踐したるに同年六月二十四日ソルフエリノの戰に兵數三十萬戰争十五時間に亘り傷者死者原野に充ち其慘状實に言語に絶えたるを目撃して

第三號幻燈（ヘンリー・デュナント氏）

「ソルフエリノ紀念」と題する冊子を著し之を刊行して世に公にせり戰時平時とも陸海軍には軍醫部の備は充分ありといへども患者には厚きが上にも厚きを加へたく加之久月に亘れる大戰になれば敵味方共に日々増すものは患者なれ

ば遂に救護會の起さゞる可らざる事を思ひ立ち種々の障礙を排除して千八百六十三年二月六日同志僅かに五人にて其社務を商議し創めたるに慈善の擧たる天の助くる所や厚かりけん同年十月二十六日には七ヶ國の國使と三ヶ國の國書と三十六人の有志家と相集り會同商議するに至り翌六十四年八月二日には條約十ヶ條を議決し十一ヶ國の政府之に締盟したり

さて此會盟を了りて此會盟に名づけ又之を標彰するに何の徽章を用ゐるべきやの論に至り種々議論の末此會盟は瑞國の都ヂユネーヴにて取結びたるもの故にヂユネーヴ條約と名づけ又其標章は何れの國何れの徽章にも偏らず瑞西國旗の裏を用ゐることに決せり瑞西國の國旗は赤地に白十字なり其裏ゆゑに白地に赤十字とはなれるなり因て此條約を一名赤十字條約ともいひ此事業を赤十字事業と稱す此れによりて起れる社を名づけて赤十字社といふも此故なり

第四號幻燈（瑞西國旗に赤十字旗の交叉）

然るに世の多くの人の中には赤十字の徽章の十字形なるを見て是を宗教の標しなりと誤り認めて忌み嫌ふものもあるよしなれども此白地赤十字の標章は前に述べたる如くにして決して宗門等の關係に出たるものにあらず又此事業の爲に集る團體即ち赤十字社なるものは宗旨黨派人種等には毫も差別なきものにして現に神道各派の教職又本願寺教主を始め各宗の高僧も我が赤十字社に加入せられて社事の爲に盡くされつゝあるを見ても此疑は氷解すべし平常は宗旨又は黨派等の相違するより互に相親まざる間にても此赤十字事業に付ては共に一堂の内に會して互に手をとり心を語りて事を詢り業をなすものにして此赤十字の標章は遂に戰時局外中立の徽章となりて世界萬国に知れ渡り軍衙衛生部が之を用ゐて局外中立を表する標章とはなれり赤十字社にて戰時に之を用うるは陸軍の公許を經て使用するものにして常に貴重して其濫用を禁ず若しも之を濫用するものは之を瀆するのみならす社名を傷くるに至る深く注意すべし

偖て戰争の事は聽衆中に實験したる人も多かるべきも未だ實験せざる人もあるべきに付其概略を説くべし

夫れ兩軍相戰ふや砲聲雷の如く震ひ銃丸雨の如く飛び山崩れ野裂くるかと思ふばかりなるも甲討たれ乙斃れ勝敗已に決し勝ちたるものは進みて敵の陣地を占め敗れたるものは退きて要所を扼するに至りては其戰ひたる衢は日已に没し四面寂寥樹折れ草爛れ虫の聲だに聞かず茫々たる曠原唯々孤月の天に懸るあるのみ此時晝間戰の爲めに傷を蒙り叢中

林間に取り遺されたるものありて聲を放ちて救を求むるも喉渇して聲出でず手を擧げて招ぐも深夜人の認むるものなし其生命は一瞬の間に迫る此時に當りて遥に衛生隊が赤十字角燈を提げて傷者を探り求むるを認めたる時は傷者の心は如何ぞや

第五號幻燈（**戰野の傷者**）

而して其燈火は東に行き西に向ひ樹に隠れ草をわけまだ傷者を探り出さゞる間傷者が燈火を遠く望みて其近づくを待つ時の心と救護者が傷者は何處にあるかと尋ね巡る心とは共に又如何ぞや赤十字角燈は草叢樹林の内を尋ねて遂に此傷者を探り出し抱き起す此時に當りてや傷者の喜は言ふ迄もなく又我々救護者が此一の傷者を探り出し抱き起し赤十字の角燈にて死に垂たる顔を見たる時の心如何ぞや

第六號幻燈（**救護者傷者を拾ふ**）

此場合に於ては傷者も救護者も敵も味方もある可からす只圓満なる天性慈仁の心のみ此心を以て患者を厚く敬愛するを赤十字事業の主旨となすなり

夫れ我國の制度によれば貴賤の別なく男子に生れて丁年に達し身體健全にして罪科なき立派の壮者は必ず一度は軍人とならざるべからずさて軍人はいざ戰争といふ時は最愛なる兩親妻子に別れ辛苦困難なる異郷に行き苦痛なる傷を受け貴重限なき命をまでも惜まずして戰争すると言ふ重任を負ふよりして我

聖明なる　天皇陛下深く此に感じ思召廻らせ給ひ我臣民をして萬一不幸戰争に遭遇するも彼の赤十字盟約によりて敵の敬愛を受けしめたしとの深仁なる叡慮よりして遂に明治十九年六月五日特命全權公使侯爵蜂須賀茂韶氏を瑞國べルンへ使せしめて我日本帝國を此赤十字同盟に加はらしめ我々臣民をして其惠澤を蒙らしむるの今日とはなし玉へり此赤十字同盟に加入することに付て申述んに文明國にては此同盟に入らざれば自ら其國の品位卑きを表するの感ある故に加盟を請ふ邦國追々に増加す随て近年は容易に加盟を許さず此に加盟するには大約四個の資格を調査證明する事とはなれり其一は其國の宗教其二は其國醫學の程度其三は其國の帝室と政府とが戰時傷兵を遇する歴史其四は其國の民俗か戰時傷兵に對する實例是なり

我國に於ける此四個の資格に對しては其一宗教は重もに神儒佛の三にして此三教共に慘酷のものにあらすして仁愛を主とするか故に此宗教の資格は濟みたり其二醫學の程度は彼我同盟國の傷者を治療するに關するものにて其關係少からす然るに本邦輓近の醫學は大に歐洲の信する所となり居る故此條も亦濟みけり其三其國の政府又は帝室が戰時傷兵を遇する歷史に至りては古くは日本書紀に　神功皇后新羅を伐ち給ふ時の軍令五ヶ條の第四に曰く「姦謀は聽るす勿れ自然はころす勿れ」とありて此自然とは敵對せざるもの即ち抗敵を止めたるものは殺す事勿れとの謂なり又近くは明治七年四月我沖繩人を害せし臺灣の蕃人を懲治せん爲め西鄉陸軍中將を都督とし遠く軍艦を臺灣に派遣し先つ暴徒を膺ち懲らさしめ給へり此臺灣蕃民は頗る慓悍のみならす要害嶮岨にして是迄清國の軍隊度々之を征したれども遂に降し得ざりしか剛勇なる我日本軍人は同五月二日石門の一戰に容易くこれを擊ち破り酋長以下軍門に降伏せり此時に當りて我都督は從軍の軍醫に令し高札を掲けて傷者病者は彼我の別なく救療せしめたり

第七號幻燈（臺灣にて敵兵を救ふ）

然るに最初は蕃人これを猜ひ其傷つきて倒れたるものを我軍醫近づきて救療せんとすれば刀を揮ふて之を拒みたるも漸く此仁惠の主旨を了解し且つ支那人が我都督の掲げられたる掲示文を讀みて蕃人に譯傳し蕃人も深く日本軍の義擧を悟り仁惠に感じ遂に傷者を荷ひ病者を送りて我陣中病院に來り治療を受くるもの日々群をなすに至れり

第八號幻燈（臺灣に於ける天幕病院）

此時には戰況視察として外國人等も來たるものあり随て其紀行雜筆等は歐米の新聞にも轉載されたる故に外國人之を知るもの多く大に信を得たるなり夫古人謂へるあり曰く善は小なりとも之を行へ悪は小なりともなす勿れと此時我軍隊が蕃人を平等に治療せしに一時惻隱の心に出しものにして他に求むることあるにあらさりし然るに何ぞ圖らんや十三ヶ年の後萬國赤十字條約に加入する時に當りて此事大なる力とならんとは是よりも尚大に外人の信を得たるものありとは

明治十年西南の役に官軍の傷者一萬千二百九十八名死者二千八名大阪臨時病院にて治療せしもの八千五百六十九名同年三月三十一日

天皇陛下は内閣顧問従三位木戸孝允を随へ西京の行在所より大阪臨時病院に　行幸ありて一々此傷者の病床に臨ませ給ふ

第九號幻燈（大阪臨時病院へ　臨幸）

此時　陛下は傷者か病床の上に正坐して敬禮するを御覧ありて畏くも特に病院長陸軍一等軍醫正石黒忠悳を近く召され

病者朕か臨むを見て殊更に正坐平伏する者あり若し敬禮するか爲に創の疼痛を増すことあらば朕が欲せざる所なり汝よく患者をして此意を體せしめよ

とのたまふ病院長畏まりて此　仁勅を傷者に傳へければ傷者は更なり供奉の諸員ともに皆斯くまで聖慮を注がせ給ふ天恩の厚きに感泣せざるものなかりき又此時に於て　皇太后陛下　皇后陛下は傷者の苦痛を思し召され宮中にて　御手づから綿撒絲を作らせ給ひ

第十號幻燈（皇后陛下親ら綿撒絲を製し給ふ）

之を大阪臨時病院に下し賜ひて傷者治療の用に供せしめ玉ふ此に於て石黒院長は更に宮内卿に由り復奏して曰く大阪臨時病院并に戰地病院の傷者には官賊共に在り恩賜の撒絲は官軍の傷者而已に賜るべきや將た賊の傷者にも賜るやと宮内卿は　令旨を奉じ更に傳へて曰く已に傷きて病院にあるものは固より官賊の別なく之を賜はるの　令旨なりと此に於てや大阪臨時病院の傷者は勿論戰地の各軍團病院にまで分配し各傷者に頒ちたり

其四國民か傷者に對する仁惠上の實例は明治十年西南の役元老院議官佐野常民は同大給恒と共に有志をあつめて一社を結び小松宮殿下を總長に推戴し

第十一號幻燈（小松宮彰仁親王殿下）

書を征討總督府に上り遠く九州に赴きて官賊の別なく傷者を救護せんことを願ひ即日有栖川總督宮殿下の許可を得て遂に業を創めたり此を博愛社と名く此時此社の殊に功績を著せしは賊の傷者又は擒虜の病者を救療せしこと是なり

第十二號幻燈（博愛社の假病院）

これ我國赤十字社の濫觴なり（此繪は博愛社員が九州にて民家を借り賊兵の傷者を救療する所を示す當時赤の丸一を博愛社の徽章とせり）

以上四個の資格に於て我帝國は各國の信認を得遂に同盟に加はることを得たり因て我　天皇陛下は本邦が此同盟に加はりたることを明治十九年十一月十五日　勅令を以て全國に公布し給ひたり此御庇にて我軍人は萬一同盟の他邦と干戈を接するの時に於て不幸重傷を蒙り戰野に倒るゝも安じて救護を待ち其敬愛を受くるの幸を得るに至れりこれと同時に他國の兵の患者に對しても同じく之を敬愛すべきの義務を有せり

政府に於て此の如く赤十字同盟に加列せらるれば随て其國人は有志互に團結して倣す所なかるべからず乃ち從來の博愛社は萬国赤十字社と聯合して日本赤十字社と改稱するに至れり爾来我　帝室は此赤十字社に特別の恩眷を賜ひ其總會には　皇后陛下　行啓あらせられ支部總會等には遠路僻地を厭はせられず總裁殿下臨ませられ明治二十一年十月には特に御手許金十萬圓を下し賜はりて東京府下南豊島第二御料地に赤十字社病院を設けさせ

第十三號幻燈（日本赤十字社病院）

以て平時は普通人民の難病を救はせ戰時には之を擧けて陸軍豫備病院の用に供せしめ給ふのみならず　皇太后陛下皇后陛下は此に　行啓ましまして病者を慰ませ玉ひ難病の治して歸るものあればこれを聽し召し玉ひて御欒しみとなし玉ふ又此病院に於ては看護婦看護人の養成をもなせり

以上述べたる所にて赤十字事業の主義と我　帝室にてはいかに此赤十字事業に特別の恩眷を賜はるか又我々帝國臣民がいかに赤十字事業に盡さねばならぬかは了解し得られしなるべし呉々も赤十字事業の發達と不發達とは其國々民思想の如何をトすべき尺度の一大部分なることを慮られたし

我國赤十字社社員の數明治二十七年六月には六萬二十九人なりしが二十七年八年の戰争中に増加せし者九萬六千四百六十八人其後日々に増加し明治三十年十二月末日には四十五萬五千六百三十八人に及へり但し此の如く隆盛に至れるものは我國民の忠勇慈仁に厚き上に本社に賜はる　帝室の御眷顧隆渥なると總裁宮殿下が此事業擴張に對しては常に台慮を盡させ玉ひ又社長佐野伯爵が此事業に熱心にして創業以來實に二十年來一日の如く殆んど八十に近き高齢に

てありながら四方に巡回し本社の爲には心と身とを盡して勉めらるゝとに因るものなり而して佐野社長の熱心に實に吾輩の欽慕する所　以て百年の後赤十字社長たる者の龜鑑とすべき所なり

第十四號幻燈（日本赤十字社長佐野伯爵）

（此處奏樂）松の樂

是にて暫時休息

下段

赤十字社の主旨と起原来歷とは已に述べたる所にて分明なり是より明治二十七、八年兩年役に於ける我陸軍衛生事業中救護事業の一斑及本社救護員の行動を併せ述ぶべし此に陸軍衛生部の事を述ぶる所以は前にも述べたる通り患者の扱ひは届くが上にも届かせ厚きが上にも厚くして其完備を期するものなれば赤十字社は此陸軍患者救護の事業を幇助補佐するもの故に赤十字社の事業を説くには先づ陸軍衛生部の事業を説くを要すればなり又之を述ぶるに先ちて此役に於て我　天皇陛下即ち大元帥陛下が軍事に　大御心を盡させ玉ふ外にいかに軍人に　大御心を寄せ玉ひしか又國民一同はいかに軍人を思ひたるか大概を述ぶるの必要あるなり夫れ諸君も知らるゝ通り此戰は明治二十七年の七月二十七日朝鮮國成歡の役に搠まり朝鮮及遼東山東の各地に連戰し同二十八年四月十七日の媾和に了り臺灣は二十八年三月二十三日澎湖島の砲撃に始まり同十一月十八日に終はれり其間忠悳は野戰衛生長官として常に大本營の帷幕に侍りし故に　大元帥陛下の御事は常に親しく拜し奉ることを得たりしか　陛下が此戰に大小となく　大御心を盡させ玉ひ軍人を思はせ玉ひたる事は實に至らざるなく今にも思ひ出づる毎に感涙にくるゝ計りなり畏れ多きことなから其一二を申述ぶれば　大元帥陛下か二十七年九月より二十八年四月迄行在所とし玉ひし藝州廣島の城は元淺野家の城迹に木造粗末の西洋家を建て年來第五師團の司令部とせしものにして

第十五　廣島大本營

陛下の御座所は元師團長の室にして二十四疊敷の一と間なり　陛下は此一と間の中に屏風にて一ヶ所を仕切り其内に　劒璽を置かせられ一隅には御屏風にて御寢臺を圍はせられ其正中に御椅子一脚と御机とを置せられて常の玉座と

遊はさせられ長椅子一脚をも置せられす此所にて萬機を聞召させられ毎夜御寢の前には此御机と御椅子とを片付けさせ御屏風を開き御寢臺を出し御寢遊はさせられ朝は又御寢臺を片付けさせて屏風にて圍ひ御椅子御机を出して御座を作る

第十六　廣島大本營平面の圖

加之朝はいかに寒天にても六時には御軍服にて御座に就かせられ夜は早きも十二時晩き時は二時三時迄嚴然御軍裝の儘にて戰報を待たせ玉ふこと終りまで一日の如し二十七年十一月中旬と覺えしがもはや霜も白く置き木の葉も落ち盡し寒さに向ひしゆへに内匠の官人は御座の間に暖爐を据え付るとて其事を申上たりしに陛下には　暖爐は据付るには及ばず戰地の天幕の中は如何ぞや　と仰せられたりとて其事止み遂に極寒に至りしも暖爐は御許しなく暖爐なくして嚴冬を過させ玉ひたり彼の昔時延喜の帝の寒夜に御衣を脱ぎ玉ひしを帝王が民を愛し玉ふ千古の龜鑑とすれど戰地に在る我兵の寒を思ひ玉ひて嚴寒に暖爐を斥け玉ひし　今上陛下の大御心は如何ぞや忠悳は寒時手を火鉢にかざす毎に此御事を思ひ出でざることなきなり

又御軍議室には毎日出御になり此御列には參謀總長宮殿下、總理大臣、陸海軍大臣、參謀次長、海軍軍令部長、運輸通信長官、野戰監督長官、野戰衛生長官、陸海軍參謀高級副官等なり軍隊の健康上に就てはいつも委しき御垂問在せられ又暑寒甚數日若くは氣候劇變の時には必ず侍從武官を病院に遣はされて患者の景況を問はせ玉ひ常に軍樂隊を病院に遣はされて奏樂せしめ起つこと能はざる患者の心を慰めさせらるゝ等實に我々か實の子を病院に托し置きても數月以上の長き月日に亘ればとても如此には心付かざるべきこと思はるゝ程にてありし

さて　陛下は前に述べたる御座所なる此一間の内に在らせられて外は戰争の事内は内國の萬機をしろし召さるゝこと八ヶ月明治二十八年四月二十七日大本營を京都に移させ玉ふ迄の間に外へ出でさせ玉ひしは僅に四度第一は平壤の戰勝にて獲取したる武器御覽の爲め第二は黄海の戰に大勝を得て歸りたる軍艦が呉港に入りたる時損傷したる船艦御覽の爲め其第三は帝國議會を廣島に開かせられ開院式の爲め其第四は淺野侯爵邸に　行幸を願ひ奉られし時と都合四度此樓を下らせ玉ひし而已なりし又東京にては　皇太后陛下　皇后陛下は親しく繃帯を製し玉ひて病院に下し賜はり

東宮殿下は豫備病院に　行啓ありて親しく患者を問はせられ

第十七　東宮殿下東京豫備病院へ　行啓

加之　皇后陛下は親しく患者を訪はせらるゝが爲に明治二十八年三月には特に廣島に　行啓ありこれ廣島には各師團の患者が皆此所に集り重症にて動かすこと能はざるものは悉く此に留まるを以てなりさて病院は四ヶ所に分れて設けられありしが三月二十二日より毎日各所に　行啓在らせられたり一ヶ所の病院に凡そ千人餘の患者を入るゝが故に頗る廣く廊下傳ひにて巡るも其間數を算すれば十四五町に餘る所を御休息もあらせられず各病室見そなはせられて重症患者の枕邊には一々進ませ玉ひ其被き臥せし衾にも御手を懸けさせ玉ひて

軽からぬ容體なれば篤と療養を加へ快方に赴くことを望む　と御眼に涙を浮ばせらて宣ひたり

第十八　皇后陛下廣島豫備病院へ　行啓

此時皇后宮大夫香川子爵を始め御側に侍りて御詞を拜聽せし者は一人として感涙に咽ばざる者なかりし數病室を經て遂に輕症患者の立並びて拜し奉り居るを見そなはせられ

皆々は名譽ある戰地に於て傷病を得て歸りしも今は傷所癒え病治り顔色もよく斯く立並ぶまでに至れるを見て甚だ悦ばし此癒えたる有様を故郷の父母兄弟が見もし聞もしたるならばさぞ悦ぶなるべし　と御氣色麗しく仰せられたるを拜聽したり頃しも三月の末なれども寒さまだ強く三月二十六日には朝まだき雨もふり寒さ一層強く且皇后陛下には御風氣のあげくにも在らせられしゆゑに一日御延引を願ひ奉りしも今度の　行啓は一に患者慰問の爲なれば一日も早く皆の患者を見そなはせられ玉ひ度き思召なりとて御延引なく巡らせ玉ひ四月三十日には御渡海ありて呉鎮守府の海軍病院に渡らせられ同しく御懇ろなる御詞を下されたり而して患者中に手又は足を失ひたる者あるを御覧遊ばされては治癒して後も不自由なるべければよき工夫はなきやとの御下問に對し義手義足を附することを申上げしにさらば皆々に義手義足を造り與ふべしと特に御手許金より義手義足を賜はり手足を失ひたる輩には佐藤少將を始めとして捕虜傷者に至る迄義手義足を賜はり附するを得たり

第十九　捕虜患者にも同く義足を賜ふ

此　行啓の顚末を記し「皇后陛下行啓紀事」と題し一枚摺として我妻久賀子より各患者に贈り又新聞雑誌にも轉載せられあるゆゑに就て見るべし　古人の曰く上好む者あれば下これより甚しき者ありと宜なるかな

三陛下如此に軍人愛重し玉ふに随ひて此　大御心を體して全國の同胞熱心に軍人を慰さめ患者を勞ること實に盛にして行軍を犒らひ又兵營病院及び出征者の留守宅を訪ひ物品を贈り殊更戰地の軍人へは種々工夫を凝らして物品を寄贈する等其熱心なるは今更述べ盡し難し其一例は拙者一日病院を巡視したるに輕快患者いかにも無聊に堪へざる様子故に所持の書籍を寄附し其事を新聞に記載せしに全國各地より續々書籍を寄贈し來りて廣島豫備病院の一倉庫は忽ち書物にて充満したり我患者に對して厚きこと此の如くに至りしものは年来赤十字社の與りて力あるを信ず

さて外に在ては如何といふに我軍が勇剛にして向ふ所敵なく陸海共に大勝を得たる事々は新聞にも講談にも詳にして世皆知る所なるを以て此に述ぶるの要なし但し文明世界の戰は千軍萬馬を微塵にする勇剛と共に一傷兵一病夫をも敬愛する仁惠なかるべからず勇と仁と併せ具へて以て真勇と稱すへし殺氣天に漲る慘憺なる戰場に於て一點靄然たる仁惠事業に從事するものは我が衛生部員なり此に其一二を述ぶれは此戰の始まるや先第一に外征とたるは第五師團衛生隊と野戰病院なり乃ち共に廣島の宇品を發し朝鮮仁川に上陸し

第二十　衛生隊の仁川上陸

成歡の役を初めとし處々の戰に從へり茲に朝鮮の釜山并に仁川には本邦人多く寄留しある故に此役に於て有志の面々皆協力して我兵を幇助せしが殊更悦ばしきは篤志看護婦人の一團なり各其家は兵隊の宿陣となりて混雜繁忙なるのみならず動もすれば敵兵又は土人の襲ひ來る風聞もありて人心恟々たる中に於て自家の事を省みず兵站病院に至りて日夜病兵の看護に勉め數月間盡されし篤志看護婦人數人ありし又救護員一組も朝鮮地方派出を命せられ一行四十一人九月二日東京を出發し横濱港より御用舩に便乘して仁川に上陸し暫く同地の陸軍兵站病院勤務に從事せり

第二十一　仁川に於て第一派遣救護員の勤務

此救護員は後に平壤に進み又分れて義州、龍川、兀山（龍川の分院）の三兵站病院并鎮南浦患者宿泊所の勤務等に服し二十八年五月二十七日に至りて其任務を解かれたりしが其平壤に在りし時に恰も赤痢病猖獗の際にして理事醫長醫員調劑員等皆該病に罹り廣島に後送せられ看護人も過半該病に冒されて終に死歿せしもの四人ありしに至れり本社は速に別人を派して夫々其欠を補ひ救護事業を中止するが如き不幸はなかりしかども一時は洵に困難を極めたり

さて朝鮮及支那の地方は道路はあるかなしかの細道にて嶮岨なる所も少なからず數十里の道を朝鮮人をまぜ又馬を徴發し若くは乘馬を駄馬として衛生材料を運送し

第二十二　野戰病院の山路行軍

加之患者を運搬して此難道を行くは實に困難の事業なり忠悳は職務上歐洲諸國の戰爭に際する患者運搬の事に就て種々調査もし實見も致せしが彼は到る處鐵道も開けたりよしや鐵道通せざる村路なりとも馬車道は交通自由なるに此朝鮮支那の地方にては赫々たる炎天に休ふべき樹木なく喉を濕すへき清泉なく山阪嶮岨一疋の馬さへ往来出來難き道多き地を全く擔架にて數千百の患者を運搬するは實に他に比類なき困難を極めたり

第二十三　朝鮮地方の炎天に患者を運搬す

又前に述べし如く文明國互の戰爭には赤十字の標さへあれば敵味方共に銃丸を向くることなく其一例を述ぶれば西暦千八百七十一年一月十七日に獨乙バーデン軍がフラヒールを進軍し佛國軍と劇戰したる日なるが斯る混亂雜沓の中にも民家を病院に供用し赤十字旗を掲けたる所は少しも犯さるゝことなく砲丸雨飛の中に安泰に中立する事を得たり金城湯池は破るへく嶮山大河は超ゆるへきも敬愛の心を以て互に結ひたる盟は渝ふることを得さるなり

第二十四　一片赤十字旗の効力

然るに二十七年二十八年に戰ひたる敵國は赤十字同盟國にあらず加之其兵は残忍凶暴にして患者は局外中立だの赤十字旗の飜る病院は犯す可からざる公法だのと云ふことは露程も辨へず我衛生隊が患者を拾ひ救ひつゝある最中に砲撃し又は繃帯所、野戰病院を襲撃する等危險困難の場合多かりしも救護事業を成し遂げて數千百の患者只の一人も漏らさず拾ひ救ひ得て残せしことなし加之平壌にては我兵に五百餘人の傷者ありて頗る繁雜なりし中に尚ほ敵兵傷者百餘人を拾ひ救ひたる手始めとし我陸軍の衛生隊は所々の戰にいつも敵の遺殘せる重傷者をば拾ひ救ふて野戰病院に收め彼我の別なく治療したるは實に我軍真に勇と仁との兼備へたるを顯はし光輝を世界に發したる一要素なりとす

第二十五　支那地方に捕虜を治療す

又遼東の地に於て嚴寒の時には攝氏の零度以下二十八度言葉にも形容にも盡し難き程寒氣劇しく創を洗ふ石炭酸水は勿論水薬類は皆凍りて用をなさず手術を施すにも手凍え自由ならざる寒さに當り皚々たる氷雪の上に膚を劈くかと思はるゝ寒氣を凌ぎて患者を拾ひ救ひたる此衛生隊の人々は足をも手をも凍らせて遂に手足を失ひし人も亦多し然れども一人でも患者を遺殘したることなし威海衛の戰には英吉利國の陸軍省より特に派遣されたる陸軍軍醫監テーロルといふ人が實地を視察して英國陸軍省に呈したる報告書中に日本の衛生隊が戰地に於ての作業は實に平日の演習と寸分異ならす敵丸の盛に飛来る最中一號令の下に速に患者を拾ひ救ひ戰爭止みて凡二十分時を經れば一人の患者も残さず救ひ上げたり此勇氣即ち任務を盡すは實に感ずるに餘りありと記せり

第二十六　遼東の烈寒に雪中患者を拾救す

海外に派出を命ぜられたる第二回本社救護員は一行四十名にして二十七年十月十九日東京を發し朝鮮國漁隱洞の勤務を經て十二月中清國大連灣柳樹屯に轉進し二十八年一月中其筋の命にて一行の半を金州に分派せられ（柳樹屯より陸路三里）同地兵站病院の勤務を幇助したり而して柳樹屯に在るものは後又旅順口に轉勤を命ぜられたり

第二十七　金州兵站病院

此映畫は即ち金州兵站病院の一部にして本社救護員の擔當病室等なり國旗と赤十字旗とを交叉したる門頭には我救護員赴任まて「滿州正白旗官廳」と書したる扁額を掲げありしと此救護員の中若干名は兵站病院勤務開始と同時に其筋の命に依り施仁醫院の勤務に服したり尤も理事書記等は兵站病院と兼務せしが醫員一名調劑員一名看護人三名は專ら施仁醫院と擔當せり扨て此施仁醫院は金州城行政廳に於て一つは順民救恤のため一つは衛生上の必要よりして設けられたるものにて近傍村落順民の病者を救療するを以て目的とす

第二十八　施仁醫院

此映畫は即ち施仁醫院にて位置は金州城西門街行政廳の東一町許の處にあり設立日を經るに随ひ順民漸く本院の恩徳を知悉欽慕し來て診療を乞ふ者多くために狭隘を告るに至れり本院に於て救療したる順民患者の數は五百有餘人外

に種痘を施したるもの二百餘人なりき此一行は二十八年六月勤務を結了して歸朝の途に就き大連灣に於て旅順口分派の組と會合と倶に六月五日同所抜錨同十日廣島に歸着せり

本社は尚此外にも救護員一組を其筋の命に依りて海外に派遣せしめたり此一行は人員三十八名にして理事醫長は附せず二十七年十二月二十五日東京を發し第一軍兵站部に向ひて赴任し調劑員及看護人の半數は分れて朝鮮國昌岑及龍川兵站病院に勤務し他の一半は醫員と與に清國大孤山に在る戰地定立病院及土城子青堆子等に在る患者宿泊所等に勤務せり

又一方に在ては如何にといふに臺灣にては炎暑熾くが如きこと百十度といふ時節に恐多くも近衛師團長北白川宮殿下は御身皇族の尊きにましませども三貂嶺を越え進ませ玉ふに當りては草鞋を召させられて山坂を越えさせられ其途中木村軍醫監が掘取り□りて差上げたる□芋を召上りて木村に向はせられ若しも幸に歸京したならば一日我庭中にて芋を□き皆々を招き紀念會を開くべしと仰せられしも竟に御遺言となりしこそ悲しけれ殿下に此の如く御辛苦と御勇氣とを以て全軍を指揮し玉ふ

第二十九　臺灣に於ける　北白川宮殿下

（此所にて臺灣に於ける　北白川宮殿下の唱歌奏樂）

師團長殿下にして此の如くにましま す況や其統下に屬する近衛諸部隊をや實に辛苦を極め日中は焚くが如き炎天に數里の長途を且つ戰ひ且つ進み夜は冷たく濕氣深き所に露營し其間マラリヤ病の侵襲に遇ひ患者一時に增多して實に慘状を極めたりさて殿下御在世の時は常に我赤十字社へ特に御眷顧を賜はりたれば我々社員は別て哀悼恐懼の至りに堪へざるなり

此處に殊更諸君に申述度き事は斯る戰時に方りて赤十字社はいかなる事を致したらよきかといふに彼我の軍人が最も喜びて便利なりと思ふことをするが第一である其軍人が最も喜びて便利がること多きは病院に於て患者を治療するを助成するより善きはなし故に豫備病院又兵站病院等にて助成する最も宜しとす如何となれば陸海軍共に常々多數の軍醫官藥劑官看護長看護手看病人等あり又戰時には豫備後備の人々も徵集せらるゝ故に其數は夥多數ものなれとも此

人々は多くは軍隊に付して前方に進み敵丸の来る戰地や又は戰地近くの危險の地に於て前に述べたる如き勤務をせらるゝ故に後方即ち兵站病院又其後方の豫備病院には随て人も乏しく之に反して傷者病者の最も重きものは後へ後へと送り戻さるゝがゆゑに此病院に最も多く輻輳す加之前方即ち戰地にては兵糧なり輜重なり一人に何程といふ切り詰めの物品ならでは輸送する事が困難にて一人に手も軍隊編制外の人に送らぬが法則ゆゑに其編制人員なる軍醫官以下が此戰場に在て専ら作業して少しも心配なく後へ後へと患者を送るには是非とも後方の準備即ち兵站病院豫備病院等に充分の準備がなくてはならぬ故に赤十字社員が此處にて充分に助成をするを最大一の便利として軍人に喜ばるゝなり各國の軍制にも赤十字社員をば重もに兵站病院豫備病院に在て作業せしむるを常法とするもの多く又我國にては赤十字社の作業は専ら此處に於てせしむる事に定められ二十七八年役に實験して益々此處に於けるの便益を證せられしなり此二十七八年役には其筋の命に依り臨戰地たる廣島の陸軍豫備病院に向ひて患者二百人を收容すべき組織なる救護員三組（内一組は京都支部）を派遣せり此役に於て本社が救護員を出したるは實に之を以て初發とす此救護員の内初發の一組は二十七年八月二日東京を發し同四日廣島に着き六日より勤務に就きたり後追々増出し遂に全員二百八十四人となり本院及第一分院第三分院の三ヶ所に分かれ各誠意を盡くして業務に勉めたり是れより廣島出張の救護員が豫備病院に於て行動のありさまを映出し其映畫に從て説明せん

第三十　廣島豫備病院第一分院全景

第三十一　同　患者を手術室に運搬の圖

第三十二　同　手術室に於て手術の圖

第三十三　同　最重症患者看護の圖

第三十四　同　第三分院全景

第三十五　同　患者運搬の圖

東京赤十字社にては　皇族妃殿下其首唱とならせられ有志婦人相集り繃帯を製して戰地に送り

第三十六　篤志看護婦人會員繃帯を製造す

又出征行軍及び患者通過の節は各驛に於て該地赤十字社員出でゝ日夜となく之を勞ひ物を贈りて其行を壮にし或は之をいたはり慰め又東京赤十字社病院をば東京第二豫備病院と稱し多數の患者を收容し敵の捕虜患者も此中に加はれり此患者に對しては篤志看護婦人會を始め皆々彼我の別なく懇篤に看護の勞を執られたり

第三十七　篤志看護婦人捕虜救護に從事す

（此所にて婦人從軍の唱歌奏樂）

大阪にても捕虜患者をば赤十字社にて引受て治療し其他各營所ある所にてはいつも赤十字社が豫備病院の勤務を助成し手厚き上にも手厚く看護の行届く事を計畫せり（演述會を開く地方にて二十七八年役に行ひたる赤十字事業あらば此に加ふべし此に京都の一例を擧げんに）

たとへば京都府の如きは地方に陸軍病院なきゆゑに救護團を組織し理事二人醫員以下十一人看護婦五十二人を一集して廣島に送り豫備病院の一部を受持ちたり戰役了りて後醫長たる猪子止戈之助看護婦取締たる新島八重子同副取締高木春子は勲章を賜はり其他皆著しき恩賞を辱ふしたり

第三十八　（其地方に於ける幻燈を加ふ）

又外に在ては前にも述べたる如く赤十字社の救護員は朝鮮に於ては仁川、漁隱洞、平壤、龍川、支那に於ては金州、旅順等にて兵站病院の一部を受けて補佐し又施仁醫院を受持ち頗る我軍人に便利を喜ばれ土民に敬信せられ又臺灣にては近衛師團が基隆にてマラリアの侵襲に遇うたる折しも本社の派遣員六十餘名基隆に着して陸軍の兵站病院を補佐したる時には患者の悦び溢るゝばかりなりし

第三十九　臺北兵站病院

此に派遣せし本社の救護員六十餘名中臺灣引上げまでに一度も病に侵されざるものは僅に十餘名なり以て其辛苦を想ふべし

其他の百餘艘ある陸軍の運搬舩には一々本社より醫員と看護人とを乘込ませ以て乘舩人の健康を護り疾を治療しさり此役に於て本社の支出したる金額は凡四十六萬圓餘從事したる人員は醫士二百二十七人藥劑師二十三人看護婦七百

五人理事書記看護人等六百十二人總計千五百六十七人不幸にして病の爲に死したるもの二十五人就中看護婦にして傳染病患者を看護するに際し其傳染死に至るを豫期し死後其遺物中に遺書ありしものあり實に其篤志感して餘りあるなり故に我赤十字社の事業に對しては同胞よりは勿論外國よりも嘖々賞讃を博したり

さて赤十字事業は上に述ぶる如く戰時には斯く莫大の費用を要し尚ほ此上にも病院船、病院汽車までも備へざるを得す

第四十　巴里の赤十字社病院汽車

然れども此の如く盛大なる平備莫大なる費用ならざれば赤十字事業は行ふこと能はざるかといふに決して然らずたとへ瓢に清き水をたくわへ缺けたる茶碗にて一杯の水を傷者に與ふるとも誠に敬愛の心を以て與ふれば真の赤十字事業といふなり

第四十一　一瓢の水を以て傷者の渇きたる喉を濕す

各々其分限に應して真心を盡さるべし赤十字事業には所謂長者の萬燈も貧の一燈も共に之を要するなり

終りに臨み特に申述ぶべきは今更事新らしく申迄もなき事ながら我々赤十字社々員が常に唯一の目的とする所即ち願望は戰爭の時に於て彼我の患者を救護するに在り故に此目的即ち此願望をさへ遂げ果たせば他には一毫も望みなきは勿論なるにも拘らず此二十七八年役には其目的を達する爲めに陸軍より厚く保護せられし而已ならす參謀總長陸軍大臣は一々其功を録して奏上せられ　兩陛下より社員一同へ厚き勅語　令旨を下し賜はりて功績を御嘉賞あらせられし而已なるを社長病院長を首として夫々重き恩賞を下し賜はり剰へ婦人の功を表はさるゝ爲めに勲章を賜はりしは是を最初とす加之死亡したるものには軍人と同じく賑恤せられたり外國にて赤十字社が戰時に盡したる例は多けれども戰後恩賞を受けしことの厚き此の如きは其類例を見ざる所なり我々社員たるもの誰か其　聖恩に感泣せざらんや此後に於て益々同心協力社運を擴張し社基を鞏固にし萬一有事の時に當りて此有難き恩遇と内外國人より受けたる譽とを空しうせざらんことを社友諸君と共に切望するの餘り恭しく勅語　令旨を奉讀して此會を終らんとす

明治二十八年十月二十九日
天皇陛下の本社へ下し賜はりたる
　勅語
明治二十七八年ノ戰役ニ於テ軍衙衛生部ノ事業ヲ助ケ能ク其本分ヲ盡ス朕深く之ヲ嘉ス
明治二十八年十一月一日

皇后陛下より本社に下し賜はりたる
　令旨
明治二十七八年ノ戰役ニ於テ同心協力彼我ノ諸患者ヲ救護シ軍隊衛生ノ事情ヲ助ケ能ク博愛ノ實ヲ擧ケタルヲ喜フ
諸君と共に謹て此に國歌奏し（君が代を歌ふ）
兩陛下の萬歳を祝し奉らん

第四十二　兩陛下御真影

　奏樂
兩陛下萬歳兩陛下萬歳兩陛下萬々歳

第三節　石黒幻灯とジュネーブ条約の普及

1　幻灯の整理を終えて

明治二十四年に初演といわれる石黒忠悳の「赤十字幻灯」については、昭和五十四年（一九七九）の二月に吹浦忠正氏（当時は日赤中央短大助教授、現・埼玉県立大学教授、難民を救う会代表）によって、わずかに紹介されてきた。それはアンリー・デュナン教育研究所『第五回研修セミナー報告書』（『デュナン教研』406号）に「明治期における赤十字並びにジュネーブ条約の普及について」と題して発表されている。その赤十字幻灯は日赤本社から寄贈され、博物館明治村・赤十字記念館に保存されている史料を検討されたものである。しかし、それは一部分であり、歴史に残る貴重な史料は日赤本社にも完全な形では保存されていない。これは「過去を照らして、現在を見つめて、未来を夢みる」ための歴史史料の保存と研究に欠けていたからであろうか。

昭和五十四年四月、日本赤十字社長野県支部の倉庫から発掘された「赤十字幻灯」三百十二枚の中には、第六章一二三ページの写真のようなアンリー・デュナンの三枚が含まれていた。そのうちの一枚は、今まで一般に知られていない珍しい写真であった。幻灯の詳細については「第六章　赤十字幻灯は語る」で触れてきた。ここでは、それらの赤十字幻灯を整理した直後に、明治時代と現代との相違について感じたことを率直に記述しておきたい。

日本赤十字社の新しい社屋の中に、新しいものを創造するすることは当然であるが、貴重な歴史史料を十分検討することなく、廃棄処分してはならない。日赤本社の新社屋完成の機会に、第一級史料が整理処分されたようである。貴重な歴史史料が東京神田の古書店に保存されていることを見聞したことがある。それらのルーツを追えば、日赤本社が廃棄処分したことにつながるのである。このことは石黒忠悳の「赤十字幻灯」が保存されていない現状とも関連する問題である。

すでに百年以上の歴史をもつ日本赤十字社について、『人道―その歩み　日本赤十字社百年史』を読んでみた。私が一九七七年に指摘した「ジュネーブ条約加盟の前後」について、ようやくその輪郭が明らかになったきた。しかし明治四十一年発行の『日本赤十字社発達史』の年表は空白であり、明治四十四年発行の『日本赤十字社史稿』も同様にブランクである。それ以来、訂正されないまま今日に至っている。このことを二十一世紀のために指摘しておきたい。

かつて、吹浦忠正氏から送ってもらった明治二十六年の石黒忠悳『赤十字幻燈演述の要旨』と題する小冊子にはジュネーブ条約の重要性について述べられている。その中で「……遂に明治十九年六月五日特命全権公使侯爵蜂須賀茂韶氏を瑞国ベルンへ使せしめて我日本帝国を赤十字同盟に加わらしめ……」と正確に記述しているのは立派なものである。

アンリー・デュナンの貴重な写真

2　記録すべき明治十九年六月五日

前述した石黒忠悳のわずか六三ページの小冊子『赤十字幻燈演述の要旨』に比較すれば、日本赤十字社編『人道―その歩み　日本赤十字社百年史』（昭和五十四年発行）九七五ページの豪華特製本では、ジュネーブ条約調印の日付さえ記録していない。これは誠に残念なことである。

このことに関連して、昭和五十四年五月一日（五月号）赤十字新聞には、共同通信社・元編集委員室長小塙学が「後世に残る記念碑的百年史」の大見出しで、刊行の苦労と意義について書いている。その中で疑問点に触れているので、原文のまま次に引用し、その後に私の見解を率直に書いておきたい。

「……明治十七年十二月、ジュネーブ条約加入の建議書を作って政府に提出し、政府もまた軍医監などの主張で、ジュネーブ条約加入の必要性を痛感していたので井上外相の手元で検討を重ねた結果明治十九年十一月十五日、条外勅令でジュネーブ条約を公布した。そこで本社も直ちに社則改正などを赤十字に公認される要件を整えて明治二十年五月二十七日、本社公認の請願を国際委員会に送った」その結果、一八八七年（明治二十）九月二日付で「ジュネーブから公認されたので日本赤十字社と改称することになり、明治十九年十二月の議員会で社則改正取調委員を設け、翌二十年三月成案を得たので臨時社員総会を開いて可決した。このとき制定された社則は赤十字百年の大計を定める基礎となるもので次の十九条から成っている」（第二編二章「日本の赤十字」の「国際赤十字への加盟」の項）

—これでは①ジュネーブ条約加入請願書を国際委員会に送付（明治二十年五月二十七日）、②ジュネーブ公認（明治二十年九月二日）、③議員会に社則改正取調委員を設けた（明治十九年十二月）、④成案を得たので臨時社員総会を開いて日本赤十字社と改称することを可決し社則を制定（明治二十年三月）、ということになり、その年代的時間的経過と手続きが全く不明である。付録の日本赤十字社年表では明治二十年五月二十日の第一回総会で社則を定めたことになっているが、赤十字百年の大計を定める基礎になる十九条の社則を制定し、博愛社の社名を日本赤十字社と改称したのは、いったい明治二十年三月の臨時総会なのか、それとも明治二十年五月の第一回総会なのか。

ナマ原稿から再校段階までは、この点の確認が得られなかったので三校段階で改めて『社史稿』を丹念に調査し梶原課長らとともに研究、討論した結果、やはり明治二十年五月二十日の第一回総会で社則を正式に制定し、日本赤十字と改称したことに解釈を統一して、政府が明治十九年十一月五日（北野註　十五日の誤植か）に号外勅令でジュネーブ条約加入を公布したというあとの個所を、次のように訂正した。

「そこで本社も同年十二月の議員会で社則改正取調委員を設けて検討し、翌二十年三月に臨時総会、同年五月二十日に第一回総会を開いて社則を改正、社名を日本赤十字（北野註　日本赤十字社）と改めて、同年五月二十七日、次のような本社公認の請願書を国際委員会に送った」「これによって日本赤十字社は一八八七年（明治二十年）九月二日に国際赤十字の一員として正式に認められたわけだが、第一回社員総会で制定された社則は、赤十字百年の大計を定める基礎となるもので、次の十九条から成っている」

以上の引用文からみても、日赤百年を記念した『人道―その歩み　日本赤十字社百年史』発刊では、編集関係者のご苦労があったことは容易に推測できる。しかし、前述した石黒忠悳が明記している明治十九年六月五日の調印は「ジュネーブ条約」の調印であり、歴史的調印の日付は大書・明記すべきものであろう。日赤百年を彩る『人道―その歩み　日本赤十字社百年史』が記録できなかった背景には明治四十一年発行『日本赤十字社発達史』、明治四十四発行の『日本赤十字社史稿』に「ジュネーブ条約調印」「明治十九年六月五日」が欠落しているからであろう。それらを下敷きに原稿を書くから、重大な誤りが起こるのである。もっと第一級史料を精査して二十一世紀に役立つものをつくってもらいたい。

前述したように、明治十八年から明治二十年までの記述を正確なものにしていただきたい。石黒忠悳が明治二十六年に明記しているジュネーブ条約調印の明治十九年六月五日は極めて重要である。ジュネーブ条約を忘れて赤十字はないのである。『続・日本赤十字社をつくり育てた人々―日赤歴史未知の断面―ジュネーブ条約加盟の前後』（一九七八年発行、アンリー・デュナン教育研究所）を書いてきた私の立場からも指摘しておきたい。ちなみに日赤創立百年の一九七七年五月に出版された豪華本『日赤百年』（サンケイ新聞社発行）の中の年表は明治十八年は完全に空白のままであることも指摘しておきたい。『人道―その歩み　日本赤十字社百年史』（日本赤十字社発行）も同様である。ともにジュネーブ条約調印の明治十九年六月五日を記録できなかったのは何故であろうか。日本政府特命全権公使蜂須賀茂韶が署名したジュネーブ条約調印は、日赤百年史には歴史的意味がないと考えたのであろうか。

3　社則改正の経緯

ついでに二、三の問題点について触れておきたい。これは前述の小塙学が抱いた疑問点について、今後のために参考資料を紹介しておきたい。「博愛社事業拡張の儀に付請願書」(明治二十年一月十九日博愛社総長一品大勲位熾仁親王から宮内大臣伯爵伊藤博文宛)と「博愛社改正社則御認可及び病院長勅許の儀に付請願書」(明治二十年三月博愛社総長一品大勲位熾仁親王から宮内大臣伯爵伊藤博文宛)について三月十六日は「請願の趣被聞召届候旨」、宮内大臣より指令のあった日付であることは明確である。

また社名改称と社則の決議についても「博愛社改正社則御認可及び監督の儀に付請願書」(明治二十年四月博愛社総長一品大勲位熾仁親王から陸軍大臣伯爵大山巌宛)の文書の中に次のように書かれている。「……仍て本社は欧州各邦赤十字社の例に準ひ、社名を日本赤十字社と改め、社則を更生せんが為過る二十五日社員総会を開き即ち別紙十九条を決議致し候に付、御閲覧に供し候。不苦ば御認可相成り度希望致候……」の記述がある。これから判断しても三月二十五日の臨時社員総会において社則十九条は決議しているのである。

その認可を経て、日本赤十字社第一回社員総会が五月二十日に開催された。すでに三月二十五日の博愛社臨時総会に社則は決定済みであり、その認可報告と役員選出が主題であったことは明瞭である。史実として正確に記録する努力が必要であろう。当時の東京日日新聞(毎日新聞の前身)と読売新聞は明治二十年五月二十六日付でともに「社名改称広告　今般宮内陸軍海軍三省の認可を経博愛社を日本赤十字社と改称す　博愛社改日本赤十字社」と大きく報告している。

さらに東京日日新聞は明治二十年五月二十七日付で「……五月二十日日本赤十字社第一回総会を開き参集する社員若干名子爵旧副社長佐野常民氏衆社員に告ぐるに本社は今般宮内陸軍海軍三省の認可を蒙り社則を更生し社名を日本赤十字社と改称せるを以て先づ新社則第八条に遽り本日社員総会を開き常議員を公選し復た社長以下の理事員を選挙し益社業の拡張を図り……」と詳細に記録している。そして常議員の人名は「社長佐野常民、副社長大給恒、花房義質、幹事柳栖悦、清水俊、松平乗承……」と三十人の名前まで報道している。

その翌日、五月二十八日付の新聞では「……同社は博愛社と称し創立せられしより恰も十年の今日に至り社則を更生し社名を改称し事業の拡張を為し交りを万国の同社に結ぶに至れるを祝し且社員石黒軍医監子爵松平乗承二氏が社務を帯びて欧州に赴くを送る為め本月二十五日を以て宴を上野精養軒に開けり……」とある。さらに別のページには「二十八日午后四時新橋汽車にて発程……」と報じている。また五月二十五日には「聖上皇后陛下より其社御補助として自今年年五千円下賜候事　明治二十年五月二十五日　宮内省」の報告を当時の大新聞、東京日日新聞、読売新聞（まだ朝日新聞は発刊されていない時代）は大書している。

このように、五月二十日、二十五日、二十七日、二十八日の一連の経緯の中で政府代表・石黒忠悳と日赤代表・松平乗承との二人は日赤最初の公式文書（五月二十七日付）を携えて新橋駅を出発、横浜港から船でヨーロッパへ旅立った。これがドイツのカルルスルーエにおける第四回万国赤十字総会へとつながるのである。このことは前述した「日赤史未知の断面―ジュネーブ条約加盟の前後―」（赤十字新聞、一九七八年一月〜三月号に連載した）に私が触れてきた通りである。

この国際会議の模様は通訳をつとめた森鷗外の『独逸日記』（「第八章　史料編」の「第一節　未知の断面に関する史料・資料」「6　森鷗外に関する部分」）に詳しく紹介した通りである。また政府代表として参加した石黒忠悳は自叙伝『石黒忠悳懐旧九十年』の中に詳細に書いている。いずれにしても、この国際会議における体験が、「ジュネーブ条約」の重要性を認識させたのであろう。帰国後にジュネーブ条約と赤十字思想の普及のために、石黒忠悳と森鷗外とは尽力した。そして「赤十字幻灯」を工夫し、発展させたのである。

以上のように、赤十字新聞の昭和五十四年（一九七九）五月号に掲載されている記事「後世に残る記念碑的百年史」を読んでみて、感じたことを率直に書いてきた。二十一世紀に新しい『日本赤十字社史』が発刊されるとき、参考になりそうな事項・補足史料を紹介しながら書いてきた。『人道―その歩み　日本赤十字社百年史』は編集者の勝手な解釈によって博愛社から日本赤十字社への質的転換をはかる重要な時期を誤記しては「後世に残る記念碑的百年史」として困るのである。私が特に強調したいのはジュネーブ条約と赤十字とのかかわりである。このジュネーブ条約に日本が調印したことは極めて重要である。今日の国際人道法の原点にジュネーブ条約調印があり、これを忘れて日本赤十字社は存在しないのである。

本書の「第八章　史料編　第二節」に、全文と幻灯「カラースライド」を図版で紹介したように、石黒忠悳『赤十字幻燈演述の要旨』（国会図書館所蔵）の中には明治十九年六月五日の調印を正確に記述している。その他の幾つかの史料にも明記されているジュネーブ条約の調印の日付について『人道―その歩み　日本赤十字社百年史』が後世のために記録しなかったことを残念に思っている。それは赤十字にとって最も本質的なジュネーブ条約に日本が調印したときであり、「後世に残る記念碑」として当然大書すべき日付である。

昭和五十四年（一九七九）四月、長野市の日本赤十字社長野県支部の倉庫から、大量の「赤十字幻灯」が発見された。それを整理しながら、石黒忠悳『赤十字幻燈演述の要旨』の六三ページの小冊子と九七五ページの豪華本『人道―その歩み　日本赤十字社百年史』とを読みくらべてみた。そして改めて温故知新、そこに先人の努力の跡を偲ぶと同時に、このわずか六三ページしかない石黒忠悳の小冊子に質量の大きさを感じたのである。

（第八章第三節はアンリー・デュナン教育研究所『会報　第２８号』一九七九年十月六日発行に「赤十字幻灯と日赤百年史」と題して執筆した論考に改題・加筆したものである）

第四節　国立公文書館の史料から

Ⅰ　はじめに

本書の「第八章　史料編」の「第一節　未知の断面に関する史料・資料」を書き終えたころ、その原稿に関連して私の頭にひらめいたことがある。それは、ジュネーブの赤十字国際委員会に保存されていた外交秘密文書（前述した六通）の時期、明治十九年（一八八六）ジュネーブ条約調印の前後に、日本政府内の動向を示す史料・文書の調査と確認であった。その史料が現存すれば、歴史の真相・進展を内外から明確に証明できるからである。

急に思い立って平成四年（一九九二）七月六日、国立公文書館所蔵史料の閲覧に時間をかけて調査した。その結果、「公文類聚　第十編　明治十九年　巻之十二」に外務省や太政官の罫紙に墨書された貴重な史料が綴じ込まれていた。「明治十九年二月十七日　外務大臣　伯井上馨　内閣総理大臣　伯伊藤博文殿」があり、その中に「上奏ノ通裁下相成タリ　明治十九年三月三日」と朱書されているのを見つけた。

これには、ギュスタブ・モアニエが蜂須賀茂韶に送った一八八五年十一月五日のジュネーブからの書簡の訳文「千八百八十五年十一月五日　於ジュネーヴ　ジヱー、モイニヱー自署　於巴里　日本公使侯爵蜂須賀閣下」と「千八百六十四年ヂュ子ーブ條約」と「千八百六十八年追加條款」の訳文全文が添えられている。さらにフレデリック・マーシャルが蜂須賀茂韶に送った一八八五年十月十九日の書簡「一千八百八十五年十月十九日巴里府ニ於テ　フレデリック・マーシャル　特命全権公使侯爵蜂須賀閣下」の訳文も綴られている。

前述のように明治十九年二月十七日に外務大臣井上馨が内閣総理大臣伊藤博文宛に提出された書類を受けて「外務大臣上奏瑞西國政府ニ於テ設立ノ赤十字社ニ加盟ノ件　右謹テ奏ス　明治十九年三月一日　内閣総理大臣伯爵伊藤博文」という文書がある。これには「太政官」の罫紙が使われ、左上に「聞」の朱印・明治天皇の対応が窺われる貴重

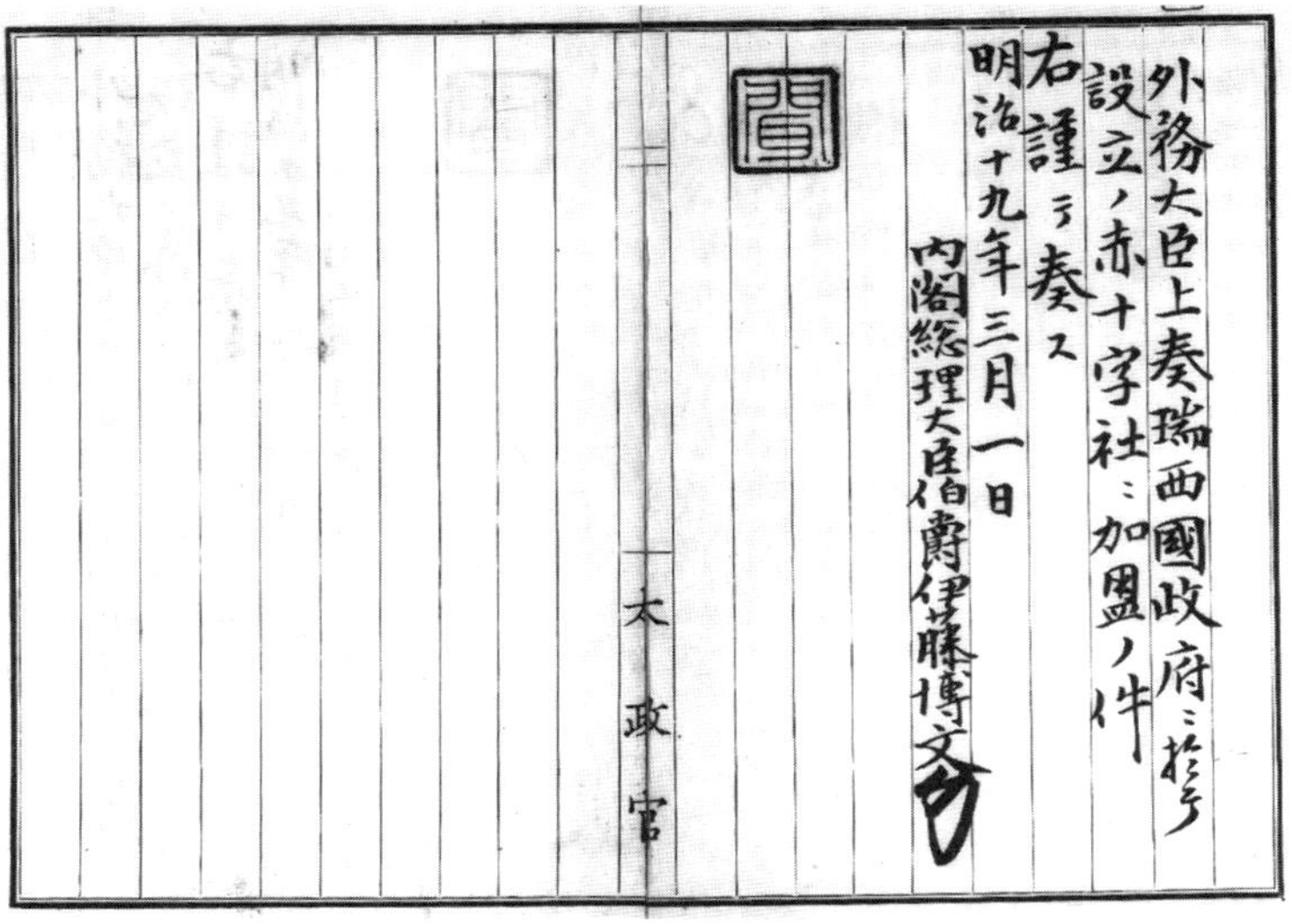
外務大臣上奏瑞西國政府ニ於テ
設立ノ赤十字社ニ加盟ノ件
右謹テ奏ス
明治十九年三月一日
内閣総理大臣伯爵伊藤博文
聞
太政官

内閣総理大臣伯爵伊藤博文の「明治十九年三月一日」付上奏書　明治天皇の朱印「聞」が押されている（国立公文書館所蔵）。

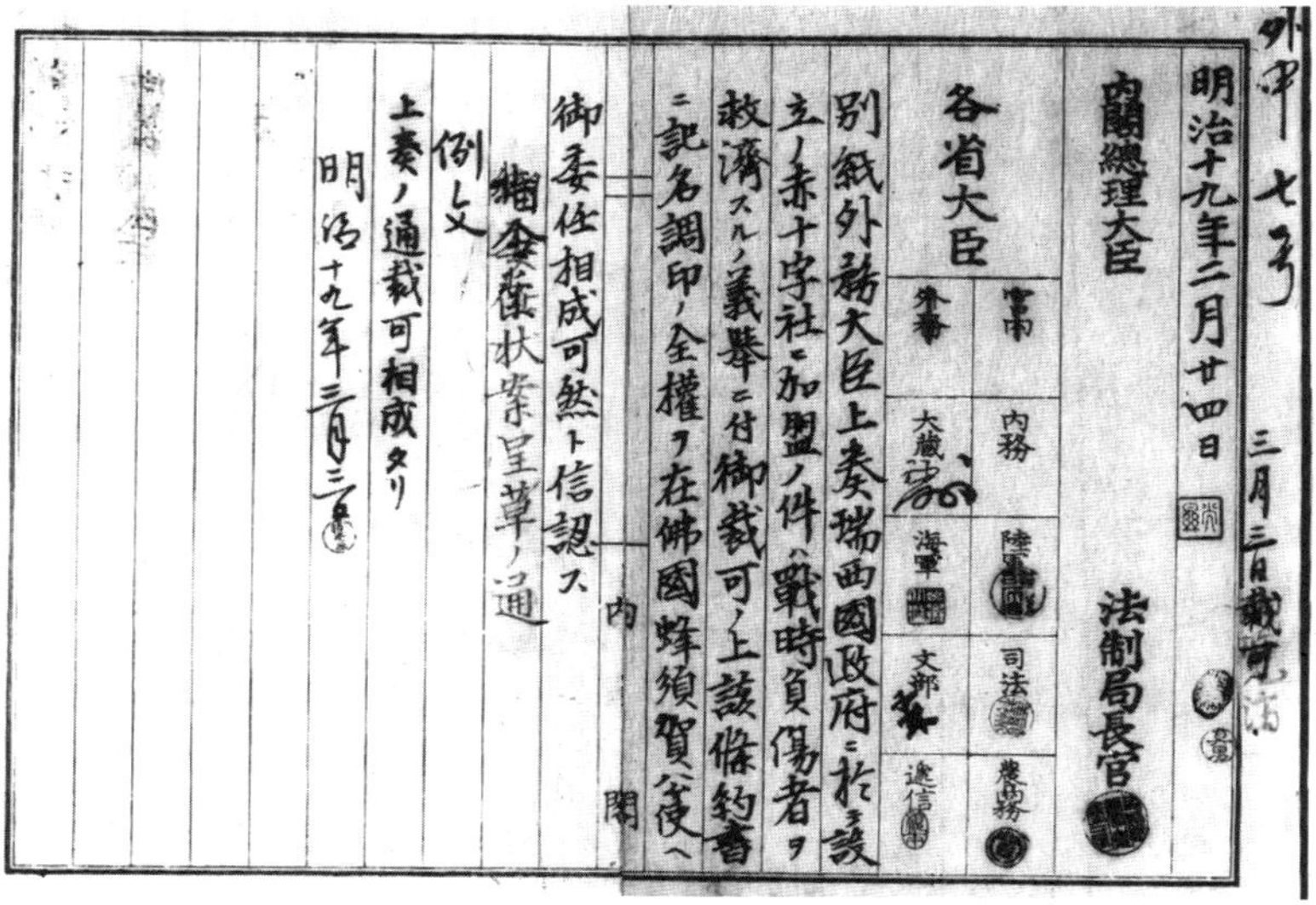
外甲七号
明治十九年二月廿四日
内閣総理大臣
法制局長官
三月三日裁可
各省大臣
宮内　外務　大蔵　内務　海軍　陸軍　文部　司法　逓信　農商務
別紙外務大臣上奏瑞西國政府ニ於テ設
立ノ赤十字社ニ加盟ノ件ハ戰時負傷者ヲ
救濟スルノ義挙ニ付御裁可ノ上該條約書
ニ記名調印ノ全權ヲ在佛國蜂須賀公使ヘ
御委任相成可然ト信認ス
御委任状案呈草ノ通
例文
上奏ノ通裁可相成タリ
明治十九年三月三日
内閣

閣議決定の書類の末尾に「上奏ノ通裁可相成タリ　明治十九年三月三日」と朱書きされている（国立公文書館所蔵）。

な歴史史料である。ちなみに天皇の許可印には「可」「聞」「覧」の三種類がある。このうち「聞」は直接伊藤博文から聞いて許可したことが窺われるものである。そして明治十九年三月三日に裁可されている。

一方、明治十九年二月二十四日付の文書「別紙外務大臣上奏瑞西國政府ニ於テ設立ノ赤十字社ニ加盟ノ件ハ戰時負傷者ヲ救濟スルノ義挙ニ付御裁可ノ上該條約書ニ記名調印ノ全權ヲ在佛國蜂須賀公使ヘ御委任相成可然ト信認ス」には法制局長官、各省大臣（陸軍、司法、農商務、大蔵、海軍、文部、逓信）それぞれの印が押されている。それは閣議決定の書類であろう。

このように、明治十九年六月五日のジュネーブ条約調印の前後の史料について、今まで正確に記述された赤十字史の研究文献はない。二十一世紀に役立つ日本赤十字社史「赤十字のふるさと」を正しく伝えるために、国立公文書館の掲載許可を得たので、次項から概要をここに紹介しておきたい。

2　明治十九年二月十七日の上奏文

前述した明治十九年（一八八六）二月十七日付で外務大臣井上馨が内閣総理大臣伊藤博文に提出した文書の全文を貴重な史料として次に記録する。

「千八百六十四年瑞西國政府ニ於テ設立ノ赤十字社ニ我政府御加盟ノ内問合相濟候ニ付右條約書ニ記名調印ノ全権ヲ在佛國蜂須賀公使ニ御委任相成度儀付別紙之通上奏候間可然御取計有之度候也　明治十九年二月十七日　外務大臣伯井上馨（外務大臣之印）　内閣総理大臣伯伊藤博文殿」と外務省の罫紙に墨書されている。そして次のページには、さらに詳しい内容が記録されている。

「千八百六十四年瑞西國政府ニ於テ設立セル赤十字社ノ儀ハ戰時ニ於テ負傷者ヲ救濟スルノ慈善ナル義擧ヨリ成リタルモノニテ爾来歐洲各國政府ハ概ネ該社ニ加入致シ居候ニ付我政府於テモ之ニ加盟相成候ハヽ、欧洲各國ヘ對シ我邦ニ於テモ益々文明ヲ追隨スルノ意向ヲ表彰スルノミナラス我國ノ地位ヲシテ一層上進セシムルノ美擧ニ可有之旨昨十八年七月三日及上申候處同年七月二十五日ヲ以テ該社ニ同盟可相成ニ付加入内問合ノ儀可取計旨御裁可有之即チ在佛國蜂須賀特命全権公使ヘ訓令シ同公使ニ於テハ該會締盟各國ガ實行セル手續ニ依リ瑞西國政府ニ内問合致シ候處同政府ニ於テハ異議ナク承諾致候旨昨年十一月六日附公信ヲ以テ通報有之且右内問合ニ付萬国委員會長ムニヱー氏ノ回答書並ニ在佛公使館顧問マルシヤル氏報告書別紙甲乙號ノ通差越候就テハ右條約ニ御加盟相成候爲メ別紙條約書ニ記名調印ノ全権ヲ在佛國蜂須賀特命全権公使ニ御委任相成度別紙甲乙號書類ノ譯文御委任状案並ニ千八百六十四年ヂユネーブ條約書千八百六十八年同追加條款共相添此段謹テ上奏ス　　明治十九年二月十七日　　外務大臣伯井上馨（外務大臣之印）」と記されている。そのあとに、朱書「上奏ノ通裁可相成タリ　明治十九年三月三日」が記入されていた。

この文章の中に記載されている「萬国委員會長ムニヱー氏」は前述してきた「ギュスタブ・モアニエ」であり、「在佛公使館顧問マルシヤル氏」は「フレデリック・マーシャル」のことである。記述されている「別紙甲乙號」については、「ギュスタブ・モアニエの書簡（回答書）」「フレデリック・マーシャルの書簡（報告書）」として次項から、それぞれ原文を活字にしておきたい。

3　ギュスタブ・モアニエの書簡（回答書）

前項の上奏書類に添えられていたギュスタブ・モアニエの書簡は一八八五年（明治十八）十一月五日にパリ滞在中の日本公使侯爵蜂須賀（茂韶）閣下宛に送られたものである。その訳文が外務省の罫紙に墨書して綴じ込まれている。

これは、前述した一八八五年十月二十三日付でパリの日本公使館からフレデリック・マーシャルがギュスタブ・モアニエ宛に送った書簡に対する返信であると考えている。その中に「貴殿の手紙を受け取った後からでないと、蜂須賀侯爵は日本政府に必要書類を請求できないのです。貴殿の丁重な暖かいおもてなしに厚く感謝いたしますと同時に、マダム・モアニエにも私の感謝の気持ちをお伝えください。敬具　フレデリック・マーシャル」と書かれている。この手紙を十月下旬に読んだギュスタブ・モアニエが蜂須賀茂韶に書いた書簡である。次のような訳文になっている。

以書簡致啓上候陳ハ拙者義マルシヤール氏ト口上ニテ取極メ候通リ且又閣下ノ御希望ニ従ヒ千八百六十四年八月二十二日ノジュネーヴ條約ヘ日本政府加盟ノ儀ニ就テハ瑞西聯邦政府ヨリ如何ナル取扱ヲ受クベキヤヲ知ルガ為メ該政府ヘ問合候處只今其回答接手致候ニ付取敢ヘズ爰ニ其文意ヲ及御通知候瑞西聯邦政府ノ意見ハ全ク拙者ノ豫想ニ適合シ即チ貴國政府ノ御稿案ニ好ク符合致居候間此義ヲ閣下ニ御通知申スハ拙者ニ於テ甚ダ満足ニ不堪處ニ候

拙者ガ瑞西聯邦尚璽局ヨリ接手シタル千八百八十五年十一月三日付ベルヌ發ノ書束ニハ左ノ文ヲ記載有之候

若シ日本國ジュネーヴ條約ニ加入スル事ヲ欲セバ同國政府ヨリ條約ノ全文ヲ掲載スル公然タル告知書ニ由リ瑞西聯邦政府ヘ公然報道スルヲ以テ足ルベシ聯邦政府ハ其書藏ニ保存スベキ該書ヲ接スルヤ直ニ之ヲ締盟各國ニ通知スベシ政府ハ決シテ各國ニ於テ反對及異論ノアルヲ豫期セザルナリ

此ニ由テ該法式ハ今ヨリ夫々順序ヲ逐テ實行ノ運ビニ赴キ且ツ遠カラズ日本國ガジュネーヴ條約調印各國ノ中ニ参列スル事ヲ希望罷在候

閣下ガ本件ニ付拙者ヘ御協議相成候段感謝ノ至ニ有之候此段得貴意候敬具

千八百八十五年十一月五日　　於ジュネーヴ

ジヱー、モイニヱー自署

於巴里

日本公使侯爵蜂須賀閣下

以上の書簡がフレデリック・マーシャルの十月二十三日の連絡文書の返事として、パリの日本公使館・特命全権公使蜂須賀茂韶に届いたのである。そのギュスタブ・モアニエのフランス語の書簡（現物）はどこにあるのであろうか。いずれにしても、フレデリック・マーシャルの書簡に対するギュスタブ・モアニエの回答の訳文が国立公文書館に現存していたのである。当時の外交交渉に関する往復書簡の内容を具体的に把握することができる貴重な史料である。

なお、その書類とともに「千八百六十四年ジュ子ーブ條約（第一條～第十條）」と「千八百六十八年追加條款（第一条～第十五條）」が綴じ込まれているが、ここでは、その全文の掲載は省略する。

4　フレデリック・マーシャルの書簡（報告書）

「第五章　赤一字から赤十字へ―ジュネーブ条約加盟の前後―」の中で書いてきたように、蜂須賀茂韶の二通の手紙（一八八五年十月九日付、十月十一日付）がギュスタブ・モアニエに送られていた。それによれば、「マーシャルは火曜日の夕方ジュネーブに着くでしょう。彼はナショナル・ホテルに泊まり、水曜日（十四日）朝十時ごろ貴殿のところにお伺い致します」と蜂須賀茂韶は書いている。マーシャルがギュスタブ・モアニエを訪ねて面談したのは十月十四日である。そのときジュネーブ条約加盟の手続きを詳しく聞いたのであろう。その後、パリに戻ったマーシャルは十月二十三日付でギュスタブ・モアニエに礼状をかねて手紙を送っている。

その中で「私は完全な報告を私の公使に致しました。私は貴殿の申されたことをすべて報告致しました。そしてジュネーブ条約への日本の加盟は困難なくというだけでなく、喜んで受け入れられるでしょうと報告致しました」とマーシャルが記している。その蜂須賀茂韶公使への報告書の全文が国立公文書館に保存されていた。長い文章であるが貴重な史料として掲載する。

以書翰致啓上候陳ハ千八百六十四年八月二十二日ノゼネヴア條約ニ日本加盟ノ儀ニ付萬國負傷者救助委員長モイニエー氏ト協議ヲ遂ゲル為メゼネヴアニ至ルベキ様御訓令相成候以テ即チ同所へ罷越候段茲ニ致陳述候

扨モイニエー氏ニハ拙者ヲ至極鄭重ニ待遇シ日本カ該條約ニ加盟セントスルコトニ満足ノ意ヲ表シ本件ニ關シ總テ詳細ニ拙者ト商議被致候

拙者ハ其談話ヲ始ムルニ當リ先ツ閣下ノ拙者ニ下付相成タル訓令書ヲモイニエー氏ニ読聞特ニ拙者ガ使命ノ主眼ハ拙者ガ携帯スル訓令ノ第一節ヲ實行シ日本ガ該條約ニ加盟スル儀ハ何カ故障アルヘキヤ否ヲ密ニ同氏ニ就テ慥メ度旨ナルコトヲ致陳述候

モイニエー氏ハ日本ガ之ニ加盟スルニハ如何ナル故障モ有之間敷却テ氏ノ意存ニテハ總テ加盟ノ申込ヲ受クベキ瑞西聯邦政府ニ於テハ日本ノ加盟ヲ以テ深ク満足スヘキ旨拙者ニ確言シ尚ホ拙者ノ質問ニ答フルニ聯邦政府ハ其加盟ノ諾否ニ就テハ連盟國ノ孰レトモ協議スルニ及ハズシテ又實ニ協議セサル旨ヲ陳弁セリ且同氏ハ該條約ニハ何国ノ加盟ニ就テモ聯邦政府及ヒ其他ノ政府ニテモ決シテ異議ヲ申出ツルノ権利ナキ旨ヲ指示セリ即チ同條約第九條ニハ「此條約國ハ其ゼネヴア列國會議ニ全権委員ヲ派遣セサリシ諸政府ニ本條約ヲ通報シ之ヲ招請シ同意加盟セシメン事ヲ約定ス因テ本書ニ加盟ノ餘白ヲ存ス」ト記載シアルノミ故ニ如何ナル政府ニテモ他政府ノ許諾ヲ經スシテ之ニ加盟スルノ権利ヲ有ス尤モ其加盟ハ完全無缺ノモノニシテ特別條件ヲ附加スル事ヲ得ス且又其加盟國ハ同條約ニ載セタル義務ヲ誠實充分ニ履行セン事ヲ計リ又能ク之ヲ履行スルヲ得ヘキトノ二條件ヲ含有ス右第九條ニハ唯タ「之ヲ招請シ同意加盟セシメン事ヲ約定ス」トノ一句ヲ載セルカ故ニ聯邦政府ヨリ差出スヘキ加盟協議書ニハ式ニヨリ招請シタル旨ヲ記載スルニ過キス乍去モイニエー氏ハ聯邦政府右連名國又ハ列國委員会ハ條約中載スル所ノ義務ヲ履行スルコト能ハサル政府ノ加盟ヲ希望セサル旨陳述相成最後ニ日本政府ニ於テ右等ノ義務ヲ充分履行スルヲ得ヘキハ信シテ疑ハサル旨誠實ナル言語ニテ開陳シ右ノ一問ヲ被終結候

閣下ノ訓令相成タル第一ノ質問ニ付モイニエー氏ヨリ斯ク至極満足ナル回答ヲ得タルヲ以テ拙者ハ次ニ訓令第二節ニ従ヒ日本帝國政府カ同條約ニ加盟センコトヲ希望スル旨同氏ヨリ瑞西聯邦大統領ニ内談相成度同氏ニ依頼シ加フルニ大統領ガ日本國ノ公然タル加盟ノ申出ヲ特別ノ條件ナクシテ許諾セラルヘキコト定マリタル義ヲモイニエー氏ヨリ閣下ニ通報相成次第直チニ閣下ハ其趣ヲ日本外務大臣ニ通牒シ加盟ノ公達ヲ為スコト及ヒ其加盟書ニ調印スヘキ権限ヲ與ヘラレンコトヲ上申シ其訓令書ノ巴里ニ到達スルヲ待テ早速式ニ従ヒ加盟ノ事ヲ聯邦政府へ可申出旨致陳述候處モイニエー氏ハ右ニ付瑞西聯邦大統領ト内談スルハ同氏ノ欣喜スル所ニシテ大統領ヨリ回答ヲ得次第直チニ同氏ヨリ閣下ニ通牒スヘキ旨答辨被致候

次ニ拙者ハ該政府ノ加盟書中日本政府ノ参考トナルヘキ最良ノ書式ヲ指示セラレンコトヲモイニエー氏ニ依頼セシニ同氏ハ右ニ關スル加盟書ヲ悉皆指示シ其書式及ヒ文体ノ種々様々ニシテ中ニハ事實ノ錯誤アリ随テ其中何レ

ガ日本帝國ノ採擇ニ適スヘキモノナルヤヲ致推薦カタキ旨答辨シ尚各種ノ加盟書中最良ト思惟スル部分ヲ摘出シテ日本政府ノ参考マテ一ノ書式ヲ調製セラルヘキコトヲ懇切ニ陳述相成タリ即チ同氏調製ニ係ル書式相添ヘ差進候

右書式中ニ現在ノ加盟書ニハ何レニモ登録セサル一句アリテ全クモイニエー氏ノ添加シタルモノナルコトヲ開陳スルハ拙者ノ義務ニ有之候即チ「本條約発起者ガ仁愛ノ目的」ナル字句是ナリ蓋シモイニエー氏ノ考ニテハ右ノ語句ヲ挿入スルハ日本政府ガ該條約発起者（モイニエーモ亦其一人ナリ）ノ尽シタル勤労ヲ正當ニ承認シタルモノニシテ恐ラクハ自今他國加盟ノ場合ニ臨ミ其先例トナルヘキモノニ可有之候

日本政府ノ直接ノ目的及ヒ利害ニ就テハ拙者ノ報告ハ右ヲ以テ終了スヘシト雖トモ東京ヨリ送リ越候書類ニハ日本ノ加盟ニ關シ歐羅巴諸國ニ於テ恐ラクハ特別ノ條件ヲ要シ候事モ可有之ト懸念セラル、様致勤考候ニ付此一事ニ就キ拙者カモイニエー氏ヨリ聞取タル説明ヲ附加セサルトキハ拙者ノ報告未タ完全ナラスト被存候

右ノ懸念ハ土耳古ガ該條約ニ加盟シタル際一種ノ故障ヲ生シタルコトアリシヲ以テ日本ニ對シテモ亦同様ノ故障ヲ現出スルコトアラント配慮セラレシニ起因シタルナルヘシ故ニ拙者ハ土耳古ニ關シ現ニ發生シタル事柄ノ如何ヲモイニエー氏ニ質問セシガ土耳古ノ加盟調印シタル際ニハ曽テ故障ノ發起シタルコトナカリシガ其後ニ至リ非常ノ困難ヲ生シタルコトアリシ旨答辨セリ盖シ土耳古ハ一千八百六十五年七月五日ヲ以テ完全ノ加盟ヲ申出聯邦政府ニテハ同年同月十八日ヲ以テ公然其完全ノ加盟ヲ許諾シ相互少シモ特別ノ条件ヲ附加シタルコト之レナカリキモイニエー氏ハ右両政府ノ右等日附ヲ以テ調印セル加盟書ノ寫ヲ拙者ニ示サレタリ而シテ拙者ハ之ヲ以テ考案ヲ下タスニ土耳古ヨリ加盟ヲ申出又之ヲ許諾シタル際ニハ曽テ如何ナル故障紛紜モ生ゼスシテ土耳古ハ既ニ此報告書第三ページニ説明シタル如ク自由加盟ニ關シ自餘諸國同様普通ノ権利ヲ以テ該條約ニ加盟シタル義ニ有之候夫レヨリ十一年ヲ經過シ一千八百七十六年ニ至リ土耳古露西亜ノ間ニ戰争ヲ起シタル際土耳古ハ遽ニ該條約中ノ一項ヲ履行スルコト能ハサル旨ヲ唱ヘ即チ同年十一月十六日ヲ以テ土國外務大臣ヨリ瑞西聯邦大統領ニ公然左ノ報告ヲ為セリ曰クゼネヴア條約徽章（赤十字形）ハ其性質マサルマン（マホメット教信者）兵卒ノ忌嫌スル所ナル

ヲ以テ此點ニ就テハ同條約ノ加盟國タル土国ノ權利ハ之ヲ實行スルコトヲ得ス之ニ依リ土耳古政府ハ此障碍ヲ排除センカタメオツトマン兵臨時病院ニハ十字形ニ代ルニ新月形ヲ以テス可キヲ命令セリト

一千八百七十七年四月十三日聯邦政府ハ土國政府ニ一書ヲ送テ曰クオツトマン兵臨時病院ニ於テ十字形ニ代ルニ新月形ヲ以テセントスル土國政府ノ意思ハゼネヴア條約第七條ヲ変更スルモノナリ而シテ此変更ヲシテ遵奉セサル可カラサラシムルニハ須ラク先ツ該條約ニ加盟シタル諸國ノ認議ヲ得右諸國ノ代議人ガ調印セル列國ノ議決ニ依テ之ヲ裁定セサル可ラスト

一千八百七十七年四月三十日ゼネヴア列國委員会ハ他ノ赤十字形委員ニ左ノ回章ヲ發セリ曰ク新月形ヲ以テ十字形ニ代用スルコトハ他ノ諸國トノ關係上オツトマン國ヲ例外ノ地位ニ立タシムルモノナリ一方ニ於テハ露國カ赤新月形臨時病院ニ中立ノ權利ヲ保証セス又一方ニ於テハ土國政府カ其兵卒ヲシテ赤十字形ニ敬意ヲ表セシムルコト能ハスト主唱スル間ハ両軍負傷者ノ取扱ハ甚タ不安全ノモノナルヘシ故ニ十字形ニ代フルニ新月形ヲ以テスルコトハ須ラク該條約第七條ノ変更トシテ加盟諸国ノ准可ヲ受ケサル可ラスト

右ノ如ク土國ノ申出タル変更ヲ聯邦委員ヨリ通告シタルヲ以テ諸加盟國政府ハ之ニ就キ種々ノ異説ヲ陳述セリ或ル政府ハ之ヲ認可シ他ハ之ニ就キ特別ノ條款ヲ設ケサル上ハ此変更ヲ實施スヘカラスト主張セリ

澳國ハ苟モゼネヴア條約ニ加入シタル國ハ隨意ニ自國ノ記号ヲ以テ該條約ニ定メタル中立ノ普通記号ニ代用スルコト能ハサルコトヲ論シ露國ハ土國自ラ諸加盟國（土國モ其中ニアリ）ノ一般ニ承議シタル十字形ニ敬意ヲ表スルコトヲ約セサルニ於テハ露国モ亦土国ノ私ニ採用シタル新月形ニ對シテ敬意ヲ表スルコト能ハサル旨ヲ陳ヘ佛国ハ土國ノ請求ヲ拒ムト雖トモ此点ニ關シテハ更ニ條約ノ変更ヲ要スル旨長文ヲ以テ回答ヲ為セリ

其後戦争ノ最中ニハ露土ノ両國ハ相互ノ臨時病院ヲ保護スヘキコトヲ公然約定セシモ戦場ニ於テ負傷者ヲ虐待刺殺シ病院ヲ砲撃シタルコトニ付互ニ責問シテ止マサリキ盖シ其提供証憑ニ依テ之ヲ案スルニ特ニ土耳古人ニ於テ大ニ深酷ノ所行ヲ為セシコトハ□ヲ容ル可ラス其戦争ノ結局ニ至リシ後ニ於テモ此難題ハ依然其状況ヲ変セス殊ニ今日尚存在スルヲ見ルナリモイニエー氏ハ此疑題ヲ決スルニハ特別ノ会議ヲ開設シ他記号ヲ以テ十字形ニ代用

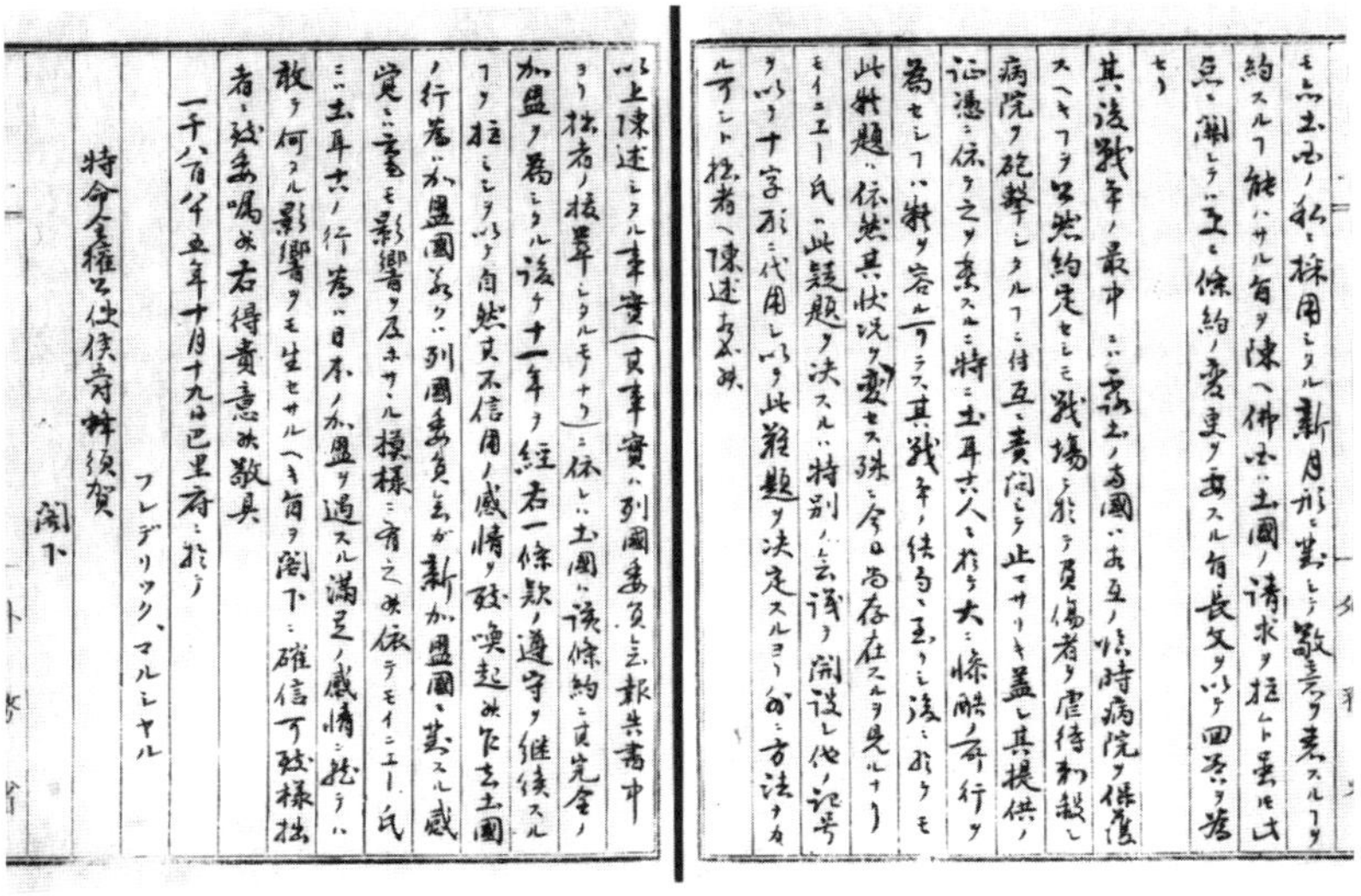

1885年（明治18）10月19日付の報告書　末尾に「巴里府ニ於テ　フレデリック・マルシャル　特命全権公使侯爵蜂須賀閣下」とある（国立公文書館所蔵）。

シ以テ此難題ヲ決定スルヨリ外ニ方法ナカル可シト拙者へ陳述相成候

以上陳述シタル事實（其事實ハ列國委員会報告書中ヨリ拙者ノ抜粋シタルモノナリ）ニ依レハ土國ハ該條約ニ其完全ノ加盟ヲ為シタル後チ十一年ヲ經右一條款ノ遵守ヲ継続スルコトヲ極ミシヲ以テ自然其不信用ノ感情ヲ致喚起候乍去土國ノ行為ハ加盟國若クハ列國委員会ガ新加盟國ニ對スル感覚ニハ毫モ影響ヲ及ホサヽル模様ニ有之候依テモイニエー氏ニハ土耳古ノ行為ハ日本ノ加盟ヲ遇スル満足ノ感情ニ就テハ敢テ何タル影響ヲモ生セサルヘキ旨ヲ閣下ニ確信可致様拙者ニ致委嘱候右得貴意候敬具

一千八百八十五年十月十九日　巴里府ニ於テ

フレデリツク、マルシヤル

特命全権公使侯爵蜂須賀閣下

以上の詳細な報告書の内容は極めて貴重である。特命全権公使・蜂須賀茂韶の指示によって、フレデリック・マーシャルがスイス赤十字国際委員会のギュスタブ・モアニエと十月十四日の水曜日に面談した結果の報告であろう。その直後に、パリの日本公使館に戻り、一八八五年（明治十八）十月十九日に蜂須賀茂韶公使に詳しく報告したものと考えられる。
日本政府がジュネーブ条約加盟・調印するための手続きについて、ギュスタブ・モアニエの見解や書式など細部にわたる指導を受けたことが窺われる。後半には土耳古・トルコに関するイスラム教の国が「赤十字を避けて、赤新月を中立の記号・しるし」に採用することに詳しく触れている。当時の難題を解決して、今日の赤十字と赤新月とを「中立の標章」として認めることになった。戦争の極限状態でも赤十字・赤新月の旗をかかげているものは、絶対に攻撃してはいけない約束・ジュネーブ条約である。ここにヨーロッパを中心にスタートした赤十字が、アンリー・デュナンやギュスタブ・モアニエなどの努力によって、トルコや日本へと世界的に発展していった。ジュネーブ条約調印の外交交渉に直接かかわったフレデリック・マーシャルの報告書・候文の行間から歴史の真相を読み取ることができる。

5　調印後の公文書

前項のように、特命全権公使・蜂須賀茂韶やフレデリック・マーシャルなどの尽力によって、日本のジュネーブ条約加盟調印は一八八六年（明治十九）六月五日、パリのスイス公使館において行なわれた。そのことに関係する公文書、「明治十九年六月十一日　在佛國　特命全権公使侯蜂須賀茂韶　外務大臣伯井上馨殿」、「明治十九年六月二十五日　在佛國　特命全権公使侯蜂須賀茂韶　外務大臣伯井上馨殿」、「一千八百八十六年六月十一日　瑞西聯邦政府大統領　ヂウシエ　瑞西聯邦宰相　レンジエ　瑞西聯邦駐劄　日本特命全権公使蜂須賀侯閣下」などが国立公文書館に保存されていた。次に、その一部を貴重な史料として紹介しておきたい。

甲號　公第九十八號
本年三月九日附公三十四號ヲ以テ千八百六十四年瑞西國政府ニ於テ設立セル赤十字社ニ帝國政府加盟ノ義ニ付右條約書ニ記名調印シ全権ヲ小官ニ御委任相成候趣御委任状被添御訓令ニ付本月五日別紙調印書寫ノ通當巴里瑞西

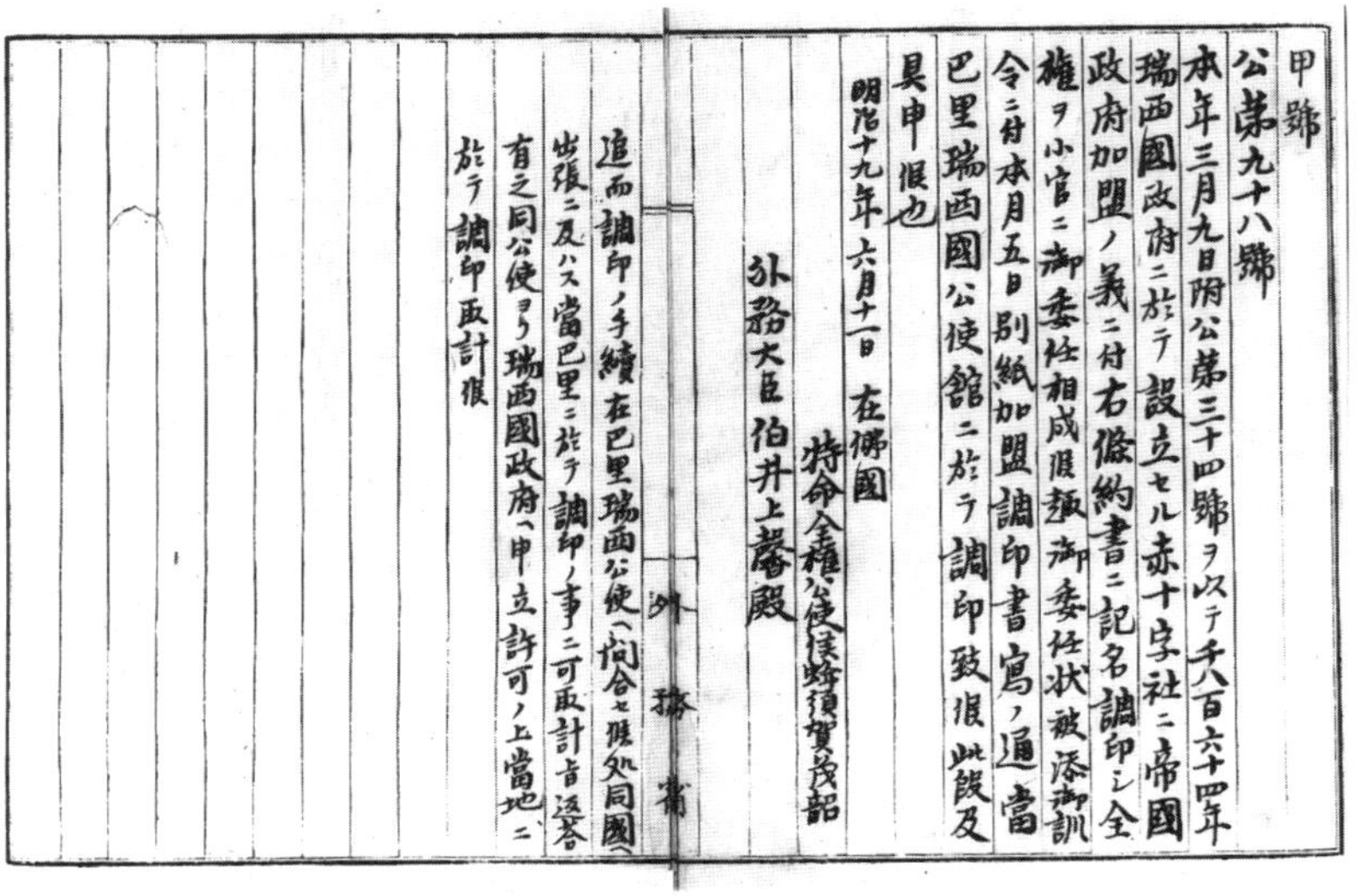

甲號

公第九十八號

本年三月九日附公第三十四號ヲ以テ千八百六十四年瑞西國政府ニ於テ設立セル赤十字社ニ帝國政府加盟ノ義ニ付右條約書ニ記名調印シ全權ヲ小官ニ御委任相成度趣御委任状被添御訓令ニ付本月五日別紙加盟調印書寫ノ通リ當巴里瑞西國公使館ニ於テ調印致候此段及具申候也

明治十九年六月十一日　在佛國

特命全權公使侯蜂須賀茂韶

外務大臣伯井上馨殿

追而調印ノ手續在巴里瑞西公使ヘ問合セ候処同國出張ニ及ハス當巴里ニ於テ調印ノ事ニ可取計旨返答有之同公使ヨリ瑞西國政府ヘ申立許可ノ上當地ニ於テ調印取計候

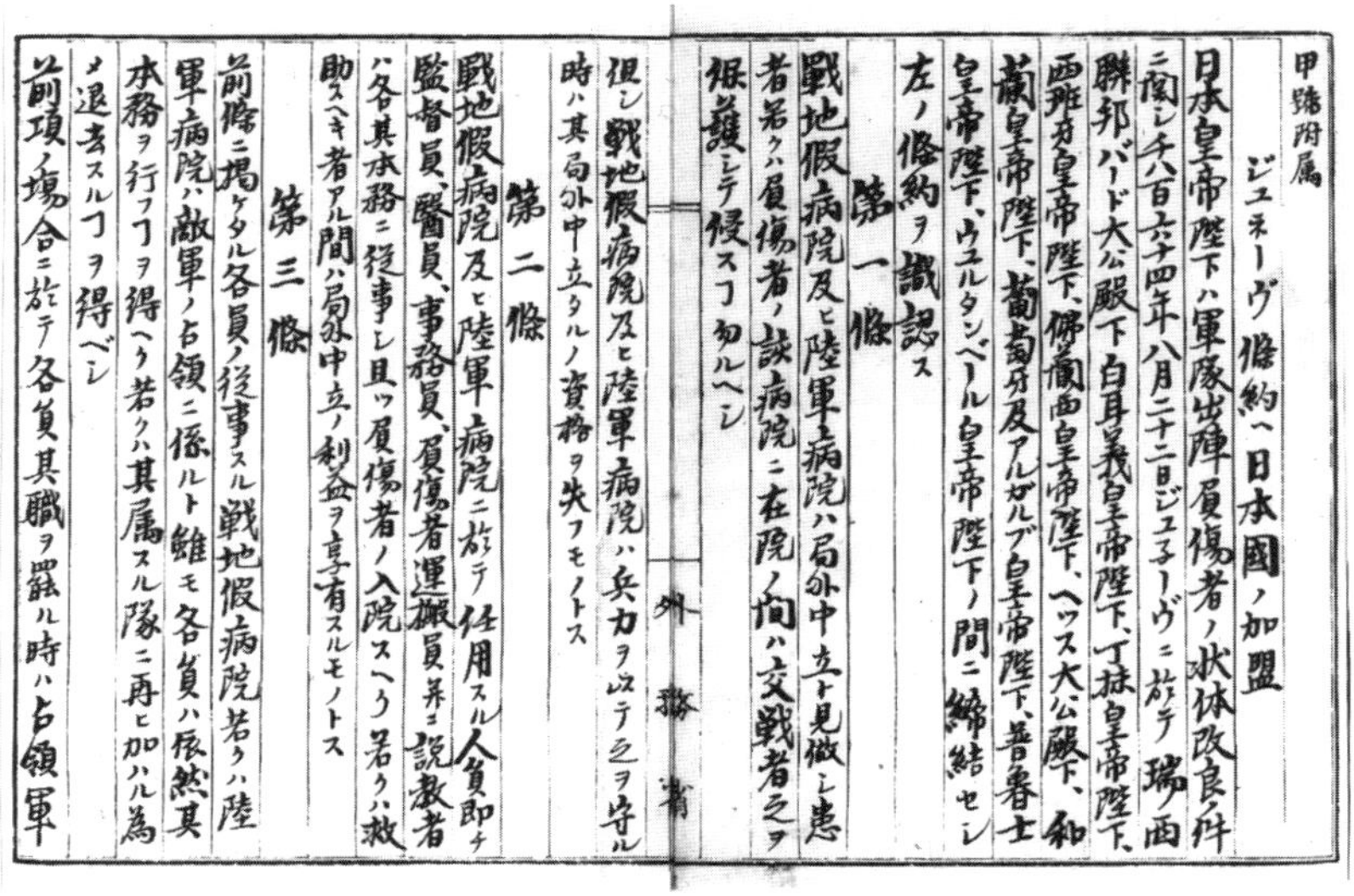

甲號附屬

ジュネーヴ條約ハ日本國ノ加盟

日本皇帝陛下ハ軍隊出陣負傷者ノ状体改良ノ件ニ関シ千八百六十四年八月二十二日ジュネーヴニ於テ瑞西聯邦バード大公殿下白耳義皇帝陛下丁抹皇帝陛下西班牙皇帝陛下佛蘭西皇帝陛下ヘッス大公殿下和蘭皇帝陛下葡萄牙及アルガルブ皇帝陛下普魯士皇帝陛下ウユルタンベール皇帝陛下ノ間ニ締結セシ左ノ條約ヲ識認ス

第一條

戰地假病院及ヒ陸軍病院ハ局外中立ト見做シ患者若クハ負傷者ノ該病院ニ在院ノ間ハ交戰者之ヲ保護シテ侵スコトナカルヘシ

但シ戰地假病院及ヒ陸軍病院ハ兵力ヲ以テ之ヲ守ル時ハ其局外中立タルノ資格ヲ失フモノトス

第二條

戰地假病院及ヒ陸軍病院ニ於テ任用スル人員即チ監督員醫員事務員負傷者運搬員并ニ説教者ハ各其本務ニ從事シ且ツ負傷者ノ入院スヘク若クハ救助スヘキ者アル間ハ局外中立ノ利益ヲ享有スルモノトス

第三條

前條ニ掲ケタル各員ノ從事スル戰地假病院若クハ陸軍病院ハ敵軍ノ占領ニ係ルト雖モ各員ハ依然其本務ヲ行フコトヲ得ヘク若クハ其屬スル隊ニ再ヒ加ハル為メ退去スルコトヲ得ヘシ

前項ノ場合ニ於テ各員其職ヲ罷ル時ハ占領軍

明治19年６月11日　特命全権公使侯蜂須賀茂韶から外務大臣井上馨宛のジュネーヴ条約調印後の公文書の一部（国立公文書館所蔵）。

國公使館ニ於テ調印致候此段及具申候也

明治十九年六月十一日

在佛國

特命全權公使侯蜂須賀茂韶

外務大臣伯井上馨殿

追而調印ノ手續在巴里瑞西公使ヘ問合セ候処同國ヘ出張ニ及ハス當巴里ニ於テ調印ノ事ニ可取計旨返答有之同公使ヨリ瑞西政府ヘ申立許可ノ上當地ニ於テ調印取計候

甲號附属

ジュネーヴ條約ヘ日本國ノ加盟

日本皇帝陛下ハ軍隊出陣負傷者ノ状体改良ノ件ニ関シ千八百六十四年八月二十二日ジュ子ーヴニ於テ瑞西聯邦バード大公殿下、白耳義皇帝陛下、丁抹皇帝陛下、西班牙皇帝陛下、佛蘭西皇帝陛下、ヘッス大公殿下、和蘭皇帝陛下、葡萄牙及アルガルブ皇帝陛下、普魯士皇帝陛下、ウュルタンベール皇帝陛下ノ間ニ締結セル左ノ條約ヲ識認ス

第一條

戰地假病院及ヒ陸軍病院ハ局外中立ト見做シ患者若クハ負傷者ノ該病院ニ在院ノ間ハ交戰者之ヲ保護シテ侵スコト勿ルヘシ

但シ戰地假病院及ヒ陸軍病院ハ兵力ヲ以テ之ヲ守ル時ハ其局外中立タルノ資格ヲ失フモノトス

第二條

戰地假病院及ヒ陸軍病院ニ於テ任用スル人員即チ監督員、醫員、事務員、負傷者運搬員並ニ説教者ハ各其本務ニ從事シ且ツ負傷者ノ入院スヘク若クハ救助スヘキ者アル間ハ局外中立ノ利益ヲ享有スルモノトス

第三條

前條ニ掲ケタル各員ノ從事スル戰地假病院若クハ陸軍病院ハ敵軍ノ占領ニ係ルト雖モ各員ハ依然其本務ヲ行フコ

ト得ヘク若クハ其属スル隊ニ再ヒ加ハル為メ退去スルコトヲ得べシ
前項ノ場合ニ於テ各員其職ヲ罷ル時ハ占領軍隊ヨリ敵軍ノ前哨ニ送致スヘシ
第四條
陸軍病院ノ器具什物等ハ交戦條規ニ従テ処置スヘキモノナリ故ニ該病院附属ノ各員ハ其退去ノ際各自ノ私有品ヲ除クノ外亦餘ノ物品ヲ携行スルコトヲ得ス
但戰地假病院ハ前項ノ場合ニ於テモ其器具什物等ヲ保有スルコトヲ得
第五條
負傷者ヲ救助スル土地ノ住民ハ侵スコトヲ得ス且ツ之ヲシテ其自由ヲ得セシメサルヘカラス
交戰國ノ将官ハ住民ニ慈善ノ挙ヲ慫慂シ且ツ慈善ノ挙ニ依テ局外中立タルノ資格ヲ有スルコトヲ得ヘキ旨ヲ豫告スルノ責アルモノトス
家屋内ニ負傷者ヲ接受シ之ヲ看護スル時ハ其家屋ヲ侵スコトヲ得ス又自己ノ家屋ニ負傷者ヲ接受スル者ハ戦時課税ノ一部ヲ免カレ且ツ其家屋ヲ軍隊ノ宿舎ニ供用スルコトヲ免カルヘシ
第六條
負傷シ又ハ疾病ニ罹リタル軍人ハ何國ノ属籍タルヲ論セス之ヲ接受シ看護スヘシ
司令長官ハ戦闘中ニ負傷シタル兵士ヲ速ニ敵軍ノ前哨ニ送致ス得但シ右ハ其時ノ状勢ニ於テ之ヲ送致スルコトヲ得ヘク且ツ両軍ノ協議ヲ経タル場合ニ限ルモノトス
治療後兵役ニ堪ヘズト認メタル者ハ其本國ニ送還スベシ又其他ノ者ト雖モ戦争中再ヒ兵器ヲ帯セサル旨盟約シタル者ハ本國ニ送還スヘシ
患者負傷者退去スル時ハ其之ヲ率フル人員ト共ニ完全ナル局外中立ノ取扱ヲ受クヘシ
第七條
陸軍病院、戰地病院並ニ患者負傷者退去ノ標章トシテ特定一様ノ旗章ヲ用ヒ且ツ其傍ニ必ス國旗ヲ掲クヘシ

局外中立タル人員ノ為ニ肩章ヲ装附スルコトヲ許ス但其交附方ハ陸軍官衛ニ於テ之ヲ司トルヘシ
旗及ヒ肩章ハ白地ニ赤十字形ヲ画ケルモノタルヘシ
第八章
此條約ノ実施ニ関スル細目ハ交戦軍ノ司令長官ニ於テ其本國政府ノ訓令ニ従ヒ且ツ此條約ニ明示シタル綱領ニ準拠シテ之ヲ規定スヘシ
第九條
此締盟各國ハ「ジュ子ーヴ」會議ニ全権委員ヲ派遣セサリシ政府ニ此條約ヲ示シ其加盟ヲ請フコトヲ約諾セリ因テ之カ為メ議事録中餘白ヲ存ス
第十條
此條約ハ批准ヲ受クヘキモノトス而シテ　其批准書ハ「ベルヌ」ニ於テ四月以内若クハ可成ハ其以前ニ交換スヘシ
是ニ於テ下名瑞西聯邦駐劄日本皇帝陛下ノ特命全権公使ハ本件ニ関シ特別ノ権限ヲ帯ヒ此書ヲ以テ日本帝國ノ本條約ニ加盟スルコトヲ告知ス
右確証ノ為メ下名ハ千八百八十六年六月五日ベルヌ府ニ於テ此告知書ニ記名調印スルモノナリ
瑞西聯邦駐劄日本特命全権公使侯蜂須賀茂韶　手署

以上の公文書はパリ駐在の特命全権公使・蜂須賀茂韶から明治十九年六月十一日付で日本の外務大臣井上馨へ報告した文書である。その六月十一日にスイス連邦政府大統領から正式文書がパリの蜂須賀茂韶に届いたようである。それを外務大臣井上馨に報告した文書も一緒に保存されていた。その経緯を解明する歴史史料として、次に正確に記録しておきたい。

乙號　公第百貳號
本日十一日附第九十八號ヲ以テ申進候通リ本月五日巴里瑞西國公使館ニ於テ赤十字社加盟調印致候處其後本月十

一日付ヲ以テ瑞西國大統領ヨリ別帋回答書並ニ證状一通接手致候ニ付及進達候同社加盟ニ関スル事件ハ右ニテ全ク相終候
右申進候也

明治十九年六月二十五日

在佛国
特命全権公使侯蜂須賀茂韶

外務大臣伯井上馨殿

乙號附属

以書翰致啓上候陳者軍隊出陣中負傷者ノ状体改良ノ件ニ関スル「ジュ子ーヴ」條約ニ日本帝國加盟ノ宣告書本月五日付ヲ以テ在巴里瑞西國公使館ヲ経テ御送付相成致落手候右加盟ノ義ハ拙者共確認候ニ付其旨閣下ヘ御報知ニ及ヒ且千八百六十四年八月二十二日ノ條約ニ調印セル邦國並爾来右條約ニ加盟セル邦國ニ及通告候事ニ決定致候即日本帝國加盟ノ義確認ノ證トシテ此國々ヘ差送候宣告書二通本書ニ添ヘ差進申候右得貴意度敬具

千八百八十六年六月十一日

瑞西聯邦政府大統領　ヂウシエ　手署
瑞西聯邦宰相　レンジエ　手署

瑞西聯邦駐劄　日本特命全権公使侯閣下

以上のように、六月下旬のパリから報告は九月になって東京へ届いたのであろう。外務大臣井上馨から総理大臣伊藤博文を経ての上奏書類の日付は「明治十九年九月二十八日」である。その公文書と「明治十九年十一月十五日」発令の勅令案「赤十字條約ニ加入シ茲ニ之ヲ公布セシム　御名御璽」が綴じ込まれているので、次に、列記しておきたい。

千八百六十四年瑞西國ニ於テ設立ノ赤十字社ニ帝國政府加盟ノ義本年六月五日在佛國瑞西公使館ニ於テ加盟調印相濟以テ同月拾一日瑞西大統領ヨリ帝國政府加盟証状ヲ接手シタル旨蜂須賀公使ヨリ公報ヲ接候ニ付別紙之通上

奏候間可然御取計有之度候也

明治十九年九月二十八日　　外務大臣伯井上馨（外務大臣之印）

内閣総理大臣伯伊藤博文殿

千八百六十四年瑞西國ニ於テ設立セ赤十字社ニ帝國政府加盟ノ義特命全権公使侯蜂須賀茂韶本年六月五日在佛京瑞西公使館ニ於テ加盟調印ヲ結了シ同月十一日瑞西大統領ヨリ右回答書及ヒ加盟證状ヲ接手候旨ヲ以テ同公使ヨリ別紙甲乙号寫ノ通差越候間右御公布相成候様仕度勅令案相添此段謹テ上奏ス

明治十九年九月二拾八日　　外務大臣伯井上馨（外務大臣之印）

勅令案

朕西暦千八百六十四年戰時負傷者ノ不幸ヲ救濟スル為メ瑞西國外十一國ノ間ニ締結セル赤十字條約ニ加入シ茲ニ之ヲ公布セシム

御名　御璽

明治十九年十一月十五日

内閣総理大臣

外務大臣

陸軍大臣

海軍大臣

以上のように、明治十九年（一八八六）九月下旬に関係書類が整い、明治天皇に上奏したのであろう。前述した橋本綱常やアレキサンダー・シーボルトなどの手続き方法の調査報告は明治十七年（一八八四）であったから、二年間の歳月にわたって外交交渉が展開されていた。それぞれの貴重な史料の行間に、先人の努力の足跡を窺うことができる。

6　おわりに

この「第四節　国立公文書館の史料から」では、赤十字条約・ジュネーブ条約調印の明治十九年六月五日の前後をめぐって、国立公文書館所蔵史料・外務省関係史料を調査研究してみた。その関連史料を発掘して、「第五章　赤十字から赤十字へ—ジュネーブ条約加盟の前後—」の中で書いてきた内容を、別の視座から正確に裏付けることであった。

一九七七年（昭和五十二）八月、ジュネーブの赤十字国際委員会で探してもらった外交秘密文書のうち、蜂須賀茂韶がギュスタブ・モアニエ宛に書いていた二通の手紙（一八八五年十月九日付、十月十一日付）とフレデリック・マーシャルがギュスタブ・モアニエに宛てた十月二十三日付の手紙との関連事項が不明確であり、その返事の内容（回答書）の発見が大きな課題となっていた。国立公文書館に保存されていた史料、前述の「3　ギュスタブ・モアニエの書簡（回答書）」と「4　フレデリック・マーシャルの書簡（報告書）」の存在は極めて重要である。それらの内外の個々の史料が、点から線へ、線から面へと広がり立体的構造がはっきり見えてきた。そして、それぞれの人々の役割と力量とが発揮され、新しい歴史が進展していた。

ここに紹介した幾つかの明治時代の史料は候文であるが、その行間を丁寧に読んでいただけば、今日につながる赤十字の歴史を正確に把握できると考えている。今後、「人道」と「中立」に裏付けられる赤十字の仕事の理解と、それに関連して協力する若い人々の参考になれば幸いである。

最後に、私がここに引用記述してきた国立公文書館の所蔵史料の閲覧・請求番号は「2A　11　㊮　257」であり、「公文類聚　第十編　明治十九年　巻之十二」であることを書き添えておく。この調査のために、私は多くの時間と労力などをかけてしまったので、若い研究者のために、念のために請求番号を記載した次第である。

あとがき

『赤十字のふるさと—ジュネーブ条約をめぐって—』という題名の本をまとめてみようと思ったのは、平成三年（一九九一）中東の湾岸戦争の最中であった。この発想は急速にふくらみ、国際貢献とＰＫＯ（国連平和維持活動）協力法が話題になり始めたころ、自著『大給恒と赤十字』を公刊した。その中で、日本の国際貢献は国連よりも歴史と伝統をもつ国際的な赤十字の組織を通じて貢献すべきことを強調してきた。

湾岸戦争後のサダム・フセインの約束違反の挙動から、二〇〇三年三月二十日に米英などによりイラク戦争が開始された。二十一世紀のテロの脅威や人道問題をめぐって国連の足並みが乱れた。この機会に改めてジュネーブ条約「人道」と「中立」の問題を考えてみた。今まで私は、信濃毎日新聞の文化欄（朝刊）・ぶんか欄（夕刊）に、折りにふれて執筆してきた。その中から「赤十字」に関する論考だけを選定してまとめたものが本書である。

それらを新聞の掲載順に列記すれば次の通りである。「赤十字のふるさと」（昭和五十一年（一九七六）五月八日～十日）、「日赤創立と大給恒」（昭和五十二年（一九七七）五月二日～三十日）、「デュナン生誕一五〇年」（昭和五十三年（一九七八）四月十五日～五月六日）、「幻灯は語る（赤十字月間によせて）」（昭和五十四年（一九七九）五月十九日～二十一日）、「赤一字から赤十字へ（ジュネーブ条約加盟の前後）」（昭和五十八年（一九八三）五月十六日～二十五日）、「国際貢献とジュネーブ条約」（平成四年（一九九二）七月八日）などである。

これらの掲載原稿に多少の手を加えたが、当時の私の考え方や足跡をそのまま行間にとどめることにした。ジュネーブ条約に加盟している国の数は平成十五年（二〇〇三）四月末現在、一九〇カ国にも増加してきた。赤十字社・赤新月社の合計数一七九カ国（赤十字社一四九カ国、赤新月社三〇カ国）を数える時代である。

前述の六編・信濃毎日新聞掲載の論考のほかに、「佐野常民」（アンリー・デュナン教育研究所、一九七七年発行『日本赤十字社をつくり育てた人々―大給恒と佐野常民―』の一部）に加筆して転載した。これらの合計七編が本書の前半「第一章〜第七章」の構成である。これらを通読されれば、国際的な赤十字の意味と日本赤十字社の歴史の流れが把握できるのではないかと思っている。

さらに、その歴史的背景を探究するための史料として、私が発掘した新史料「ジュネーブ条約調印前後」の外交秘密文書（一八八五年八月二十九日〜一八八六年八月一日）の六通がある。この外交文書をめぐる解明の手がかりにした関係史料・資料などについては、本書の後半「第八章　史料編」として公表掲載した。これらは、今日、ほとんど入手困難な諸史料である。これに私の蛇足的な解説を加えて収録してある。

また「第六章　赤十字幻灯は語る」で書いてきた石黒忠悳の「赤十字幻灯」は日本における視聴覚教育の嚆矢であろう。石黒忠悳は「まず耳から入れ、その事柄を随時眼に見せて、興味を起させ印象を深くするのです」と述べているから、聴視覚教育が正しいのであろう。その史料は、残念ながら日本赤十字社本社にも博物館明治村・赤十字病院資料館にも保存されていないが、日本赤十字社長野県支部だけに保存されている貴重なものである。赤十字幻灯スライドの画面を美しく記録保存したものは、NHK長野放送局制作番組「信州の窓・『幻灯スライドは語る』」（昭和五十四年（一九七九）七月十三日放映）がある。しかし、それはテレビ放映時間の関係上、四十二枚のうち十七枚だけを公表したにすぎない。しかも、その解説は石黒忠悳ではなく、出演した私が担当した。石黒忠悳の解説は極めて重要である。この貴重な史料を後世に記録保存するために、幻灯スライド・四十二枚と『赤十字幻燈演述の要旨、日本赤十字社員　男爵　石黒忠悳述』の小冊子（六三ページ）の全文を本書の「第八章　史料編　第二節」に追加（復刻）してある。

以上のことから、本書は長い間の私の疑問に自問自答した労作であると思っている。「ジュネーブ条約」とその調印に裏付けられた「日本赤十字社」との関係を解明した唯一の研究文献であろう。諸史料をここに収録したのは、歴史の真相が永久に後世に記録されることもなく、歴史の断層として「ジュネーブ条約調印」が闇の中に消え去ろうとしていることを心配したからである。約一世紀前の一八八六年（明治十九）に日本がジュネーブ条約に調印した経緯を記述した本書が、今後の赤十字史研究（文献）に役立てば幸いである。

赤十字をつくり育てた国・スイスは永世中立国として国連には加盟していなかった。二〇〇二年三月三日の国民投票（賛成五四・六パーセント）の結果、国連に加盟することになった。スイスの中立は国民皆兵の重武装中立であり、各家庭には銃と実弾が配備されている。成人男子は毎年数週間の軍事訓練が義務づけられている。このスイスが国連に加盟しても局外中立をつらぬく方針であるといわれる。百九十番目の国連加盟国によって、「人道」「中立」をつらぬく「ジュネーブ条約」が、いよいよ世界的課題となろう。そして国連とは何か、その本質が問い直され、改善されていくように思われる。

最後に本書の発刊にあたり、巻頭に「『赤十字のふるさと』刊行に寄せて」をご執筆していただいた日本赤十字社副社長・近衛忠煇氏はじめ、日赤関係者、信濃毎日新聞に連載中からお世話になった多くの方々や出版社・雄山閣の宮島了誠編集長に感謝の意を表する次第である。

二〇〇三年五月八日　世界赤十字デー

北野　進

参考文献

北野　進『日本赤十字社をつくり育てた人々―大給恒と佐野常民―』アンリー・デュナン教育研究所、一九七七年

北野　進『続・日本赤十字社をつくり育てた人々―日赤歴史未知の断面―ジュネーブ条約加盟の前後』アンリー・デュナン教育研究所、一九七八年

北野　進『信州のルネサンス』信濃毎日新聞社、一九八三年

北野　進『大給恒と赤十字』銀河書房、一九九一年

日本赤十字社編『日本赤十字社史稿』日本赤十字社、一九一一年

榎本半重『大給亀崖公傳』一九一二年

川俣馨一『日本赤十字社発達史』日赤発達史発行所、一九〇八年

日本赤十字社編『人道―その歩み　日本赤十字社百年史』日本赤十字社、一九七九年

石黒忠悳『石黒忠悳懐旧九十年』博文館、一九三六年

北島矩朗編『陸軍軍医学校五十年史』陸軍軍医学校、一九三六年

日本赤十字社病院編『橋本綱常先生』日本赤十字社病院、一九三六年

今井庄次『お雇い外国人　外交』鹿島出版会、一九七五年

山田鴨里編輯『和譯蜂須賀家記』一八七六年発刊および一九四三年版

アーネスト・サトウ（坂田精一訳）『一外交官の見た明治維新』岩波書店、一九七九年

アレキサンダー・シーボルト『シーボルト最終日本旅行』ベルリン発行ドイツ語版、一九〇三年

岩波書店編『森鷗外全集』岩波書店、一九七一年

アンリー・デュナン（木内利三郎訳）『ソルフェリーノの思い出』日本赤十字社、一九六九年

アンリー・デュナン（寺家村博訳）『ソルフェリーノの記念』メヂカルフレンド社、一九八三年

橋本祐子『私のアンリー・デュナン伝』学習研究社、一九七八年

吹浦忠正『赤十字とアンリ・デュナン』中央公論社、一九九一年
ピクテ（井上益太郎訳）『赤十字の諸原則』日本赤十字社、一九五八年
本間楽寛『佐野常民傳』時代社、一九四三年
『博愛社の誕生―最後の尼崎藩主櫻井忠興』日赤兵庫県支部、一九八八年
川副町教育委員会編『よみがえれ博愛精神』副島静雄、一九八五年
雑誌『博愛』第四一九号、博愛発行所、一九二二年三月
雑誌『博愛』第四五〇号、博愛発行所、一九二四年一一月
雑誌『博愛』第四七四号、博愛発行所、一九二六年一一月
『日本の赤十字』日本赤十字社、一九五六年
サンケイ新聞編『日赤百年』サンケイ新聞社、一九七七年
国立公文書館所蔵史料「公文類聚　第十編　明治十九年　巻之十一」2A　11　㊫　257

〔た行〕

〔な行〕

〔は行〕

〔ま行〕

〔ら行〕

事項索引

〔ま行〕

〔や行〕

〔ら行〕

〔わ行〕

〔な行〕

〔は行〕

〔さ行〕

〔た行〕

人名索引

〔あ行〕

〔か行〕

〔著者略歴〕
北野　進　（きたの　すすむ）
昭和５年（1930）長野県に生まれる。
旧制・長野県立屋代中学校（現・屋代高校）を経て、昭和26年（1951）東京工業専門学校（現・千葉大学工学部）機械科卒業。
昭和33年以来、長野県の高校に勤務、池田工業高校長を経て岩村田高校長を最後に平成３年３月退職。長い間の研究と著述を継続している。現在産業考古学会評議員・技術史研究家、赤十字史研究家
主な著書
『日本赤十字社をつくり育てた人々―大給恒と佐野常民―』
（1977年、アンリー・デュナン教育研究所発行）
『続・日本赤十字社をつくり育てた人々―ジュネーブ条約加盟の前後―』
（1978年、アンリー・デュナン教育研究所発行）
『安曇と碌山』（1982年初版、1998年増補版、出版安曇野発行）
『信州のルネサンス』（1983年、信濃毎日新聞社発行）
『大給恒と赤十字』（1991年、銀河書房発行）
『安曇野と拾ヶ堰』（1993年、出版安曇野発行）
『臥雲辰致とガラ紡機』（1994年、アグネ技術センター発行）
『信州の人と鉄』：編著（1996年、信濃毎日新聞社発行）
『利根川―人と技術文化―』：編著（1999年、雄山閣出版発行）
『日本の産業遺産』Ⅰ・Ⅱ巻：分担執筆（2000年、玉川大学出版部発行）
『碌山芸術を支えた安曇』（2001年、出版安曇野発行）
『信州　独創の軌跡―企業と人と技術文化』（2003年、信濃毎日新聞社発行）

赤十字《せきじゅうじ》のふるさと
―ジュネーブ条約をめぐって―

2003年７月10日　印刷
2003年７月20日　発行

著　者　北野　進
発行者　村上佳儀
発行所　株式会社　雄山閣
〒102-0071　東京都千代田区富士見２－６－９
振替　00130-5-1685　電話　03(3262)3231
FAX　03(3262)6938
印刷・製本　図書印刷株式会社

ISBN4-639-01818-5